Das Taschenbuch für Gründer

Thomas Klußmann & Christoph J.F. Schreiber

GRÜNDER.DE

VIELEN DANK AN

Projektleitung: Jessica Bellmer

Lektorat: Leoni Schmidt, Insa Schoppe, Lisa Goldner

Satz & Design: M. Fahim Ahmadi

Umschlagillustration: Bianca Schubert

Webdesign: M. Fahim Ahmadi, Elizaveta Ditkovskaya

Vermarktung: Indra Mauer, Annika Bertsch, Golo Blasche

ISBN 978-3-947473-17-5

4. überarbeitete und erweiterte Auflage

INHALTSVERZEICHNIS

VORWORT

Liebe Gründerin, lieber Gründer,

du möchtest endlich „dein eigenes Ding machen"? Den Schritt in die Selbstständigkeit wagen, ein Unternehmen aufbauen, Mitarbeiter einstellen und so richtig durchstarten? In diesem Buch wollen wir dich unterstützen, genau das zu erreichen. In 10 Kapiteln nehmen wir dich mit und lassen dich teilhaben an unserer langjährigen Erfahrung. Wir präsentieren dir funktionierende Strategien für deine erfolgreiche Gründung, und bringen dich damit systematisch und planbar in die Umsetzung!

Dieses Handbuch ist dein nützlicher Begleiter während der Gründungsphase deines Business – und auch darüber hinaus. Als Geschäftspartner haben wir gemeinsam bereits zahlreiche Unternehmen aufgebaut, Mitarbeiter eingestellt und teilweise Unternehmen auch wieder verkauft. Bei jeder neuen Unternehmensgründung lernen wir dazu, können schneller und besser die wichtigen Eckpfeiler des Geschäfts aufbauen.

Dieses Buch ist aus dieser Erfahrung entstanden. Es ist aus der Praxis und für die Praxis. Damit wollen wir dir die Chance geben, auf direktem Wege – und sogar mit Abkürzungen – deine Ziele zu erreichen und nicht die gleichen Fehler machen zu müssen wie wir bei unseren ersten Gründungen. Aus eigener Erfahrung wissen wir, dass die Gründung eines eigenen Business das lohnendste Abenteuer ist, dass es gibt. Die Befriedigung, als sein eigener Chef etwas umzusetzen, wachsen zu sehen und damit Geld zu verdienen, ist einfach unvergleichlich.

Aber leider begegnen Gründern auf ihrem Weg in die berufliche Unabhängigkeit nicht nur fruchtbare Ideen und Hoffnungen, die beflügeln: sondern auch Hindernisse. Diese zu bewältigen gehört einfach dazu —

das weiß jeder, der sich auf den Weg macht. Hürden sind dafür da, übersprungen zu werden.

Noch viel zu oft werden Gründer durch Ängste und Zweifel am Überspringen ihrer Hürden gehindert. Zweifel sind normal und hilfreich: Sie helfen uns, Risiken zu minimieren und das trägt zum Gelingen eines Projektes bei. Aber wenn sie dazu führen, dass Hoffnungen und konkrete Pläne komplett über den Haufen geworfen werden, scheitert dein Projekt schon vor der Testfahrt.

Damit dir genau das nicht passiert, wollen wir die kurz erzählen, wie wir es geschafft haben uns zu motivieren und erfolgreich durchzustarten — und das kannst du auch….!

WIE GEHST DU MIT HERAUSFORDERUNGEN UM?

Bereits mit deinem ersten Schritt in Richtung Selbstständigkeit entscheidest du dich aktiv dafür, die Lösung von Herausforderungen zum Beruf zu machen. Denn als Unternehmer wirst du nicht nur in der Startphase gezwungen sein, Barrieren zu überwinden. Auf dem Markt ist viel los, dich hier zu behaupten, ist ab jetzt dein Job. Das nicht nur zu wissen, sondern mit Spaß an der Sache anzunehmen, wird dein Business erfolgreich und dich zu einem richtig starken Menschen machen.

Bevor wir ankamen, wo wir jetzt stehen, waren wir auch mal genau da, wo du dich gerade befindest. Du wirst nicht als Gründer geboren. Es ist wie mit deinem Führerschein. Den musst du auch erst machen. Und erst als du ihn hattest, haben die wahren Herausforderungen begonnen. Und solange du fährst, werden sie nicht aufhören!

Jeden Tag gibst du dein Bestes, sicher durch den Verkehr zu kommen. Du weißt nie, ob alle anderen genauso gut aufpassen wie du. Du weißt nicht, ob der Fahrer hinter dir unaufmerksam ist oder nicht. Du kannst nie sicher sein, dass nicht gleich doch etwas Unvorhergesehenes passiert. Ganz sicher ist dir aber genau das schon mehr als einmal passiert. Wie hast du da reagiert?

Macht es Sinn für dich, bereits im Vorfeld auf die Bremse zu treten, obwohl du noch nicht losgefahren bist? Nein, denn dann würdest du dich niemals hinter das Steuer setzen. Frag dich lieber, warum du Spaß am Fahren hast und wo du ankommen willst. Genauso ist es mit dem Gründen — und hierfür brauchst du nicht mal einen Führerschein. Du kannst direkt loslegen, und so haben wir selber damals angefangen.

Wir haben Gründer.de ins Leben gerufen, um Menschen dabei zu unterstützen, ihren Traum vom eigenen Business im Internet umzusetzen. Was uns damals antrieb, war die Vision eines Startups, das Wissenstransfer auf höchstem Niveau gestaltet. Wir haben nach Vorbildern und potenziellen Konkurrenten gesucht, um uns bestmöglich vorzubereiten. Ob sich unser Konzept am Markt behaupten würde, war schwer vorauszusagen. Ob wir genügend Kunden gewinnen könnten, um profitabel zu sein? Auch das konnte uns niemand beantworten. Im Grunde wussten wir nur eines: Dass wir es tun wollten.

All das Fachwissen, das wir aus dem Studium mitbrachten, hat uns dabei nichts genützt. Viele Freunde und Verwandte sagten: "Sucht euch eine Festanstellung. Was Sicheres. Warum wollt ihr euer Leben unnötig kompliziert machen? Klar, ihr habt Träume, aber jetzt solltet ihr vernünftig sein!" Diese Worte kennst du sicher. Jeder, der daran denkt, etwas aus dem Nichts aufzubauen, bekommt sie zu hören. Sie sind gut gemeint —aber sie bringen dich nicht weiter! Ganz im Gegenteil, sie lähmen dich. Das Abschütteln war nicht leicht, aber notwendig, weil uns klar war: Wir würden es immer bereuen, wenn wir den Schritt in die Unabhängigkeit nicht wagen.

Heute gehören wir zu den führenden deutschen Anbietern von Praxiswissen rund um die Themen Existenzgründung und Digitales Marketing. Unser Team und wir haben mittlerweile die Gründungen vieler hundert Unternehmen begleitet, von denen einige heute selber Marktführer in ihrem Segment geworden sind. Geschafft haben wir das nur dadurch, dass wir neue Herausforderungen als Chancen betrachten zu wachsen. Dazu gehört nicht, dass man immer auf alles sofort eine Antwort hat. Auf alle Eventualitäten perfekt vorbereitet zu sein, ist unmöglich. Deshalb ist es so wichtig zu wissen, was zu tun ist, wenn du auf eine Herausforderung keine Antwort findest.

Such dir starke und verlässliche Vorbilder, denen du vertraust. Bereits erfolgreiche Menschen, die dich inspirieren und die bereit sind, dich als Mentor zu begleiten, die dich mit ihrer Erfahrung stark machen und dir Antworten liefern, um das Unmögliche zu schaffen: Dich an den eigenen Haaren aus dem Sumpf zu ziehen. Exakt das haben wir getan, als wir in der Startphase von Gründer.de nicht auf Anhieb so erfolgreich waren, wie wir es uns gewünscht haben. Zugegeben: Wir hatten viel zu hohe Erwartungen. Aber das ist nicht schlimm. Schlimm ist es, wenn sie enttäuscht werden (was bei viel zu hohen Erwartungen zwangsläufig passiert) und du dich deshalb entmutigen lässt. Für uns kam das nicht in Frage. Denn wir wussten: Mit dem richtigen Input kriegen wir das hin und werden das scheinbar Unmögliche packen.

Den richtigen Coach fanden wir schnell, und nicht nur das. Heute verfügen wir über eines der größten Experten-Netzwerke Deutschlands und können nicht nur unsere eigene Praxiserfahrung, sondern auch die unserer Partner an unsere Kunden weitergeben. Das wäre niemals möglich gewesen, wenn wir von Anfang an keine Unterstützung gebraucht hätten. Was bedeutet das für dich und deinen Umgang mit Herausforderungen?

Nutze sie. Schreibe dir das am besten auf: Ich nutze meine Herausforderungen, um zu wachsen. In den USA gibt es ein Sprichwort: "Wenn dir das Leben Zitronen gibt, mach daraus Limonade." Das ist, was Unternehmer tun. Wir formen unsere Herausforderungen und machen daraus Erfolgsgeschichten. Dafür entscheidend ist, überhaupt erst anzufangen. Hör auf dir einzureden, dass du erst durchstarten könntest, wenn du perfekt vorbereitet bist. Wenn du so denkst, wird sich nie etwas bewegen: Komm aus der Vorbereitungs-Falle und lerne auf dem Weg.

Selbst ein Business aufzubauen, mit allen Höhen und Tiefen, ist das größte Abenteuer, das es gibt. Und es lohnt sich, dafür zu kämpfen. Der Schlachtplan, den du dafür brauchst, ändert sich mit jeder neuen Aufgabe. Entscheidend ist, zu wissen, dass du einen brauchst, und dieses Buch liefert dir einen. Aus unserer eigenen Erfahrung beantworten wir dir hier, was du gerade am Anfang beachten solltest: Was brauchst du? Wie gewinnst du (neue) Kunden? Wie erhöhst du deine Reichweite? Und vieles mehr.

Das sind die Herausforderungen und Fragen, die einen Unternehmer immer begleiten, und weshalb dieser Job niemals langweilig wird. Viele Antworten, die du suchst, wirst du in diesem Buch finden. Aber das ist bei Weitem nicht das Wichtigste. Das Wichtigste ist ganz klar: Anzufangen. Planung ist unverzichtbar, aber wenn es darüber nicht hinausgeht, was bleibt dann übrig? Wenn du aber anfängst, bist du in Bewegung. Das ist dein Anlauf zum Überspringen deiner Hürden.

In dem Moment, wo du diese Zeilen liest, hast du bereits angefangen. Gerade jetzt bist du dort, wo du hingehörst und du wirst weitergehen. Dich entwickeln. Dieses Buch wird dich dabei begleiten. Die Anleitungen und Strategien, die wir dir hier präsentieren, führen dich direkt in die Umsetzung. Also...

Sollen wir starten? Wir können es kaum erwarten.

Herzliche Grüße aus Köln

Thomas Klußmann & Christoph J.F. Schreiber

EINLEITUNG

In diesem Buch wirst du lernen, was es alles braucht, um ein erfolgreiches Unternehmen aufzubauen. Wie du auch, haben viele Menschen den Traum, sich selbstständig und finanziell unabhängig zu machen. Schließlich kannst du dich mit deinem eigenen Unternehmen finanziell absichern, indem du passives Einkommen generierst.

Aber Moment mal, passives Einkommen? Den Begriff hörst du zum ersten Mal?

Passives Einkommen ist schnell erklärt. In einem Angestelltenverhältnis bekommst du Geld ausgezahlt, wenn du arbeiten gehst. Du tauschst also Zeit gegen Geld ein. Wenn du aber selbstständig bist und passives Einkommen generierst, bekommst du monatlich Geld auf dein Konto, ohne regelmäßig arbeiten zu gehen. Natürlich heißt das nicht, dass du nichts dafür tun musst. Besonders zum Beginn deines eigenen Business musst du viel Arbeit investieren, damit diese sich später - im wahrsten Sinne des Wortes - auszahlt.

Mit Gründer.de haben wir seit 2008 schon zahlreiche Gründungen begleiten dürfen. Mittlerweile kennen wir typische Fallstricke und Hürden, die einer schnellen Erreichung der Gewinnzone entgegenstehen. In Tausenden Coachings, Hunderten Seminaren und auch einigen Unternehmensbeteiligungen konnten wir beobachten, was darüber entscheidet, ob unterm Strich Pleite oder passives Einkommen steht.

Genau das wollen wir dir in unserem "Kickstart Coaching" beibringen. Seit 2013 veranstalten wir dieses Format, bei dem wir in einem 3-tägigen Workshop in unserem Büro deine Geschäftsidee vorantreiben. Unser Ziel: Dich schnellstmöglich finanziell unabhängig zu machen. Da das aber natürlich nicht über Nacht geht (übrigens auch nicht mit jedem Gründer), wollen wir dich erst einmal kennenlernen und über deine Ziele sprechen.

Wenn du mehr erfahren willst und dich am Telefon einmal unverbindlich beraten lassen willst, schicke uns einfach auf

www.gruender.de/gruendercoach

deine Bewerbung. Vielleicht telefonieren wir dann schon bald persönlich.

Wir freuen uns von dir zu hören, dich und dein Unternehmen weiter voranzutreiben und zum Erfolg zu führen!

KAPITEL 1

UNTERNEHMER-PERSÖNLICHKEIT

DIE 3 SCHRITTE ZUM ERFOLGREICHEN UNTERNEHMER

Wie so viele Beispiele in der Vergangenheit leider gezeigt haben, ist erfolgreich gründen gar nicht so einfach, wie der eine oder andere sich das vorstellen mag. Es gehört mehr als nur eine interessante Idee dazu, um ein profitables Gewerbe aufzubauen – also den Traum der meisten Entrepreneure zu leben. Eines meiner liebsten Bücher ist „Think and Grow Rich“ von Napoleon Hill. Es handelt sich dabei um ein Werk, welches sich viel mit Selbstverbesserung und Persönlichkeitsentwicklung befasst. Es ist eines der Bücher, die jeder Unternehmer gelesen haben sollte. Das Nachdenken ist eine der größten Arbeiten, die der Mensch verrichten kann – das stellte schon Henry Ford fest. Jeder große, unternehmerische Erfolg startete mit einer Idee! Im Folgenden möchten wir dir drei Wege zeigen, auf deinen Geist Einfluss zu nehmen, um leichter deinen Traum vom erfolgreichen Unternehmer leben zu können.

Die Kombination aus einer guten Idee und der gnadenlosen Umsetzung macht den erfolgreichen Geschäftsmann aus. Das Mind-Set und deine Gedanken spielen bei deiner Laufbahn eine weitaus bedeutendere Rolle, als du es dir wahrscheinlich gerade vorstellen kannst. Beherzigst du die drei Tipps, wirst du schnell merken, dass dir vieles leichter von der Hand gehen wird, während du größere Fortschritte erzielst.

1. Glaube an dich selbst

Wenn du erfolgreich gründen möchtest, dann ist es essentiell, dass eine Person an dich glaubt. Es ist nicht dein Lebenspartner, es ist nicht dein Nachbar, es sind auch nicht deine Eltern, sondern diese Person bist einzig und allein du. Es gibt insgesamt nur zwei Dinge, die dich tatsächlich davon abhalten, alles zu tun, um erfolgreich zu sein: Selbstzweifel und Angst. Diese Gefühlsregungen gehen oft Hand in Hand. Sei dir bewusst, dass diese nur Schutzmechanismen sind, die noch aus einer Zeit stammen, in der es tatsächlich (physisch) um Leben oder Tod ging. Sie sind also nicht auf die unternehmerische Wirklichkeit ichübertragbar. In dieser ist der Tod das Scheitern und aus jedem Scheitern wirst du lernen und dich weiterentwickeln können. Nutze also nicht deine Zweifel und Ängste als Ausrede.

Erst wenn du wirklich zu 100 Prozent an dich selbst glaubst, wird es dir möglich sein, diesen Paradigmen zu entfliehen und dein volles Potenzial auszuschöpfen. Es ist die Kombination aus mentaler Stärke und dem Überzeugtsein von sich selbst, den eigenen Fähigkeiten und der eigenen Idee. Wenn du daran glaubst, dann wirst du auch nicht mehr so leicht aufgeben und die Wahrscheinlichkeit, nicht erfolgreich zu sein, sinkt immer weiter.

Du kannst dir dieses Dogma selbst immer wieder sagen: „Ich glaube voll und ganz an meine Fähigkeit als erfolgreicher Unternehmer zu agieren!“. Es ist schwer zu glauben, welchen großen Einfluss die Gedanken auf deine Taten haben – denke groß: werde groß!

Es gibt leichte Methoden, um dein Selbstbewusstsein zu stärken:

- Stärke deine Selbstachtung.
- Führe dir Erfolge vor Augen.
- Führe eine Liste von Dingen, die andere an dir schätzen.
- Vergleiche dich nicht mehr mit anderen.
- Akzeptiere dich als einzigartiges, besonderes und liebenswertes Individuum.

2. Sei in deinem Mindset konsequent

Wenn du erfolgreich gründen möchtest, dann hast du bestimmt schon zahlreiche Ratgeber zu diesem Thema gelesen und bist dann vielleicht auch schon über den Begriff „Momentum“ gestolpert. Dieses Momentum, auch Mind-Set genannt, beschreibt deine Gedankenwelt. Hast du dir ein gutes Mind-Set aufgebaut, geht dir die Arbeit wie von selbst von der Hand. Doch solltest du zu den Menschen gehören, die sich leicht ablenken lassen und somit die Bewegung (Momentum) in die richtige Richtung (Erfolg) verlassen, dann ist es umso wichtiger, dass du dich immer wieder kalibrierst und aktiv darauf fokussierst, worauf es wirklich ankommt. Du solltest jeden Morgen mit einem positiven Mind-Set starten und dem unbedingten Willen deinen unternehmerischen Traum in die Tat umzusetzen.

Es ist empfehlenswert, dass du dieses Mindset jede Woche des Monats, jeden Tag der Woche und jede Stunde des Tages aufrecht erhältst. Jedes Mal, wenn du es verlässt, läufst du Gefahr, dein Momentum zu verlieren. Manchmal bedeutet das auch, dass du Telefonate zu ungewöhnlichen Zeiten führst, E-Mails nachts beantwortest oder für die Arbeit um drei Uhr morgens aufstehst. Erfolgreich gründen bringt Opfer mit sich – die sich aber mit Momentum nicht wie solche anfühlen, sondern ein freudiger Part auf dem Weg zum Erfolg sind.

Wenn du große Träume hast, dann musst du alles einsetzen, was du hast. Rund um die Uhr den unbedingten Willen zu gewinnen etablieren ist einer der Grundbausteine für den Erfolg. Das richtige Mindset macht nicht selten den Unterschied und entscheidet, ob dein Vorhaben scheitert oder du erfolgreich gründest.

3. Habe keine Angst, von zu viel zu träumen

Erfahrungsgemäß neigen Menschen, die wenig Selbstvertrauen haben, dazu, sich selbst zu limitieren. Das ist fatal! Du hast es sicherlich auch immer wieder gelesen, gehört oder selbst erfahren müssen: Es gibt Menschen, die stempeln Ideen als unrealistisch oder Träumereien ab. Wenn du aber selbst so denkst, dann ist es kaum verwunderlich, dass du es nicht schaffst, all das umzusetzen. Es ist ein Geschenk, so groß denken zu können und das solltest du nicht verschmähen. Es beginnt alles mit einer Vision – sei sie noch so weit weg von dem, was derzeit deine Realität darstellt.

Zwar ist nicht jeder Mensch dafür gemacht, ein Unternehmen zu gründen oder es zu führen und große Ziele zu haben, aber lass niemals zu, dass die Meinung einer solchen Person deinen eigenen Traum negativ beeinflusst. Ermahne dich durchgehend immer wieder, aktiv zu träumen.

Visualisierung

Ein wichtiger Punkt, der mit Träumen einhergeht, ist die Visualisierung der eigenen Ziele. Manche Menschen behaupten, es sei nur möglich, ein Ziel zu erreichen, sofern man es sich bildlich vorstellen kann. Dem Gesetz der Anziehung zufolge zieht ein „wohlhabendes Mind-Set" auch Wohlstand an. Erfolgreich gründen bedeutet dementsprechend auch, sich schon während der Startphase im Kopf weiter zu bewegen. Das wird zum einen das Momentum erhöhen, andererseits aber auch eine frühe, strategische Ausrichtung erlauben, da du dir die Zukunft schon vorstellst und dir Optionen für verschiedene Fälle überlegen kannst.

10 GRÜNDE, WARUM UNTERNEHMER FRÜH SCHEITERN

Gründer gibt es viele. Alle haben tolle Ideen, große Visionen und können es kaum erwarten, ihr Unternehmen zu gründen und richtig durchzustarten. Doch leider sind auch sehr viele Unternehmer dabei, die trotz toller Ideen und Produkte nach kurzer Zeit scheitern und in die Pleite steuern. Damit dir das nicht passiert, solltest du dir die häufigsten Gründe anschauen, die zu einer Pleite führen und es besser machen.

Grund 1: Fehlende Kenntnisse in der Betriebswirtschaft

Die fehlenden Kenntnisse in der Betriebswirtschaft gehören zu den häufigsten Gründen, warum ein junger Unternehmer in die Pleite steuert. Als Unternehmer ist für dich nicht nur wichtig, dass du immer wieder neue gute Ideen hast. Nur allein davon kannst du kein Unternehmen erfolgreich führen. Du musst dich auch mit Zahlen auskennen und deshalb sind betriebswirtschaftliche Kenntnisse zwingend notwendig. Natürlich muss man nicht alles können, das ist auch richtig. Kennst du dich damit nicht aus, ist es sehr wichtig, sich diese Kenntnisse in Form eines Partners oder einer externen Person ins Haus zu holen. Sonst kann es spätestens bei der Jahresbilanz und der Zahlung an das Finanzamt eine böse Überraschung geben, wenn der einstige Gewinn nun als Steuern nachgezahlt werden muss oder die Gewinnmarge von den Kosten aufgefressen wird.

Grund 2: Den Bezug zur Realität verlieren

Viele Gründer treibt auch der Gedanke und der Wunsch nach schnellem Reichtum in die Pleite. Es muss nicht gleich nach der Firmengründung der schicke Firmenwagen vor der Tür stehen, geschweige denn unnötig Personal eingestellt werden, nur um selbst nicht mehr arbeiten zu müssen oder den Chef zu markieren. Wer den Sinn für die Realität verliert, der verbaut sich Chancen und übersieht Risiken. Darum solltest du immer mit dem nötigen Weitblick handeln. Behalte deine monatlichen Fixkosten gut im Auge und beobachte ständig den Markt, deine Mitbewerber und behalte deine Marktposition im Blick.

Grund 3: Fehlender Rückhalt der Familie

Wenn du Gründer bist und Familie hast, dann muss deine Familie voll und ganz hinter dir und deiner Idee stehen. Es muss von Anfang an klar sein, dass ein Gründer wie du keine geregelte 40-Stunden-Woche haben kann. 60 Stunden und mehr sind durchaus normal und viel Zeit für private Zeit mit der Familie bleibt hier nicht wirklich. Schnell kann es deshalb zu Spannungen kommen und es kommt zum Scheitern. Entweder im privaten Bereich oder beim Unternehmen.

Grund 4: Marktkenntnisse sind zu mangelhaft

Bevor du als Gründer überhaupt in den Markt gehst, musst du diesen zuvor genau analysieren. Und mit genau ist wirklich sorgfältig und detailliert gemeint. Wenn du deinen Markt und deine Konkurrenten nicht genau kennst und die Bewegungen auf dem Markt nicht verstehst, findest du dich sehr schnell auf dem Abstellgleis wieder und kannst deinen Laden nach kürzester Zeit schließen.

Grund 5: Die falsche Zielgruppe gewählt

Dein Produkt kann noch so perfekt durchdacht sein: Wenn es der Zielgruppe keinen Nutzen bringt, wird es trotzdem erfolglos bleiben. Du musst also genau wissen, welche Bedürfnisse deine potenziellen Kunden haben und ob du diese mit deinem Produkt erfüllen kannst. Hat der Kunde einen Nutzen, dann wird er auch Geld dafür ausgeben.

Grund 6: Zu wenig Abhebung von der Konkurrenz

Wer heute als Gründer am Markt erfolgreich sein will, der braucht ein Alleinstellungsmerkmal, muss sich also von der Konkurrenz abheben. Es hilft dir nichts, wenn du mit deiner echt genialen Idee auf den Markt kommst, ein Wettbewerber dich kopiert und dein Produkt zu einem deutlich günstigeren Preis anbietet. Also musst du immer schauen, dass du den besten Preis hast, den besten Service bietest oder ganz einfach anders und besser bist als die Konkurrenz.

Grund 7: Finanzierung zu schlecht geplant

Sehr viele Gründer scheitern an einer schlecht geplanten Finanzierung. Bereits bei der Planung musst du deshalb mit Weitsicht vorgehen. Du musst alles so planen, dass du für alle Fälle vorbereitet bist. Die Liquiditätsplanung muss dir Luft geben und du musst deine Investitionen genau planen. Habe lieber ein bisschen zu viel Luft als zu wenig. Wie für jedes Unternehmen gilt auch für dich, dass dein Finanzplan hieb- und stichfest sein muss. In dem Moment, wenn es zu ersten finanziellen Engpässen kommt, ist das Ende nämlich nicht mehr weit.

Grund 8: Ordnung ist ein Fremdwort

Ohne Ordnung in deinem Unternehmen geht es nicht. Damit ist nicht gemeint, dass beispielsweise dein Schreibtisch immer sauber sein muss. Nein, die betrieblichen Abläufe müssen in Ordnung sein und Geschäftsbücher von Anfang an sauber geführt werden. Es ist wichtig für dich, dass du immer alles im Blick hast und auch bei Problemen rechtzeitig reagieren und agieren kannst.

Grund 9: Das Team passt nicht zusammen

Wer sich als Team selbständig macht, der braucht Know-How für jeden Bereich in seinen Reihen. Es nützt dir nichts, wenn du Leute um dich hast, die sich alle nur mit Technik auskennen. Du brauchst jemanden, der Technik beherrscht, einen, der mit den Finanzen jonglieren kann und jemanden, der sich mit Mitarbeiterführung auskennt, um dir hier nur ein paar Beispiele zu nennen. Es darf kein einseitiges Wissen vorhanden sein, sondern alle Themen müssen abgedeckt werden, die für ein Unternehmen wichtig sind.

Grund 10: Selbstüberschätzung

Viele Gründer scheitern auch, weil sie sich total überschätzen. Denke immer daran, dass keiner perfekt ist - auch du nicht. Also konzentriere dich nicht nur allein auf deine Stärken, die durchaus wichtig für deinen Erfolg sind, sondern sei bereit, immer Neues dazu zu lernen. Nimm Hilfe an, wenn sie dir angeboten wird und reflektiere immer selbst und vor allem ehrlich, was du gut gemacht hast, was noch besser werden kann und wo auf dich mögliche Gefahren lauern könnten.

SELF-MANAGEMENT – STRUKTURIERE DEINEN ALLTAG ALS GRÜNDER

Jeder, der selbst schon einmal ein Unternehmen gegründet und sich selbständig gemacht hat, weiß, welche harte Arbeit vor dir steht. Du hast bisher auf dem Weg zu deiner Gründung bereits einige Stolperfallen meistern müssen und bist vor Probleme gestellt worden, die es für dich zu meistern gab. Doch auf dem Weg zum erfolgreichen Unternehmer wirst du noch einige weitere Hürden nehmen müssen, vor allem wenn es darum geht, alles in die Praxis umzusetzen. Wir wollen dir hier ein paar Tipps geben, wie du in der Praxis und deinem Unternehmer-Alltag bestehen kannst.

Tipp 1: Baue auf eine realistische Finanzierung

Dies ist für dich ein sehr wichtiger Punkt, denn er wird sehr großen Einfluss darauf haben, ob du erfolgreich sein wirst oder nicht. Wenn du deine Rechnung aufstellst, wie viel Kapital du für deine Geschäftsidee brauchst, musst du realistisch sein. Es hilft dir nichts, wenn du alles so berechnest, dass es für dich auf dem Papier gut und machbar aussieht. Denke vor allem ein bisschen weiter und schaue bei der Finanzierung auch nach vorne, was in drei, vier oder sechs Monaten sein wird bzw. sein könnte. Das heißt für dich konkret, dass du auf jeden Fall einen finanziellen Spielraum mit einberechnen musst. Halte dich an deine Ziele, an deine Meilensteine und versuche so schnell wie möglich, eine für dich angemessene Rentabilität zu erreichen.

Tipp 2: Achte auf Mitarbeiter, die dir in der Praxis weiterhelfen

Das Thema Mitarbeiter ist für dich als Gründer ein ganz wichtiges Thema und es ist durchaus möglich, dass du in diesem Bereich noch einiges lernen musst. Deshalb ist es für dich schon am Anfang sehr wichtig, dass du auf die richtigen Mitarbeiter baust. Gerade am Anfang ist dies natürlich ein sehr hoher Kostenfaktor, aber du musst hier weniger auf die Kosten schauen. Lieber solltest du mit weniger Mitarbeitern arbeiten, dafür aber mit den Besten. Natürlich verstehe ich, wenn du sagst, dass gute Mitarbeiter viel Geld kosten. Aber lieber zwei, drei sehr gute an Bord haben, denen du etwas mehr zahlen musst, als sechs Mitarbeiter, die dich nicht wirklich weiterbringen. Gute Mitarbeiter sind motiviert und bringen Erfahrung mit, sie ziehen ein Team nach oben und du kannst dich auf solche Leute immer verlassen. Das ist für dich letztendlich mehr Wert als das Geld, was du ihnen zahlen musst.

Tipp 3: Halte von Anfang an die Geschäftsbücher in Ordnung

Gerade am Anfang stehen viele wichtige Aufgaben an. Die Praxis und der Unternehmeralltag fordern dir alles ab. Trotzdem solltest du das Thema Geschäftsbücher, also Steuern, Rechnungen, Jahresabschlüsse etc. von Anfang an ernst nehmen und nicht schleifen lassen. Je besser und sauberer alles geführt ist, desto weniger Zeit wirst du dafür später aufwenden müssen.

Tipp 4: Dein Unternehmen hat bei den Ausgaben Vorrang

Ein Unternehmen gründen kann am Anfang teuer sein. Da musst du vielleicht mehr Geld investieren, als dir lieb ist. Und die eigenen Hobbys, Vorlieben und dein gewohnter Lebensstandard bleiben dabei auf der

Strecke. Doch da musst du jetzt durch und diese Phase meistern. Versuche deshalb, alle privaten Ausgaben so gering wie möglich zu halten. Der größte Teil des Geldes sollte nun in deine Idee, in dein Unternehmen fließen. Begnüge dich am Anfang mit einfachen Dingen. Es muss nicht der Luxus-Schreibtischsessel sein, denn am Anfang reicht auch ein ganz normaler aus. Verstehst du, was ich damit sagen will?

Tipp 5: Immer am Ball bleiben

Genauso wie beim Thema Ausgaben und Geld musst du auch beim Thema Arbeitseinsatz immer am Ball bleiben. Du musst gerade in der Anfangszeit besonderen Fleiß an den Tag legen. In der Anfangszeit wird der Grundstein für den Erfolg gelegt und wenn dieser nun einmal zwölf Stunden Arbeit am Tag abfordert, so musst du das eben durchziehen. Dein investierter Fleiß wird sich am Ende definitiv für dich auszahlen.

Tipp 6: Sorge für ein gutes Netzwerk

Du musst dir ein gutes Netzwerk aufbauen. Tausche dich mit anderen Gründern aus, frage erfolgreiche Unternehmer nach ihrem Rat und hole dir Tipps, wo immer es nur geht. Du musst dir immer vor Augen halten, dass ein großes und funktionierendes Netzwerk dir wertvolle Hilfe leisten kann. Dazu gehört auch, dass du über dein Business redest. Erzähle von deinen Visionen und wie es im Unternehmen läuft. Auf diese Weise kannst du dich zum einen von anderen im Wortaustausch inspirieren lassen, bekommst aber auch wertvolles Feedback und kannst mögliche Gefahren für dich und dein Unternehmen früher erkennen.

Und zu guter Letzt noch ein Ratschlag an dich. Vielleicht kennst du noch Oliver Kahn? Ehemaliger Fußball-Torhüter beim FC Bayern München und der deutschen Nationalmannschaft. Lange Zeit als bester Torhüter der Welt bekannt. Er hatte das Motto „immer weiter, immer weiter, immer nach vorne. Wenn du hingefallen bist, musst du wieder aufstehen.

Immer weiter“. Das solltest auch du für dich verinnerlichen. Auf dem Weg zum Erfolg und vor allem bei der täglichen Arbeit wird dir das helfen.

MIT DEM PARETO-PRINZIP GESTALTEST DU DEIN BUSINESS EFFEKTIVER

Kennst du das vielleicht auch: Du arbeitest und machst und hast dennoch den Eindruck, dass nichts vorangegangen ist? Irgendwie sind die Leistung und die Effizienz nicht so, wie du dir das vorstellst und es gerne hättest. Dann wird es höchste Zeit für dich, nach deinem Effizienz-Killer zu suchen und Abhilfe zu schaffen. Ideal dafür geeignet ist das Pareto-Prinzip oder auch 80-20-Regel genannt.

Was ist das Pareto-Prinzip?

Um das Pareto-Prinzip zu definieren, kann man es ganz einfach auch mit der 80-20-Regel beschreiben. Das bedeutet, dass sich mit nur 20 Prozent Einsatz in vielen Fällen ein 80-prozentiges Ergebnis erreichen lässt. Willst du dich aber mit 80 Prozent noch nicht zufrieden geben, dann musst du deinen Einsatz eben noch geringfügig erhöhen. Aus diesem 80-20-Prinzip lässt sich somit eine Gleichung ableiten, die du auf so gut wie jeden Lebensbereich anwenden kannst und der sich nicht nur auf dein Business beschränkt. Kurz in Worte gefasst bedeutet dies, dass es für dich laut des Pareto Prinzips nur wenige Dinge gibt, die für deinen Erfolg wichtig sind und genau diese Dinge musst du fest im Blick haben.

Wie kannst du als Unternehmer das Pareto-Prinzip anwenden?

Mittlerweile ist das Pareto-Prinzip weltweit bekannt und wird bzw. wurde auch von vielen erfolgreichen Unternehmern angewandt. Wenn du deinen Gewinn mit der 80-20-Regel steigern willst und die damit verbundenen Kosten und den Aufwand senken möchtest, dann sollten für dich die Zahlen 80 und 20 als Richtwert dienen. Es gibt Studien von Wissenschaftlern, die belegen, dass Unternehmen mit dem Pareto Prinzip ihre Gewinne um ein Vielfaches steigern könnten. Dafür müssten nur mehr von den besten Produkten verkauft werden bzw. mehr von den besten Kunden kaufen oder mehr gute Mitarbeiter im Unternehmen arbeiten. Für dich selbst heißt das konkret, dass du nun bei dir analysieren musst, womit du den größten Gewinn machst, aber auch das findest, was dich nur Zeit und Geld kostet.

Finde den oder die richtigen Kunden für dich

Legen wir beim Thema Kunden auch das Pareto-Prinzip zugrunde. Das heißt, dass du rund 80 Prozent deines Umsatzes mit 20 Prozent deiner Kunden machst. Gerade deshalb ist für ein Unternehmen ein treuer Kunde auch so wichtig. Du solltest nun herausfinden, welche Kunden du hast, bei denen du mit wenig Aufwand viel Umsatz machst. Dann musst du dir diese Kunden genau anschauen und versuchen, nach dem Pareto Prinzip möglichst alle Wünsche dieser Kunden auch zu erfüllen. Du kannst bestimmte Produkte oder Dienstleistungen genau auf diese Kunden abstimmen. Die Kunden, die bei dir nur wenig kaufen, kannst du ganz brutal gesagt, auf gewisse Weise vernachlässigen.

Vielmehr muss dein Ziel sein, nach der 80-20-Regel deine guten Kunden zu richtigen Stammkunden zu machen. Diesen musst du natürlich nicht nur gute Produkte oder Dienstleistungen bieten, sondern auch einen sehr guten Service. Für dich heißt das aber bitte nicht, dass du dich dann zurücklehnen kannst, wenn du diese rund 20 Prozent gefunden hast. Du weißt, dass sich der Markt immer wieder ändert und deshalb musst du das Verhalten deiner Kunden auch trotz Anwendung des Pareto-Prinzips immer beobachten.

Biete deinen Kunden das richtige Produkt an

Das Pareto-Prinzip kannst du auch bei deinen Produkten anwenden. Hast du mehrere Produkte oder Dienstleistungen im Angebot, dann wirst du auch hier feststellen, dass es rund 20 Prozent davon gibt, mit denen du so an die 80 Prozent deines Umsatzes generierst. Finde diese Produkte heraus, die am meisten in die Kasse bringen und konzentriere deine Verkaufs- und Marketingstrategie darauf. Dabei solltest du laut der 80-20-Regel folgende Punkte beachten:

- Wie viel Zeit musst du für den Verkauf des Produktes aufwenden?
- Musst du viel Werbung machen, um dein Produkt zu verkaufen?
- Wie schwierig und komplex ist die Herstellung des Produktes?

So kannst du mit dem Pareto Prinzip leicht feststellen, mit welchem Produkt du am meisten Gewinn machen kannst. Sollte es nötig sein, dann musst du einfach dein Angebot dementsprechend anpassen.

Nutze das Pareto-Prinzip für dein Zeitmanagement

Die 80-20-Regel ist auch bestens für dein Zeitmanagement geeignet. Wichtige Dinge im Arbeitsalltag, die dich auch erfolgreicher machen, sollten mehr beachtet und gewichtet werden. Auch hier lassen sich die verschiedene Maßnahmen auf die wirklich wichtigen 20 Prozent konzentrieren und fokussieren. Die folgenden Maßnahmen kommen nach dem Pareto-Prinzip in Frage:

- Liste für unwichtige Dinge erstellen: Erstelle für dich eine Liste der Aufgaben, die eigentlich nicht wichtig sind und welche du hinten anstellen kannst.
- Nutze die „Rule of 9“: Dies ist eine Regel, sich auf viele Dinge im Leben anwenden lässt. Bleiben wir bei deinem Business. Du hast zehn Ideen, doch nur eine davon wird klappen und erfolgreich sein. Genau diese Idee kannst du mit dem Pareto-Prinzip herausfinden.
- Begrenze deine Zeit: Bei all deinen Aufgaben musst du dir eine Dead-

line setzen. Nach Ablauf der Deadline kannst du sehen, ob es für dich wichtig ist oder du es laut Pareto Prinzip eher vernachlässigen kannst.

- Nicht nach Perfektion streben: Du solltest weniger nach Perfektion streben, sondern einfach mehr ausprobieren. Später lassen sich auch noch Korrekturen vornehmen, aber zuerst musst du herausfinden, ob es nach dem 80-20-Prinzip erfolgreich ist oder nicht.

Überprüfe dich selbst regelmäßig

Du solltest dich in regelmäßigen Abständen selbst überprüfen. Kontrolliere dabei, was du diese Woche gemacht hast. Dabei solltest du dir nach dem Pareto-Prinzip selbst die folgenden Fragen beantworten:

- Hat mich diese Woche das Pareto Prinzip weitergebracht auf dem Weg zum Erfolg?
- Wo habe ich in dieser Woche Zeit verloren und damit auch Zeit verschwendet?
- Was habe ich diese Woche gemacht, was zu keinem Ergebnis geführt hat und ich keinen Fortschritt erreichen konnte?

Auch so kannst du mit dem Pareto-Prinzip bzw. der 80-20-Regel herausfinden, was du nicht mehr fortführen solltest und bei welchen Dingen du vielleicht mehr Zeit investieren solltest.

Setze das Pareto-Prinzip bedacht ein

Das Pareto-Prinzip kann für dich ein sinnvoller nur ein Denkanstoß sein, um nach Dingen zu suchen, die deinen Gewinn verringern. Damit lassen sich dann wiederum Möglichkeiten ableiten, um deinen Gewinn zu steigern. Allerdings solltest du nun nicht versuchen, alles nur noch nach dem Pareto Prinzip zu verändern. Besser ist es, sich die einzelnen Vorgänge anzuschauen und dann zu entscheiden, ob die 80-20-Regel diese verbessern kann.

KAPITEL 2

DIE PERFEKTE GESCHÄFTSIDEE

Im ersten Kapitel hast du nun einige Tipps bekommen, wie du dich als Unternehmer verbessern kannst. Diese Skills musst du nun in der Praxis erproben. Doch bevor es an die eigentliche Gründung geht, musst du dir natürlich noch die richtige Geschäftsidee aussuchen.

Dafür haben wir für dich einige Möglichkeiten herausgesucht, wie du herausfinden kannst, welche Märkte überhaupt genügend Potenzial bieten, welche Marktlücken es vielleicht noch zu besetzen gibt und wie du letztlich herausfinden kannst, ob das überhaupt das richtige Business für dich ist.

MARKTLÜCKE FINDEN – IM NISCHENMARKT ERFOLGREICH SEIN

Es muss nicht immer die absolut innovative Idee sein, um als Gründer erfolgreich zu sein. Gerade im Online-Business kannst du viel Potenzial und viele Marktlücken entdecken, um als Gründer richtig durchstarten zu können. Das Online-Business hat viele Vorteile, die du dir zunutze machen kannst. Zum einen brauchst du wenig Mittel dafür, es ist im Vergleich zu anderem Business relativ einfach umzusetzen und du kannst viele Menschen mit deinem Online-Business ansprechen. Du musst nur die richtige Marktlücke finden und den Nischenmarkt korrekt beurteilen.

Was ist eine Marktlücke?

Eine Marktlücke entsteht, wenn ein Verbraucher sich ein gewisses Produkt wünscht, aber dieses noch nicht auf dem Markt vorhanden ist. Für potenzielle Anbieter entsteht eine Chance, diese Marktlücke zu erkennen, auszugleichen und Umsatz zu generieren. Das Ziel eines Unternehmens ist es also, diese Marktlücke zu entdecken sowie diese durch eine Produktneueinführung oder das Angebot einer entsprechenden Dienstleistung zu übernehmen. Dann kann es die Nachfrage auf dem Nischenmarkt komplett und konkurrenzlos abschöpfen. Viele Unternehmen versuchen daher, Marktlücken zu erkennen, um diese durch gezielte Produktentwicklungen zu besetzen.

Konzentriere dich auf eine Nische

Erfolgversprechend im Online-Business ist es, wenn man eine Marktlücke erkennt und eine eigene Nische finden kann. Solche Nischenprodukte werden auch „Hidden Champions“ genannt. Diesen Nischenmarkt musst du wirklich gut auswählen, denn nicht alles führt auch zum Erfolg. Die Nische ist immer eine Unterkategorie von einem vorhandenen Markt. Wer also eine kleinere Nische finden kann, kann auch einfacher an die Umsetzung herangehen. Bei einem kleinen Nischenmarkt hast du den Vorteil, dass du ihn leicht definieren und deshalb auch ganz gezielt deiner Zielgruppe zuordnest. Außerdem hast du bei einer Nische immer einen ganz wichtigen und möglicherweise entscheidenden Vorteil: Es gibt wenig bis gar keine Konkurrenten, wenn du als Erster die Marktlücke entdecken kannst.

Die Vorteile einer Nische auf einen Blick

- Wenig bis gar keine Konkurrenz im Nischenmarkt
- optimale Optimierungsmöglichkeit für Ausrichtung auf Zielgruppe
- schnellere Positionierung als Fachmann möglich
- kleiner Kundenkreis ermöglicht persönliche Ansprache und du kannst dir beste Voraussetzungen für ein Corporate Design schaffen

Wie kannst du eine Marktlücke finden?

Als erster Schritt muss von dir festgelegt werden, in welche Richtung du gehen möchtest. Bei einem Nischenmarkt ist es nämlich so, dass zwischen positiven und negativen Nischen unterschieden wird. In einem positiven Nischenmarkt sind Produkte angesiedelt, die Spaß und Lust fördern. Gute Beispiele sind etwa Schmuck oder auch Kleidung. Bei einem negativen Nischenmarkt geht es ausschließlich darum, die Lösung auf Probleme zu finden. Dies können Produkte für die Behebung von technischen Problemen sein, aber auch für Lösungen im gesundheitlichen Bereich.

Wenn du für dich entschieden hast, in welche Richtung dein Online-Business gehen soll, musst du festlegen, für welche Zielgruppe dein Produkt geeignet ist. Willst du dich mehr an Firmen und Unternehmen richten und dort eine Marktlücke entdecken? Oder willst du den ganz normalen Konsumenten ansprechen? Aber auch hier wird in der Art des Business in 3 Bereiche unterschieden:

- **B2A:** In der Langform bedeutet dies Business-to-Administration. Gemeint ist hier die Geschäfts- und auch Kommunikationsbeziehung zwischen dir und deinem Unternehmen und Behörden.
- **B2B:** Diese Form der Geschäftsbeziehung gehört mit zu den bekanntesten. Gemeint ist hier Business-to-Business und bedeutet eine Geschäftsbeziehung zwischen dir und anderen Unternehmen.
- **B2C:** B2C bedeutet Business-to-Customer, also die geschäftlichen Beziehung zwischen dir und privaten Kunden. Gerade hier gab es in den letzten Jahren eine rasante und steile Entwicklung nach oben. Wenn du planst, in diesem Bereich als Gründer tätig zu werden, hast du beste Chancen und viel Potenzial das sich dir bietet.

Die passenden Nische mit dem Thema oder der Zielgruppe finden

Wenn du die oben genannten Punkte für dich geklärt hast und deine Richtung abgesteckt hast in die es gehen soll, musst du die passende Nische für dich finden und eine Marktlücke erkennen. Dazu kannst du zwischen zwei Möglichkeiten wählen: Entweder über ein bestimmtes Thema oder eine bestimmte Zielgruppe.

- **Die Nische finden mit bestimmtem Thema:** Für dich ist es hier von entscheidender Bedeutung, ob du auch genügend Interesse für ein bestimmtes Thema mitbringst. Auch wenn dies alles einfach klingen mag, so musst du auch hier als Gründer viel Disziplin mitbringen, denn gerade am Anfang wirst du einiges leisten müssen. Dir ein Thema auszusuchen, bei dem du dir einen hohen finanziellen Erfolg vorstellen kannst, wird nicht ausreichen. Du musst wirklich interessiert daran sein, denn nur dann kannst du dein Business erfolgreich gestalten und eine Marktlücke entdecken.
- **Die Nische finden mit bestimmter Zielgruppe:** Hier musst du für dich festlegen, für welche Art von Kunden bzw. Menschen du deine Energie und deine Kraft als Unternehmer einsetzen willst. Überlege dir gut, welche Wünsche, Vorstellungen, Probleme oder Bedürfnisse diese Zielgruppe hat und ob du mit deinem Nischenprodukt das auch abdecken und erfüllen kannst.

Egal für welche Variante du dich entscheidest, so ist bei beiden eine gründliche und ehrliche Analyse des Marktes notwendig. Du musst mit dieser Marktanalyse feststellen, bei welchen Produkten nicht nur jetzt, sondern auch in Zukunft Bedarf bestehen wird und so eine Marktlücke besteht. Außerdem musst du feststellen, ob du damit auch Gewinne erzielen kannst. Die späteren potenziellen Kunden müssen also dazu bereit sein, dein Produkt zu kaufen und es muss einen Mehrwert für sie darstellen. Eine Marktlücke bloß zu entdecken reicht somit nicht aus.

Strategien, um eine Marktlücke zu finden

Gleich eingangs sollte gesagt werden, dass es zwar nicht so schwer ist, eine lukrative Marktlücke zu finden – wenn du Zeit mitbringst. Es bedarf schon ein paar sehr guten Vorbereitungen und Planungen, damit du deine

Marktlücke entdeckst und sie sich später rechnet. Am besten gehst du wie in den folgenden Punkten beschrieben vor:

Painspotting: Den Ärger des Kunden nutzen

Über schlechten Service oder fehlerhafte Produkte hat sich jeder schon einmal aufgeregt. Hier ergeben sich viele Chancen, eine geeignete Marktlücke zu finden. Frage dich deswegen: Wie kann man diese Ärgernisse umgehen? Kann man Produkte irgendwie besser machen? Besonders wenn du dich in dem Bereich auskennst, kann das die ideale Möglichkeit sein, um diese Marktlücke zu erkennen. Schaue dich daher bei dir im Job, bei deinem Hobby oder bei Dienstleistungen um, die du selber in Anspruch nimmst.

Kopieren und besser machen

Zugegebenermaßen ist das ein sehr kontroverser Tipp, jedoch auch einer, der sehr gut funktionieren kann. Hier gilt es jedoch eher, sich international nach anderen Geschäftsideen umzuschauen, die es im eigenen Land noch nicht gibt. Ein besonderer Vorteil dieser Strategie ist, dass sich bereits gezeigt hat, dass diese Geschäftsidee funktioniert und sich diese Marktlücke finden lässt – nur noch nicht im eigenen Land.

Die Blue Ocean Strategie

Die Blue Ocean Strategie ist etwas schwerer umzusetzen. Diese konzentriert sich darauf, einen ganz neuen Markt zu erschließen, den es so vorher noch nicht gab. Auf diese Weise kann man eine Marktlücke finden und geht möglicher Konkurrenz gleich am Anfang aus dem Weg. Hier gilt es natürlich, dass man eine echte Innovation auf den Markt bringen muss und das lässt sich nicht mal eben so umsetzen. Es kann aber auch schon reichen, kleine Aspekte an Produkten zu ändern, um die Marktlücke zu entdecken.

Sammle Ideen aus dem Alltag

Gerade der Alltag liefert viele Ideen für den Nischenmarkt. Gehe immer mit offenen Augen durch den Supermarkt, durch den Baumarkt oder durch andere Geschäfte. Achte auf mögliche Ideen, wenn die die Zeitung liest und höre genau zu, was Freunde und Bekannte erzählen. Was suchen sie? Was brauchen sie? Womit sind sie nicht zufrieden. All das was du hörst und was dir auffällt, dass solltest du dir notieren, denn dadurch kannst du deine Marktlücke finden und entdecken.

Gib nicht gleich auf, wenn du einen existierenden Nischenmarkt findest

Viele machen den Fehler, dass sie bei der Suche nach einer Nische einen existierenden Nischenmarkt finden. Aber jetzt nicht denken, „so ein Mist, diese Idee hatte schon ein anderer", sondern schaue dir diesen Nischenmarkt genau an. Denn aus einem bestehenden Markt ergeben sich viele Möglichkeiten für Unternischen. Nehmen wir an, du stößt auf eine Nischenseite mit Sportunterwäsche. Nische vergeben. Aber wie sieht es mit einer Nischenunterseite „Sport-BH für Frauen beim Tennis" aus? Nur ganz wenig an Angeboten. Gib also nicht gleich beim ersten Oberbegriff auf, sondern überlege, wo sich hier noch weitere Nischen ergeben könnten.

Amazon kann dir helfen

Hast du die ersten Punkte abgearbeitet, dann kann dir Amazon ein wichtiger Helfer sein. Bei Amazon gibt es mittlerweile fast alles. Also klicke dich hier in aller Ruhe durch die Kategorien und vor allem durch die Unterkategorien. Da wirst du mit Sicherheit auf Themen stoßen, die dich interessieren und die du schon beim Brainstorming notiert hast. Diese Vorschläge können dann dabei helfen, eine Marktlücke zu finden oder einen Nischenmarkt zu entdecken.

Hinterfrage die ausgewählten Ideen für deinen Nischenmarkt

Wenn du nun ein paar Ideen für einen möglichen Nischenmarkt für dich notiert hast, dann solltest du diese Ideen gut hinterfragen.

1. Wie hoch ist das Suchvolumen?
Ganz am Anfang sollte für dich die Höhe des Suchvolumens stehen. Hier solltest du überprüfen, wie oft pro Monat nach deinem Haupt-Keyword gesucht wird. Auf diese Weise bekommst du einen ersten Eindruck, ob diese Marktlücke sich später auch in finanzieller Hinsicht lohnen kann. Achte dabei aber darauf, dass sich das Suchvolumen auf einem konstanten Level befindet und nicht nur ein oder zweimal im Jahr, möglicherweise wegen saisonalen Gründen, sehr hoch ist und die anderen Monate sehr niedrige Ergebnisse liefern.

2. Wie ist der Trend bei der Suche?
Zur Beantwortung dieser Frage kannst du mit Google Trends arbeiten. Du kannst dir damit eine Grafik anzeigen lassen, wie hoch die Suche nach deinem Haupt-Keyword in einem bestimmten Zeitfenster ausgesehen hat. Also beispielsweise die letzten fünf oder sechs Jahre. Zeigt sich hier, dass die Suche zugenommen hat, dann ist das schon mal ein positiver Hinweis für dich und der Beweis, dass sich in diesem Bereich eine Marktlücke finden lässt. Geht der Trend aber nach unten, dass solltest du es dir mit diesem Nischenmarkt noch einmal überlegen oder mit einem anderen passenden Keyword suchen.

3. Wie sieht es mit Konkurrenz im Bereich SEO aus?
Die Konkurrenzsituation im Bereich SEO ist ebenfalls sehr wichtig für dich. Auch hier musst du genau analysieren, wie die Situation für dich ist. Tolle Unterstützung kann dir hier das Tool „Market Samurai" bieten. Dieses Tool gibt es auch als Free Trial Version und du bekommst hier farblich angezeigt, ob die es mit viel, etwas weniger oder sehr wenig Konkurrenz zu tun hast. Je weniger Konkurrenz, desto besser für dich und den Nischenmarkt.

4. Braucht deine Zielgruppe Informationen über das Produkt?
Auch diese Frage musst du unbedingt klären. Hierzu empfiehlt es sich eine Keyword-Recherche durchführen. Für dich und einen möglichen späteren Erfolg mit deiner Nische ist es wichtig, dass deine Zielgruppe

viele Informationen über den Nischenmarkt haben will. Ist deine Zielgruppe nur am Kauf dieses Produktes oder der Dienstleistung interessiert, dann wird es schwer für dich, dich hier durchzusetzen. Also je mehr Informationsbedarf besteht, desto wahrscheinlicher, dass sie hier eine Marktlücke finden und entdecken lässt.

5. Kann deine Nische später erweitert werden?
Ein Punkt, der jetzt zwar nicht so sonderlich wichtig ist, aber trotzdem von dir geklärt werden sollte: Wie sieht es mit einer späteren Erweiterung deines Nischenmarktes aus? Hier verbirgt sich möglicherweise später Potenzial für eine Umsatzsteigerung. Wenn du mit einer Seite eine gutes Ranking erreicht hast, kannst du möglicherweise dein Angebot thematisch passend erweitern. Damit kannst du möglicherweise eine weitere Zielgruppe der Marktlücke erkennen, auf dich aufmerksam machen und zum Kauf anregen.

6. Wie sieht es mit finanziellen Potenzial aus?
Das finanzielle Potenzial von deinem möglichen Nischenmarkt muss natürlich passen, denn du willst bzw. musst ja auch Geld verdienen. Deshalb muss hier wirklich echtes Kaufinteresse bei deiner Zielgruppe bestehen. Außerdem solltest du prüfen, welche möglichen Einnahmequellen es außer dem Verkauf noch gibt. Wie sieht es mit Partnerprogrammen für die Marktlücke aus? Was wird für einen AdSense-Klick bezahlt oder welche Bezahlung für einen Klick ist möglich? Das alles gilt es zu analysieren und auch hier kann die das Tool Market Samurai sehr gut helfen. Du solltest immer beachten, dass eine gute Nische am besten mehrere Einnahmequellen möglich macht.

Fazit

Wie du siehst bietet ein Nischenmarkt sehr viel Potenzial, dass es für dich zu finden gilt. Deshalb solltest du mit viel Zeit, Geduld und Sorgfalt daran gehen, diesen möglichen Nischenmarkt genau zu analysieren. Im ersten Step solltest du aber nicht rein den finanziellen Aspekt im Hinterkopf haben. Wichtig ist vor allem, dass du dich für das Nischenthema interessierst und Spaß daran hast. Je mehr Interesse von deiner Seite besteht, desto schneller kannst du die Marktlücke finden und weiterentwickeln. Hilfreich ist es natürlich, wenn du auch gleich das nötige Fachwissen für dein Thema mitbringst oder zumindest ausreichend Hintergrundwissen.

MARKTANALYSE ERSTELLEN – WIE GROSS IST DEINE ZIELGRUPPE WIRKLICH?

Die Marktanalyse ist für späteren Erfolg extrem wichtig und das Herzstück eines jeden guten Businessplans. Wenn du also eine tolle Geschäftsidee hast und die Machbarkeit dieser Idee überprüfen willst, kommst du an einer guten Marktanalyse nicht vorbei. Wir zeigen dir, wie sich eine Marktanalyse zusammensetzt, warum sie für dich so wichtig ist und wie du sie erstellen kannst.

Was ist eine Marktanalyse?

Bei dem Erstellen der Marktanalyse handelt es sich um ein Teilgebiet der Marktforschung. Sie ist eine einmalige Beobachtung von den wichtigsten Merkmalen eines Marktes, um die Marktstruktur zu analysieren. Zu der Marktanalyse gehören unter anderem Informationen über Marktanteile, Marktsegmente, Zielgruppen und Marktpotenziale. Somit lässt sich mit der Analyse herausfinden, wie geeignet ein bestimmter Markt für dein Angebot ist. Sie dient als Entscheidungsgrundlage.

Warum ist die Marktanalyse so wichtig?

Es zeigt sich immer wieder, dass viele Gründer wegen der fehlenden Marktanalyse scheitern. Die meisten drücken sich gerne vor dieser Aufgabe, da sie gar nicht so einfach durchzuführen ist. Trotzdem solltest du diesen Fehler nicht machen und dich voll auf die Durchführung der Analyse konzentrieren. Dafür gibt es für dich auch zwei gute Gründe:

- Für deine Geschäftsidee und eine erfolgreiche Umsetzung brauchst du viele Informationen. Diese bekommst du aber nur dann, wenn du dir den Markt genau ansiehst und weißt, was auf dich zukommt und auf was du achten musst
- Wenn du Kapital brauchst und auf Geldgeber, egal welcher Art, angewiesen bist, darf in deinem Businessplan eine Marktanalyse nicht fehlen. Ohne sie wirst du wohl kaum das benötigte Kapital bekommen.

Eine Marktanalyse zeigt dir bereits zu Beginn deiner Gründungsaktivitäten, wie es mit einem möglichen späteren Erfolg deiner Geschäftsidee aussieht. Du kannst mit der Marktanalyse erkennen,

- wie groß deine Zielgruppe in Wirklichkeit ist
- mit wie vielen Konkurrenten du es zu haben wirst
- wie sich der Markt in Zukunft entwickeln wird oder wohin der Trend in diesem Markt geht

Kennzahlen der Marktanalyse

Durch die Marktanalyse kannst du verschiedene zentrale Kennzahlen ermitteln. Diese geben Auskunft über den Markt selbst und über die Positionierung des Unternehmens in diesem Markt. Die folgenden Kennzahlen bilden somit die Basis für Marktentscheidungen und für die strategische Ausrichtung des Unternehmens.

- **Marktpotenzial:** Entspricht der Marktkapazität, beziehungsweise der Höhe der möglich absetzbaren Mengen eines Produktes auf dem Markt.
- **Marktvolumen:** Realisierter oder geplanter Umsatz für ein entsprechendes Produkt, beispielsweise für ein Jahr.
- **Marktausschöpfung:** Der Marktausschöpfungsgrad gilt als Maßgröße für zukünftiges Marktwachstum.

- **Absoluter Marktanteil:** Anteil am Markt, den das Unternehmen auf einem bestimmten Markt realisiert hat.
- **Relativer Marktanteil:** Indikator für die Marktstellung durch Bezug des eigenen Umsatzes zu dem Umsatz größerer Wettbewerber.

In 5 Schritten zu einer erfolgreichen Marktanalyse

Die Umsetzung einer Marktanalyse erfolgt in 5 Schritten. Arbeite die folgenden Schritte also gewissenhaft ab und du kannst sicher sein, eine gute und ausführliche Marktanalyse erstellt zu haben und perfekt für den Start in die Selbstständigkeit.

1. Definition deiner Zielgruppe
Der ersten Schritt, der noch vor der eigentlichen Marktanalyse erfolgt, ist die Definition deiner Zielgruppe. Nur so kannst du feststellen, ob es für dich überhaupt einen wirklichen Zielmarkt gibt und wie du dich von Konkurrenten abgrenzen kannst. Wenn du diesen ersten Schritt gemacht hast, musst du in deiner Zielgruppenanalyse noch weiter in die Tiefe gehen. Das heißt, du musst beispielsweise das Alter deiner Zielgruppe, die Einkommensverhältnisse und auch die idealen Regionen für dich und dein Produkt untersuchen. Welche Kriterien weiterhin für die Definition deiner Zielgruppe wichtig sind, hängt vor allem von deinen Dienstleistungen oder Produkten ab.

2. Marktgröße und Marktentwicklung
Voraussetzung dafür, dass du deine Produkte oder Dienstleistungen überhaupt erfolgreich verkaufen kannst ist, dass der Markt groß genug dafür ist. Vielen Gründern passiert es nämlich, dass sie den Markt falsch einschätzen und so mit ihren Business scheitern. Daher heißt es für dich, das Marktvolumen und davon ausgehend das Umsatzvolumen zu analysieren. Dabei solltest du dich aber nicht nur auf die Gegenwart konzentrieren, sondern auch Prognosen zur Marktanalyse der nächsten Jahre aufstellen. Überlege dir also, wie groß das Potenzial des betreffenden Marktes insge-

samt ist und wann von einer Sättigung ausgegangen werden kann.

3. Wettbewerbsanalyse

Als nächstes folgt die Wettbewerbsanalyse. Auch diese gehört in deinen Businessplan und kann entweder als eigener Punkt aufgelistet oder in die Marktanalyse integriert werden. Oftmals empfiehlt sich hier letzteres. Bei der Wettbewerbsanalyse musst du den Fokus auf deine Mitbewerber legen. Welche Konkurrenten musst du hier besonders beobachten und welche eher vernachlässigen? All das musst du in der Analyse herausarbeiten. Dazu gehört auch, deine Konkurrenten in bestimmte Gruppen einzuteilen. Wer gehört beispielsweise eher zu den Spezialisten oder Generalisten, wie ist deren Position auf dem Markt und warum sind diese erfolgreich? Mache nicht den Fehler und konzentriere dich nur auf deine direkten Konkurrenten. Schaue dir den gesamten Markt an und überlege, welcher deiner Konkurrenten weswegen erfolgreich ist und lerne von ihnen.

4. Potenzialanalyse

Wie bereits weiter oben erwähnt, solltest du dich nicht nur mit der „Ist-Situation“ am Markt befassen musst. Wichtig ist, gerade wenn du Geldgeber und Fremdkapital brauchst, dass du auch zukünftiges Potenzial für dein Produkt auf dem Markt aufzeigen kannst. Dabei musst du auch auf die sogenannten Markteintrittsbarrieren eingehen. Also richte den Fokus auf folgende Punkte:

- Wie leicht ist der Markteintritt und können dies andere Mitbewerber genauso leicht schaffen?
- Welche Erfolgsfaktoren kannst du liefern, damit du auch auf lange Sicht mit deinem Produkt und deinem Business am Markt erfolgreich bist und bestehen kannst? Gibt es vielleicht sogar ein Alleinstellungsmerkmal, dass dich von deinen Konkurrenten abhebt?
- Ist der Wettbewerb auf deinem Markt intensiv? Und vor allem bleibt der Markt für deine Zielgruppe auch in Zukunft attraktiv und dein Produkt hat einen Mehrwert? Kurz gesagt, braucht der Kunde dein Produkt auch noch im nächsten Jahr oder in zwei Jahren?

5. Die erforderlichen Daten erhalten

Du wirst dir jetzt sicherlich die Frage stellen, wie du an all diese Informationen und vor allem an aussagefähige Daten kommst, die du für für das Erstellen einer gründliche Marktanalyse brauchst. Eines gleich vorweg: Nur eben mal die Ergebnisse zu schätzen, wird dich nicht weiterbringen. Bei der Marktanalyse musst du die Zeit investieren, verlässliche Daten zu sammeln. Hole dir deshalb verschiedene Marktstudien ein. Diese bekommst du beispielsweise bei einzelnen Branchenverbänden, aber auch Banken können dir hier behilflich sein. Außerdem kannst du dich an Marktforschungsinstitute wenden, denn dort bekommst du auf jeden Fall belastbare Zahlen für deine Marktanalyse.

Tipp: Zusätzlich kannst du auch selbst Marktforschung betreiben. Dies sollte aber wirklich nur zusätzlich geschehen. Denn zum einen erfordert eigene Marktforschung ausreichendes Wissen in diesem Bereich und zum anderen ist es sehr zeitintensiv. Ideal wäre es, wenn du dir noch zusätzliche Unterstützung einholen könntest.

Die Marktanalyse als einer der wichtigsten Bausteine auf deinem Gründungsweg

Die Marktanalyse zu erstellen, ist für das Starten deines eigenen Unternehmens essentiell wichtig. Ohne sie kannst du den Markt, deine Konkurrenz und deine Zielgruppe nicht genau einschätzen und verfehlst leicht dein Ziel. Wenn du die Marktanalyse richtig durchführst und dir die erforderliche Zeit nimmst, wird sie sich auf lange Sicht doppelt und dreifach für die auszahlen. Also sein deiner Konkurrenz einen Schritt voraus und wende dich an Marktforschungsinstitute, um das meiste aus dem sich bietenden Markt herauszuholen.

SWOT-ANALYSE: POSITIONIERE DEIN BUSINESS ERFOLGREICH

Besonders am Anfang seiner unternehmerischen Karriere stellt man sich viele Fragen: Wo steht mein Unternehmen? Was sind meine Vorteile gegenüber Konkurrenten? Wo sind meine Schwachstellen? Welche Risiken können auftauchen? Diese Fragen können im Rahmen der SWOT-Analyse beantwortet werden, um entsprechend handeln zu können. Deswegen zeigen wir dir, was die SWOT-Analyse ist, was sie kann und wie man sie durchführt.

Was ist die SWOT-Analyse?

Die SWOT-Analyse umfasst die Analyse-Felder Stärken, Schwächen, Chancen und Risiken eines Unternehmens und kann ebenso als Positionierungsanalyse bezeichnet werden. Dadurch werden Schwachstellen aufgedeckt, aber auch Vorteile sichtbar, sodass du dein Unternehmen besser einschätzen kannst. Anhand der Ergebnisse kannst du dann entscheiden, an welchen Stellen Verbesserungen durchgeführt werden müssen und wo du dich noch entschiedener auf deine Stärken konzentrieren solltest. Die Analyse kann nicht nur auf dein gesamtes Unternehmen angewendet werden, sondern eben auch für kleinere Projekte genutzt werden. So hilft sie dir immer eine Bestandsaufnahme der jetzigen Situation abzubilden.

Wofür steht SWOT?

SWOT steht für Strengths, Weaknesses, Opportunities und Threads. Diese vier Analysebereiche decken sowohl eine Markt- als auch eine Konkurrenzanalyse ab. Kannst du allen Bereichen Punkte zuordnen, erkennst du weitere und notwendige Handlungsschritte für dein Unternehmen. Doch welche Fragen sollte man sich genau stellen?

Strengths – Wo sind deine Stärken?
Bei den Stärken geht es um unternehmensinterne Vorteile. Auf diese hast du direkten Einfluss, sodass du, sobald die Stärken klar definiert sind, diese stärker in den Fokus rücken kannst. Um deine Stärken herauszufinden und zu analysieren, solltest du dir folgende Fragen stellen:

- In welchen Punkten bist du besser als die Konkurrenten?
- Welche Ressourcen hast du, die einzigartig und günstig sind?
- Welche Stärken sehen andere Menschen bei dir?
- Welches Alleinstellungsmerkmal kannst du anbieten?

Weaknesses – Wie sieht es mit deinen Schwächen aus?
Auch die Schwächen beziehen sich auf interne Unternehmensprozesse, die kein Außenstehender direkt herausfiltern könnte. So sollte hierfür sämtliche Schwachpunkte genauer analysiert werden, die mit folgenden Fragen sichtbar erscheinen:

- Was könntest du besser machen?
- Was solltest du nicht tun und besser vermeiden?
- Wo sehen andere Menschen deine Schwächen?
- Gibt es Schwächen oder andere Faktoren, die zum fehlenden Erfolg führen?

Opportunities – Welche Chancen können sich für dich ergeben?
Die Chancen deines Betriebs können sowohl von internen als auch besonders von externen Umständen beeinflusst werden. Dafür sollte das nähere Umfeld deines Unternehmens betrachtet und analysiert werden. Um dies durchzuführen, helfen folgende Fragen:

- Kannst du für dich Chancen entdecken?
- Wie sieht die Entwicklung auf dem Markt aus?
- Gibt es gesetzliche Veränderungen, die dich betreffen und welche sind das?

- Haben gesellschaftliche Entwicklungen einen Einfluss auf dein Business?

Threats – Welche Risiken oder Gefahren gibt es für dich?
Jedes Unternehmen ist Risiken ausgesetzt, auch wenn diese nicht immer sofort erkennbar sind. Treten Krisen ein, ist meist zu spät diese größtenteils noch abzuwenden. Daher sollte stets im Voraus klar sein, welche Risiken eintreten können und wie die Reaktion auf diese dann aussieht. Mit diesen Fragen können realistische Risiken herausgestellt werden:

- Wie sieht es bei der Konkurrenz aus?
- Gibt es bevorstehende Änderungen in Bezug auf Qualitätsstandards, Dienstleistungen oder bei Produkten?
- Wie sieht es finanziell bei dir aus? Hast du Schulden oder andere Verbindlichkeiten?
- Sind deine Schwächen für dich und dein Business eine Gefahr, die deine Existenz bedrohen könnten?

Was ist das Ziel der SWOT-Analyse?

Ganz einfach: Ein klares Bild deines Unternehmens. Ob für die notwendige Einordnung im Businessplan oder für bereits alte Hasen im Business – die Analyse vermittelt dir einen direkten Blick auf die aktuelle Ist-Situation und zeigt dir die notwendigen nächsten Schritte an. Denn besonders in einer großen Branche und auf einem überfüllten Markt solltest du wissen, wie sich dein Unternehmen abgrenzen kann, um noch erfolgreicher zu werden. Die SWOT-Analyse kann neue Wachstumspotenziale offenbaren und risikohafte Bereiche deines Betriebs darstellen. Die Ereignisse sollten dir idealerweise deine Zukunftsperspektiven aufzeigen und die Grundlage für die weiteren Pläne sein.

So führst du deine SWOT-Analyse durch

Am besten führst du deine SWOT-Analyse in vier Schritten durch. Diese

Phasen müssen nicht zwingend starr nacheinander durchlaufen werden, sondern dienen vielmehr einer Orientierung.

SWOT-Analyse Schritt 1:
Du beginnst mit der Durchführung der internen Analyse, auch Selbstanalyse genannt. Mit dieser kannst du die Stärken und Schwächen deines Unternehmens aufdecken. Das können bestimmte Fähigkeiten sein die du hast oder deine Mitarbeiter, aber auch bestimmte Ressourcen.

SWOT-Analyse Schritt 2:
Als nächstes folgt die sogenannte Markt- oder Umweltanalyse. Damit kannst du untersuchen, welche externen Risiken, aber auch Chancen für dich bestehen. Gerade dieser Schritt ist für dich sehr wichtig, denn so kannst du erkennen, wie gut deine Position auf dem Markt ist und welche Veränderungen du noch durchführen musst. Nach diesem Schritt sollte dein Wettbewerbsfähigkeit erkennbar sein und deine Chancen offenbaren.

SWOT-Analyse Schritt 3:
Der nächste Schritt ist für dich die Durchführung der Wettbewerbsanalyse. Hier solltest du detailliert herausarbeiten, wie deine eigene Strategie aussieht, wie es mit der Qualität deiner Produkte und deinem Service bestellt ist und wie du beispielsweise noch deine Zahlungs- und Lieferbedingungen verbessern kannst, um daraus einen weiteren Nutzen zu gewinnen. Hier solltest auch deine Konkurrenten näher analysieren, sodass gleichzeitig deine Vorteile sichtbar sind.

SWOT-Analyse Schritt 4:
Als letzter Schritt erfolgt nun die Kundenanalyse. Dementsprechend kannst du die Zielgruppen genau bestimmen und ihre Bedürfnisse herausfinden. Daher musst dich fragen in welchen Segmenten bist du bereits vertreten und wo willst du noch hin. Was kannst du tun, was sich positiv auf die Kaufentscheidung der Kunden auswirken könnte.

Zum Ende deiner SWOT-Analyse solltest du dann die Ergebnisse der vier durchgeführten Schritte gegenüberstellen und vergleichen. Nur so kannst du abschließend auch strategische Maßnahmen ableiten und eine konkrete Strategie entwickeln. Dies können sowohl persönliche als auch unternehmerische Maßnahmen sein, die aber beide das Ziel haben sollten, dass du für dich und für dein Unternehmen, die optimalen Entscheidungen treffen kannst.

KAPITEL 3

DIE FINANZIERUNG DEINES UNTERNEHMENS

Ein Unternehmen zu gründen erfordert viel Arbeit und gute Planung. Wer einfach drauf loslegt wird schnell merken, dass er damit nicht weit kommt. Helfen kann hier das Erstellen eines Businessplans. Mit diesem lässt sich genau festhalten, wie dein Unternehmenskonzept aussieht und wie du es erreichen kannst. Aber auch für mögliche Investoren spielt der Businessplan eine große Rolle. Wir zeigen dir, wie du beim Erstellen eines Businessplans am besten vorgehst. Zudem stellen wir verschiedene Finanzierungsmöglichkeiten für das Startkapital für dein Startup vor.

BUSINESSPLAN: DER GRUNDSTEIN

Ein Businessplan enthält die schriftliche Zusammenfassung einer Geschäftsidee. Er stellt ein strukturiertes Konzept dar, welches erarbeitet werden muss und Aufschluss über das genau Vorgehen einer Geschäftsgründung gibt. Grob ausgedrückt beschreibst du in deinem Businessplan, wie deine Geschäftsidee funktionieren soll, an wen sich deine Geschäftsidee richtet, wo die Chancen und Risiken deiner Idee liegen und wie rentabel deine Idee überhaupt ist.

Einer der wichtigsten Informationen, die beim Schreiben in deinen Businessplan gehört, ist der Finanzteil. Für diesen solltest du dir besonders viel Zeit nehmen und ihn genau durchrechnen, da sich dieser, gerade von möglichen Investoren, am genauesten angeschaut wird.

Ein Businessplan richtet sich sowohl an den internen Gebrauch als auch an externe Kapitalgeber. Intern wird ein Businessplan gebraucht, um die Unternehmensentwicklung planen und die Veränderungsmaßnahmen strukturieren zu können. Zudem soll dieser bei der Entscheidungsfällung helfen und Kontrolle über Führung und Steuerung des täglichen Geschäfts bieten.

Extern wird er vor allem von Risikokapitalgebern und Banken gebraucht, damit diese sich absichern können. Schließlich wollen sie sicher sein, dass sie ihr Geld an ein Unternehmen geben, welches zukünftig Chancen auf Erfolg bietet. Außerdem kann ein Businessplan für spätere Fusionen und Übernahmen relevant sein.

Um eben all diese Interessen abzudecken, sollte ein Businessplan alle relevanten Informationen abdecken und möglichst alle offenen Fragen beantworten.

Wie erstelle ich einen Businessplan?

Das ist nicht so kompliziert, wie du es dir wahrscheinlich gerade vorstellst. Der Klassiker ist hier natürlich, den Businessplan mit Word und Excel zu erstellen. Allerdings wirkt das nicht gerade professionell und ist doch etwas altmodisch. Empfehlenswerter ist es hier, eine Vorlage zu nehmen oder dir eine Software zu besorgen.

Vorlagen gibt es unzählige im Internet, sodass du hier schnell fündig werden solltest. Allerdings musst du sehr genau darauf achten, dass alle Angaben in der Vorlage korrekt sind. Du weißt nie, wer genau diese Vorlage erstellt hat und ob es ein Profi oder doch eher ein Laie ist. Demnach solltest du besonders bei den Formeln des Finanzierungsteils immer nachrechnen, ob hier alle ihre Richtigkeit besitzen.

Am besten ist es, sich ein spezielles Programm für die Erstellung eines Businessplans zu besorgen. Hier gibt es sowohl kostenpflichtige als auch kostenfreie Programme, mit denen sich ein Businessplan sehr einfach erstellen lässt. Bei den meisten Programmen bekommst du zudem viele Tipps und Hinweise, mit denen sich dein Unternehmensplan noch leichter erstellen lässt.

Bei der Sprache sollte darauf geachtet werden, dass der Businessplan einfach und verständlich formuliert ist. Auch Laien, die nicht in der Branche tätig sind, sollen verstehen, worum es in deinem Business geht. Schließlich liest du den Plan nicht nur selbst, sondern willst ihn auch Investoren und Banken vorlegen. Dabei solltest du natürlich weiterhin seriös in der Formulierung bleiben und nicht zu überschwänglich klingen.

Businessplan: Die Gliederung in 10 Schritten

Nun kommen wir zu einem der wichtigsten Teile eines Businessplans: Dem Aufbau. So ein Businessplan kann zwischen 20 und 100 Seiten lang sein. Konzentriere dich nicht zu sehr auf die Seitenanzahl, sondern achte lieber darauf, dass du alles Wichtige drin hast.

1. Idee, Angebot und Zielgruppe

Im ersten Kapitel gibst du direkt einen ersten Eindruck davon, wie das Konzept deines Unternehmens aussehen soll. Was ist deine Grundidee? Wie kannst du anderen mit deiner Idee helfen und was genau ist dein Ziel? Das solltest du sehr präzise bestimmen und beschreiben können. Darüber hinaus solltest du dir genau überlegen, wer deine Zielgruppe ist und diese ebenfalls konkret definieren.

2. Markt und Wettbewerber

Hier geht es darum, sich intensiv mit dem Markt und den Mitbewerbern auseinanderzusetzen. Wie groß ist der Markt, in dem du tätig werden willst? Lohnt es sich hier, ein Business zu starten? Ebenfalls ist es wichtig, dir bewusst zu machen, welche Wettbewerber du auf dem Markt hast. Damit du nicht schon zu Beginn des Markteintritts stark mit diesen zu kämpfen hast, solltest du dir überlegen, warum dein Unternehmen besser ist als das der anderen oder was du besser machen kannst. Fertige die Analyse so detailliert wie nur möglich an, um perfekt auf deinen Start ins Business vorbereitet zu sein.

3. Visionen und Ziele bestimmen

Besonders wichtig für dich als Unternehmer und für dein restliches Team ist es, genau Ziele und Visionen festzulegen, auf die ihr gemeinsam hinarbeiten könnt. Nur wenn du dieses Ziel einmal mit deinem Team oder deinen Gründern festgelegt hast, ist es dir möglich, die darauf abgestimmten Maßnahmen festzulegen. Sie geben dir eine Richtung vor, auf die eine Strategie aufgebaut werden kann.

4. Deine Strategie

Auch die Strategie muss sehr gut durchdacht werden. Schließlich musst du mit ihr zu deinen Zielen gelangen. Hier musst du dir vor allem überlegen, welchen Nutzen dein Unternehmen deinen Kunden bringt. Und wie kannst du diesen Nutzen am besten umsetzen? Überlege dir in jedem Fall eine bessere Strategie als deine Mitbewerber und prüfe, was du besser machen kannst als sie. Auch alternative Strategien können sinnvoll sein, da nie gesagt ist, dass die erste Strategie direkt auf Anhieb funktioniert.

5. Marketing

Das Marketing ist für jedes Unternehmen unentbehrlich. Du kannst eine noch so tolle Idee haben, die bis ins letzte Detail durchgeplant und durchstrukturiert ist – Solange niemand von deinem Unternehmen erfährt, bringt dir das alles überhaupt nichts. Überlege dir daher genaue Maßnahmen, wie du dein Unternehmen bekannter machen kannst und welche Marketinginstrumente du dafür nutzen kannst. Welche Kanäle machen für dich am meisten Sinn, bespielt zu werden? Vergiss dabei aber nicht, dein Budget genau im Auge zu behalten.

6. Rechtsform und Steuern

Ein sehr unbeliebtes, aber trotzdem sehr wichtiges Thema: Die Wahl der Rechtsform und alles rund um die Steuern. Hier schreibst du nieder, für welche Rechtsform du dich entschieden hast, welche Genehmigungen du für dein Unternehmen brauchst, wie dein Unternehmen heißen soll und alles weitere, was in Richtung Buchhaltung geht.

7. Gründerteam und Organisation

In diesem Kapitel gibst du an, wie ihr als Firma organisiert seid. Das heißt, wer ist für was verantwortlich, welche Strukturen wollt ihr noch aufbauen, wer ist schon alles im Unternehmen tätig und wer kommt noch dazu. Auch die Meilensteine, die du mit deinem Unternehmen erreichen willst, werden hier eingetragen.

8. Finanzen

Nun sind wir bei dem Teil angekommen, vor dem du dich wahrscheinlich am meisten fürchtest: Die Finanzen. Diese bilden den Hauptteil deines Businessplans und müssen sehr genau berechnet und überprüft werden. Hier solltest du mir möglichst keine Fehler erlauben. Wo steht ihr gerade mit eurem Unternehmen, wie viel Kapital benötigt ihr noch und wann ist der Break-Even-Point geplant? – All das sind wichtige Fragen, die in dem Finanzteil berücksichtigt werden müssen. Spätestens hier ist es sinnvoll, ein geeignetes Tool zur Hand zu haben, mit dem sich alles leichter ausrechnen lässt.

9. SWOT-Analyse

Nach den ganzen Zahlen folgt anschließend die SWOT-Analyse. Diese hast du bereits im vorherigen Kapitel kennen gelernt. Im nächsten Schritt müssen dann Maßnahmen getroffen werden, wie mit den Ergebnissen umgegangen wird, damit die Chancen maximiert und die Risiken minimiert werden können.

10. Executive Summary
Als letztes Kapitel folgt die Executive Summary, eine aussagekräftige Zusammenfassung deines Businessplans, um den Investoren und Banken einen guten Überblick über dein Unternehmen zu geben. Erwähne hier also nochmal die wichtigsten Kernaussagen der Geschäftsidee, deines Teams, der Marktanalyse, der Chancen und Risiken und der Finanzierung.

FINANZIERUNGSMÖGLICHKEITEN FÜR DEIN STARTUP

Wer mit seinem Unternehmen richtig durchstarten möchte, der braucht neben gutem Marketing, einem durchstrukturierten Businessplan und einem zuverlässigen Team vor allem eins: Kapital. Und das ist in vielen Fällen gar nicht mal so einfach zu bekommen. Glücklicherweise gibt es viele Möglichkeiten, wie du an Startkapital für dein Unternehmen kommen kannst.

Bei der Finanzierung des eigenen Startups unterscheidet man, unabhängig von der Finanzierungsform, im Groben zwischen zwei Formen: der Außenfinanzierung und der Innenfinanzierung.

Innenfinanzierung

Im Falle einer Innenfinanzierung kommt das Kapital direkt aus dem Unternehmen. Geldmittel werden hierbei für das eigene Unternehmen bereitgestellt, indem vergangene Gewinne des Unternehmens einbehalten werden. Diesen Vorgang nennt man auch Gewinnthesaurierung. Die dadurch gewonnenen Mittel stehen dem Unternehmen dann für Investitionen oder zur Expansion zur Verfügung.

Innenfinanzierung: Bootstrapping

Bei geringen Ressourcen kann es lohnenswert sein, die Wachstums- und

Gründungsstrategie an eine Bootstrapping-Finanzierung anzulehnen und ein Unternehmen ohne einen Kredit zu gründen.

Bootstrapping ist für Gründerinnen und Gründer eine sinnvolle Möglichkeit, die bereit sind, den hohen Leistungsdruck in Kauf zu nehmen und das volle Risiko zu tragen. Der Fokus beim Bootstrapping liegt im Verkauf der Produkte oder Dienstleistungen und dem schnellen Umsetzen von Geschäftsideen. Statt im Kämmerlein still zu werkeln und Geld zu investieren, liegt die Priorität von Anfang an auf dem Kundenkontakt und dem Verkauf. Das Ziel des Bootstrapping ist also, die Ausgaben zu reduzieren oder zu vermeiden und die Einnahmen zu maximieren. Die Ausrichtung des Unternehmens sollte sich an den knappen Ressourcen des Gründers orientieren und so schnell als möglich mit dem operativen Geschäft beginnen. Bootstrapping ist definitiv nicht für jedes Unternehmen geeignet, denn diese Art der Finanzierung sollte nur dann angewendet werden, wenn absehbar ist, dass man sehr schnell den Break Even Point mit seinem Startup erreicht.

Außenfinanzierung

Mit der Außenfinanzierung ist das Kapital gemeint, welches das Unternehmen außerhalb der eigenen Firma bekommt, beispielsweise durch Kredite von Banken. Hierzu zählen die Beteiligungsfinanzierung, die Kreditfinanzierung und die Fremdfinanzierung.

Bei der Beteiligungsfinanzierung wird dem Unternehmen Eigenkapital von Außen zur Verfügung gestellt. Dafür bekommt der Geldgeber Anteile an dem Unternehmen. Eine weitere Möglichkeit haben Aktienunternehmen bei der Außenfinanzierung. Dieses gibt Anteile des Unternehmens in Form von Aktien aus. Die Käufer erwerben dadurch Anteile am Unternehmen, wodurch Geld in das Unternehmen fließt.

Die Kreditfinanzierung bezieht sich auf das von Dritten überlassene Kapital. Es wird dem Unternehmen von Dritten für eine bestimmte

Zeitspanne zur Nutzung überlassen und ist dabei rückzahlungspflichtig. Damit soll man den Kapitalbedarf decken werden, für welchen der Unternehmer sind selbst aufkommen kann. Hier wird zwischen drei verschiedenen zeitlichen Rückzahlungsfristen unterschieden:

- **Kurzfristiges Fremdkapital**: Verpflichtungen müssen innerhalb eines Jahres erfüllt werden.
- **Mittelfristiges Fremdkapital:** Verpflichtungen sind innerhalb von einem bis fünf Jahren zu erfüllen. Unter Umständen sind diese jedoch kurzfristig kündbar.
- **Langfristiges Fremdkapital**: Verpflichtungen, die in mehr als fünf Jahren zu erfüllen sind. Diese sind jedoch mit einer Frist von sechs Monaten kündbar.

Außenfinanzierung: 8 Finanzierungsformen für Startups

Es gibt viele Möglichkeiten, wie sich ein Startup von außen finanzieren lässt. Einige werden staatlich unterstützt, andere wiederum von Privatpersonen angeboten. Zudem kannst du selber auch viel dazu beitragen, an Geld für dein Unternehmen zu kommen. Folgende Finanzierungsformen für Startups möchten wir dir daher vorstellen:

1. Crowdfunding

Der Begriff Crowdfunding setzt sich aus den englischen Begriffen „crowd“, wie Gruppe und „funding“ für Finanzierung zusammen. Bei dieser Finanzierungsform geht es also darum, dass eine Gruppe von Menschen, verschiedene Projekte finanzieren. Gerade für Startups ist das eine tolle Möglichkeit an Kapital zu kommen, da die Gründer nicht nur von einem Investor abhängig sind, sondern sich von einer großen Menge an Menschen unterstützen lassen können. Hierbei werden Privatpersonen meist stille Beteiligte am Unternehmen und stellen diesem ihr Kapital zur Verfügung. So kann im Grunde jeder sich an dem Finanzieren von

Startups beteiligen. Am einfachsten geschieht dies über entsprechende Plattformen im Internet, bei denen du dich zum einen an verschiedenen Projekten beteiligen kannst und zum anderen dein eigenes Startup vorstellen und finanzieren lassen kannst.

2. Gründungszuschuss

Beim Gründungszuschuss handelt es sich um eine Förderung, die speziell für Gründer und Selbstständige in Deutschland gedacht ist. Diese ist eine der Finanzierungsformen, die Gründer und Selbstständige bei der Bundesagentur für Arbeit beantragen. Sie unterstützt damit Gründer, die sich aus der Arbeitslosigkeit heraus selbstständig machen wollen. Die Unterstützung durch den Gründungszuschuss ist steuerfrei und der Gründer muss ihn den Zuschuss nicht zurückzahlen. Zudem kann der Zuschuss zusätzlich zu den Einnahmen aus der Selbstständigkeit bestehen bleiben. Außerdem erhalten Gründer zusätzlich eine Beratung zum Aufbau des Startups im Wert von mehreren tausend Euro. Wie hoch der Zuschuss ausfällt, hängt von der Höhe des Arbeitslosengeldes ab.

3. Gründerwettbewerbe

Regelmäßig finden in vielen Städten Treffen und Wettbewerbe vieler junger Startup Gründer statt, bei denen die Unternehmensgründer ihre Ideen vor einem großen Publikum pitchen können. Hier treten somit viele verschiedene Startups gegeneinander an, um oftmals sogar ein Preisgeld zu gewinnen. Neben dem Geld, welches bei vielen Wettbewerben gewonnen werden kann, lohnen sich die Wettbewerbe aber noch aus anderen Gründen. Zum Beispiel berichten viele Medien über solche Wettbewerbe, wodurch die Startups mehr Aufmerksamkeit bekommen. Oftmals sind zudem auch Investoren vor Ort, die sich gerne von jungen Gründern überzeugen lassen. Der bekannteste Gründerwettbewerb in Deutschland ist die Fernsehshow „Die Höhle der Löwen". Somit eignen sich auf solche Wettbewerbe als einer der vielen möglichen Finanzierungsformen für Startups.

4. High-Tech Gründerfonds

Bei dem High-Tech Gründerfonds handelt es sich um ein Beteiligungsfonds, der vom BMWi, der KfW und rund 28 privaten Unternehmen finanziert wird. Dieser ist hauptsächlich für Gründer von Technologie-Unternehmen interessant, da der Gründerfonds eben in solche Unternehmen investiert, wenn diese vielversprechende Forschungsergebnisse praktisch umsetzen können. In der Seed-Runde ist es mit dem High-Tech Gründerfonds möglich, ein Investitionsvolumen von rund einer Millionen Euro zu bekommen. Insgesamt kann dieser Fonds bis zu drei Millionen Euro in ein Startup investieren.

5. INVEST – Zuschuss für Wagniskapital

Bei INVEST handelt es sich um ein Förderungsprogramm, welches Startups und private Investoren zusammenbringt. Das Programm besteht aus einem Erwerbszuschuss und zusätzlich einem Exitzuschuss. Der Erwerbszuschuss ist für private Investoren, auch Business Angels genannt, gedacht, die Geschäftsanteile an jungen Unternehmen erwerben und ihre Beteiligung mindestens drei Jahre halten. Mit dem Exitzuschuss kompensiert man so die Steuer, die auf einen Veräußerungsgewinn entfällt. Somit werden Investoren in ihren Tätigkeiten unterstützt und Startups können leichter einen Investor finden.

6. EXIST – Gründerstipendium

Das EXIST – Gründerstipendium ist ein Förderprogramm des Bundesministeriums für Wirtschaft und Energie, welches durch den Europäischen Sozialfonds kofinanziert wird. Das Programm unterstützt Studierende, Absolventen und Wissenschaftler aus Hochschulen und Forschungseinrichtungen, ihre Gründungsidee zu realisieren. Gefördert werden hierbei innovative technologiebasierte Gründungsvorhaben und wissensbasierte Dienstleistungen, die auf wissenschaftlichen Erkenntnissen beruhen. Mit dem Gründerstipendium wird somit der Lebensunterhalt der Gründer gesichert, Sachausgaben finanziert und ein Gründer-Coaching ermöglicht.

7. Mikromezzaninfonds Deutschland

Ebenfalls werden die Mikromezzaninfonds Deutschland vom Bundesministerium für Wirtschaft und Energie zur Verfügung gestellt. Mit diesen wurde jungen Gründern die Möglichkeit geschaffen, bis zu 50.000 Euro Eigenkapital zu erhalten und so zusätzliches Fremdkapital aufnehmen zu können. Somit wird Unternehmen eine höhere Risikotragfähigkeit ermöglicht und die Finanzierungschancen erhöht. Hier erfolgt die Förderung als Stille Beteiligung durch die mittelständischen Beteiligungsgesellschaften in den jeweiligen Bundesländern. Die maximale Beteiligungshöhe beträgt 50.000 bei einer Laufzeit von zehn Jahren.

8. Investoren

Investoren sind der klassischste Weg, um an Kapital für das eigene Startup zu kommen. Doch diese musst du erst einmal für dich gewinnen können. Zudem gibt es viele verschiedene Arten von Investoren, die dich mit deinem Startup unterstützen können – Business Angels und Venture-Capital-Fonds sind da nur zwei Beispiele. Hast du aber erstmal einen Investor gefunden, der zu dir passt, kann dich dieser sehr gut bei deinem Gründungsvorhaben unterstützen. Einerseits mit Kapital, andererseits aber auch mit seiner Erfahrung.

Fazit

Es gibt viele verschiedene Finanzierungsformen, mit denen du für dein Startup an Kapital kommen kannst. Auch staatliche Finanzierungsformen gewinnen, neben den Privatinvestoren, immer mehr an Beliebtheit. Um die Finanzierungsmöglichkeiten aber auch nutzen zu können, musst du meist verschiedene Auflagen erfüllen und die Geldgeber von dir überzeugen. Informiere dich vorher also gründlich über die einzelnen Finanzierungsformen, um dich optimal vorbereiten zu können.

GELD IST NICHT ALLES!

Auch wenn es manchmal unerlässlich ist, an Geld zu kommen, um deine Vision Wirklichkeit werden zu lassen, sind es oft Parameter wie Zeit, Wissen und Ausdauer, die den entscheidenden Unterschied zwischen einer Träumerei und einem großartigen Unternehmen machen. Gib immer 110 Prozent. Das wirkt überzeugender auf deine Geldgeber und erlaubt es dir, schneller und mehr Erfolg zu haben.

KAPITEL 4
DER WEG DER GRÜNDUNG

Du hast nun im besten Fall bereits eine Geschäftsidee und eine Idee, wie du das Kapital dafür aufbringen kannst. Nun geht es in die Umsetzung! Suchst du zusätzlich nach einem passenden Mitbegründer? Wie findest du eigentlich einen Firmennamen? Und welche Rechtsform bietet sich für dein Unternehmen an? Doch zuerst möchten wir dir noch einen Gründungsberater empfehlen:

GRÜNDUNGSBERATUNG: DARUM IST EIN EXPERTE FÜR DICH SINNVOLL

Du hast eine Geschäftsidee, mit der du den Schritt in die Selbstständigkeit gerne wagen würdest, bist dir dabei aber etwas unsicher? Eine Gründungsberatung ist in diesem Fall eine gute Möglichkeit, Unklarheiten, allgemeine Fragen zur Existenzgründung und der Unternehmensführung zu klären. Neben einer persönlichen Beratung können dir die Tipps und Tricks von Experten den Start in die Selbstständigkeit erleichtern.

Der Traum vom eigenen Unternehmen, sein eigener Chef zu sein – ein Wunsch vieler Menschen. Die Idee ist vorhanden, doch die Angst vor dem Scheitern überwiegt und so geht der Traum für manche Menschen nicht in Erfüllung. Manche trauen es sich nicht zu, das Unternehmen strategisch, finanziell, rechtlich und steuerlich so führen zu können, dass es mit der Selbstständigkeit klappt. Dabei kann eine Gründungsberatung genau in diesen Fällen Unklarheiten aus dem Wege schaffen und den Schritt in die Selbstständigkeit ebnen. Gründungsberater schauen gemeinsam mit dir, ob dein Konzept stimmig ist und wie du deinen Traum in die Realität umsetzen kannst.

Der eine oder andere stellt sich sicherlich die Frage, ob ein Gründungsberater wirklich so viel unterstützen und helfen kann. Diese Zweifel werden in der Regel ganz schnell aus dem Weg geräumt, wenn man sieht, was eine Gründungsberatung alles beinhaltet.

Was macht ein Gründungsberater?

Gründungsberater übernehmen die Aufgabe, dir umfassende Hilfestellung zur Existenzgründung zu geben. Gründungs-Coaches unterstützen dich bei deinem individuellen Entwicklungsprozess und erarbeiten mit dir einen Businessplan, der die Tragfähigkeit und die Umsetzbarkeit deiner Geschäftsidee darstellt. Ob du dich letztendlich selbstständig machst oder nicht – eine Gründungsberatung ist sinnvoll, da eventuelle Schwächen der Geschäftsgründung im Vorfeld aufgedeckt und deine Ideen sozusagen „auf Herz und Nieren" geprüft werden.

- Die Gründungsberatung umfasst folgende Themengebiete:
- Erstellung des Businessplans
- Optimierung und Verbesserung der Geschäftsidee
- Finanzierung
- Fördermöglichkeiten der Existenzgründung
- Rechtsform deines Unternehmens
- Steuern und Recht
- Personalführung
- Marketing und Werbemaßnahmen

Studien belegen, dass Unternehmen, die sich in der Anfangs- und Entstehungsphase des Unternehmens durch eine Gründungsberatung helfen ließen, länger auf dem Wirtschaftsmarkt überleben und sich erfolgreicher etablieren können.

Wie finde ich den richtigen Gründungsberater?

Egal ob Berlin, Hamburg, München oder Köln – in allen Städten wirst du ein großes Angebot an Gründungsberatern finden, die dir dabei helfen, dein Business aufzubauen. Doch zuallererst gilt auch hier: Wenn du bereits einen Kontakt oder eine Empfehlung für einen Gründungsberater hast, nutze diese Informationen. Nichts ist so wertvoll wie eine Empfehlung von einem Bekannten, der bereits positive Erfahrungen gesammelt hat und du dir deshalb sicherer sein kannst, an niemand Falschen zu geraten.

Doch nicht immer kannst du auf Empfehlungen zurückgreifen, schon gar nicht, wenn du Neugründer bist und noch kein großes Netzwerk hast. Generell ist die Auswahl an Gründungsberatungen und Gründungsberatern sehr groß, so dass es nicht gerade einfach ist den richtigen Coach zu finden. Allerdings solltest du wissen, dass beispielsweise

- Industrie- und Handelskammern
- Bundesagentur für Arbeit
- Berufliche Fortbildungszentren (bfz)

Weiterbildungen und Seminare zur Existenzgründung anbieten und Gründungs-Coaches vermitteln. In manchen Bundesländern bietet die Arbeitsagentur die Möglichkeit, dass die Kosten der Vorgründungsphase gefördert werden. Das solltest du dann im Vorfeld bei deiner Arbeitsagentur abklären. Doch bei einem so großen Angebot an Gründungsberatern ist auch so manches schwarze Schaf dabei. Informiere dich, über wie viele Jahre Beratungserfahrung die Person als Gründungsberater vorweisen kann – auch Referenzen sind für deine Auswahl von Relevanz.

Berater gefunden – was dann?

Wenn du einen Gründungsberater gefunden und kontaktiert hast, wird zuerst ein Beratungsgespräch erfolgen. Dieses ist meist kostenlos und dient zur ersten Orientierung – für dich und den Berater. In diesem Gespräch werdet ihr euch Kennenlernen, deine Geschäftsidee betrachten und bereits erste Zeitpläne entwickeln. Hier erfährst du von deinem Beratungs-Coach dann ausführlich, was die nächsten Schritte wären, was genau die Ziele sind, welche Kosten auf dich zukommen würden und oftmals auch wie du direkt finanzielle Förderung erlangst. Bist du mit deinem Berater zufrieden und den vereinbarten Schritten, bekommst du einen Beratungsvertrag und die Zusammenarbeit kann beginnen.

Die Kosten der Gründungsberatung

Die Angebote in punkto Gründungsberatungen sind groß. Recherchen im Internet zeigen sowohl kostenlose als auch kostenpflichtige Gründungsberatungen. Klar, dass da so ziemlich jeder zu der kostenlosen Gründungsberatung tendiert, da die Unternehmensgründung durchaus mit höheren Ausgaben verbunden ist. Allerdings solltest du wissen, dass teilweise Zuschüsse zu den anfallenden Gründungsberatungskosten gewährt werden. Diese Punkte erfährst du natürlich auch durch den Gründungsberater.

Gründungsberatungen werden in der Regel gefördert, so dass du meist nur einen kleinen Teil selbst finanzieren musst. Spezielle, bundesweit geltende Förderprogramme, wie das „Gründercoaching Deutschland“, bezuschussen Gründer unter bestimmten Voraussetzungen. Dabei werden Zuschüsse in Höhe von 50 bis 80 Prozent des Beraterhonorars von diesem Förderprogrammen übernommen. Insgesamt erstrecken sich die Kosten von etwa 1.500 bis 3.000 Euro, die du jedoch als Investition verstehen solltest. Denn letztendlich ist nichts so teuer, wie mit der eigenen Geschäftsidee zu scheitern. Dabei gibt es je nach Förderprogramm verschiedene Modelle, mit denen dir die Gründungsberatung zwischen zwei bis fünf Jahre nach deiner Gründung zur Verfügung steht und du somit auch nach dem Start deines

Business individuelle Förderung und Beratung bekommst.

Gründungszuschuss für dein Startup beantragen

Der Gründungszuschuss ist speziell für Gründer und Selbstständige in Deutschland gedacht. Dieser Existenzgründerzuschuss ist steuerfrei und muss nicht zurückgezahlt werden. Er gilt als Basis für Startups, um besonders in der ersten Phase abgesichert zu sein. Ein weiterer Pluspunkt ist, dass der Gründungszuschuss zusätzlich zu den Einnahmen aus der Selbstständigkeit bestehen bleibt. Außerdem erhalten geförderte Gründer bei Bedarf eine Beratung vom Arbeitsamt zum Aufbau des Startups im Wert von mehreren tausend Euro. Zudem profitieren sie von geringeren Sozialversicherungsbeiträgen. Da ausschließlich die Agentur für Arbeit den Gründerzuschuss bewilligt, ist eine gute Vorbereitung wichtig.

Höhe der Förderung beim Gründerzuschuss

Der Gründungszuschuss wird in zwei Förderphasen unterteilt. Phase 1 betrifft die ersten sechs Monate nach der Bewilligung. Dort erhalten Gründer neben dem monatlichen Arbeitslosengeld I vom Arbeitsamt noch eine Pauschale von 300 Euro pro Monat für die soziale Absicherung. Damit werden dann die Kranken- und Pflegeversicherung sowie die Beträge der Altersvorsorge gezahlt. Nach Ablauf dieser Zeit lässt sich der Gründerzuschuss dann verlängern. In dieser 2. Phase ist dann nur noch die Pauschale von 300 Euro enthalten. Das Arbeitslosengeld I wird in dieser Phase des Existenzgründerzuschusses eingestellt. Wichtig ist, alle Einnahmen des Startups gehen nicht an die Agentur für Arbeit, sondern bleiben beim Gründer.

Vor- und Nachteile der Gründungsberatung

Die Vorteile der Gründungsberatung liegen auf der Hand und sind im Prinzip durch das Leistungsspektrum bereits erklärt. Denn das Know-How der Gründungsberater vermittelt dir ein hohes Maß an Wissen im Bezug auf die Gründung deines Unternehmens. Gemeinsam mit dem Gründungsberater arbeitest du deine Idee so aus, dass sich daraus ein ganzheitliches und schlüssiges Konzept ergibt. Zudem haben Gründungsberater intensive Kontakte zu Banken, Finanzinstituten, Investoren und Partnern, sodass du hier ebenfalls profitieren kannst. Auch bezüglich Fördermittel, wissen die Gründungsberater genau Bescheid. Der Berater zeigt dir die verschiedenen Möglichkeiten der Unternehmensformen auf, so dass du für deine Selbstständigkeit die entsprechende und richtige Form festlegen kannst.

Nachteile gibt es nicht wirklich, außer die Kosten, die für die Gründungsberatung zu zahlen sind. Allerdings kannst du diese Kosten mittels Förderprogrammen geltend machen, so dass die Gründungsberatung letztendlich kein allzu großes Loch in dein Budget reißt. Ansonsten bringt dich die Gründungsberatung deinem Traum ein Stück näher und zeigt dir die Chancen von deiner Idee auf.

DER RICHTIGE MITGRÜNDER FÜR DEIN UNTERNEHMEN

Einen Mitgründer zu finden ist eine schwierige Aufgabe. Denn anders als Kollegen oder Kunden ist der zukünftige Geschäftspartner in wichtige Entscheidungen mit eingebunden. Mittlerweile gibt es zahlreiche Anlaufstellen und Websites, um einen Co-Founder zu finden. Doch nicht jede Möglichkeit bietet auch wirklich die richtige Lösung. Im folgenden Kapitel erfährst du alles über mögliche Optionen und die Erfolgschancen, um in ein Startup einzusteigen.

Warum ein Mitgründer so wichtig ist

Für den langfristigen Erfolg eines Unternehmens braucht es eine gute Idee und eine erfolgreiche Umsetzung. Dabei kann selten eine Person alle Wissensbereiche abdecken und komplett alleine gründen. Daher macht es für die langfristige Planung Sinn, einen Mitgründer zu finden. Als Vorbereitung darauf sollte jeder Gründer seine eigenen Stärken und Schwächen kennen. Denn so wird klar, welche Bereiche noch nicht abgedeckt sind und wo jemand in ein Startup einsteigen könnte. Ein passender Geschäftspartner teilt die eigene Vision, er bringt sein Fachwissen ins Startup mit ein und gleicht die eigenen Schwächen aus. Dafür muss es auch menschlich und charakterlich passen, um einen idealen Co-Founder zu finden. Denn auch nach einem anstrengenden Arbeitstag und vielen unvorhergesehenen Hürden sollte die Kommunikation weiter möglich sein. Nur wer die stressigen Zeiten zusammen übersteht, kann auch gemeinsam Erfolge feiern.

Mitgründer suchen ohne Budget

Gerade bei der Unternehmensgründung sind die finanziellen Mittel knapp. Deshalb zögern viele Gründer bei der Suche einem hochqualifizierten Geschäftspartner. Doch dieses Risiko macht Sinn, denn auch mit einem geringen Budget lassen sich die passenden Mitstreiter überzeugen. Dafür braucht es Überzeugungskraft und ein kompetentes Auftreten, damit ein Mitgründer in ein Startup einsteigen möchte. Jeder sollte spüren: Diese Idee hat Potenzial, der Gründer steht voll und ganz hinter seinem Startup. Für alle Beteiligten lohnt sich die Investition von Zeit und Arbeit, denn sie wird mit Wachstum und einem langfristigen Erfolg belohnt. Dabei ist es auch möglich, den Mitgründer am Unternehmen zu beteiligen. Das Startup gibt zwar Geschäftsanteile ab, doch ein kompetentes Gründerteam wirkt sich auch positiv auf die Investorensuche aus.

Geschäftspartner finden auf Online-Plattformen

Vor der Suche nach einem Mitgründer sollte exakt feststehen, welche Fähigkeiten für das Startup besonders wertvoll sind. Auf der erstellten Liste stehen dann besondere Qualifikationen, aber auch Software- oder Sprachkenntnisse. Mit dieser „Recruiting-Übersicht“ lassen sich wiederum die Profile der Websites dann besser durchsuchen, um den idealen Co-Founder zu finden.

Das sind die meist genutzten Plattformen, um einen Geschäftspartner zu finden, die wir dir im folgenden kurz vorstellen:

- founderio
- START UP SUCHT
- Meetup
- Founders Nation
- CoFoundersLab

Founderio

Founderio ist eine der bekanntesten Plattformen in Deutschland, um einen Co-Founder zu finden. Mittlerweile nutzen über 20.000 Personen das Netzwerk. Dabei kümmert sich founderio nicht nur um die Suche nach einem Mitgründer, sondern unterstützt auch die Suche nach Mentoren, Business Angels oder einfach nur nach Mitarbeitern. Wer statt nach einem einzelnen Geschäftspartner ein Unternehmen als Kooperationspartner sucht, kann sich ganze Firmen als Ansprechpartner anzeigen lassen. Doch auch andersherum ist die Online-Plattform gut aufgestellt: Investoren können dort Gründer kontaktieren und in ein Startup einsteigen, neue Innovationen finden oder sich bestehenden Projekten anschließen.

START UP SUCHT

Auch START UP SUCHT ist eine gute Anlaufstelle für die Suche nach einem Mitgründer, über 2000 Startups haben sich schon registriert. Die Plattform unterstützt Gründer aber auch bei der Suche nach Mitarbeitern, Freelancern oder sogar Bürostandorten. Arbeitssuchende haben dort die Möglichkeit, nach einem Job oder Praktikum zu schauen, um in ein Startup einsteigen zu können. Somit lohnt es sich sogar als Startup ein kostenloses Profil anzulegen, damit mögliche Interessenten die Möglichkeit haben, Kontakt aufzunehmen.

Meetup
Die Plattform Meetup konzentriert sich hingegen auf den Informationsaustausch und schlägt zukünftige Events vor, um einen Co-Founder zu finden. Alles wird in Gruppen organisiert, die Mitglieder versammeln sich online und tauschen sich dann über verschiedene Interessen aus. Immer mehr Gründer sind dort vertreten, teilen ihre Erfahrungen mit und nehmen Kontakt zu einem eventuellen Mitgründer auf. Zwar stehen Gespräche und dann anschließend auch Treffen im Mittelpunkt, aber aus einem fachlichen Gespräch kann auch durchaus eine Geschäftsbeziehung entstehen. Momentan gibt es die Meetups nur in den größten deutschen Städten, dafür aber über ganz Deutschland verteilt.

Internationale Plattformen
Wer einen Mitgründer mit besonderen Sprachkenntnissen sucht oder generell internationales Fachwissen schätzt, der wird auf speziellen Online-Plattformen aus dem Ausland fündig. Bei Founder2Be lassen sich über 45.000 potenzielle Geschäftspartner finden. Aber auch Webdesigner, Marketing-Spezialisten und Entwickler sind dort vertreten. Ähnlich aufgebaut ist Founders Nation. Gleich zu Beginn entscheidet sich der Besucher zwischen der Ideengeber- und der Co-Founder-Seite, um dann mit der Suche zu starten. CoFoundersLab hingegen spezialisiert sich zwar auf New York und Gründungsorte in US-Amerika, um einen Co-Founder zu finden. Doch mittlerweile gibt es eine erweiterte Suchfunktion für große deutsche Städte, wie zum Beispiel Berlin, Köln, Frankfurt, Hamburg oder München.

Soziale Netzwerke und Communities

Neben den klassischen Online-Plattformen sollten Gründer auch die sozialen Netzwerke nicht unterschätzen. Denn für jedes Interesse gibt es die passende Facebook-Gruppe und somit auch für die Suche einem Geschäftspartner. Zudem eignet sich das Netzwerk, um Freunden oder Bekannten von der Suche zu berichten und eventuell so auf einen geeigneten

Mitgründer zu stoßen. Auch das Karrierenetzwerk Xing sollten Gründer auf der Suche mit einbeziehen. Zahlreiche Unternehmer, Manager und leitende Angestellte sind dort registriert und lassen sich mit nur wenigen Klicks unverbindlich kontaktieren. Wer auf Austausch und Interaktion setzt, für den könnte sich zudem das soziale Netzwerk LinkedIn als nützlich erweisen, um einen Co-Founder zu finden. Besondere internationale Co-Funding-Gruppen fokussieren sich auf die Kontaktpflege zu großen Firmen, die sich aber überwiegend im Ausland befinden.

Offizielle Gründer-Treffen

Natürlich gibt es auch abseits der digitalen Welt potenzielle Mitgründer. Das Unternehmernetzwerk BNI hat sich beispielsweise auf reine Gründer-Treffen spezialisiert. Das Business Network International veranstaltet regelmäßige Events und hat nach eigenen Angaben knapp 250.000 Mitglieder in über 70 Ländern. Gründer und erfahrene Unternehmer treffen dort aufeinander, tauschen sich aus und können Kontakte zu Business Angels und Mitgründern aufnehmen. Auch Institute finden sich unter den Veranstaltern von Gründer-Treffen. Das FAZ Institut bietet eine Art Speed-Dating für Gründer und Gründungsinteressierte an. Bei der Veranstaltung GründerFlirt nehmen die Teilnehmer an sogenannten Matching-Runden teil und stellen sich und ihre Ideen anderen Teilnehmern vor.

Geschäftspartner finden durch Alternativen

Wer abseits der offiziellen Anlässe oder digitalen Möglichkeiten suchen möchte, sollte sich auf das direkte Umfeld konzentrieren. Eine Nachfrage im Freundeskreis, eine ehrliche Nachricht an einem schwarzen Brett der Universität, eine Zeitungsanzeige oder direktes Recruiting bei einem Stammtisch der Zielgruppe. Zudem lohnt sich der Kontakt zur IHK und anderen Kammern als direkte Vermittler, um einen Co-Founder zu finden. Der Suche nach einem passenden Mitgründer sind generell keine kreativen Grenzen gesetzt.

Den richtigen Mitgründer auswählen

Nach einer erfolgreichen Suche und geeigneten Kandidaten mit passendem Fachwissen kommt die endgültige Auswahl. Wichtig ist, dass Kompetenzen natürlich entscheidend sind. Aber auch das Zwischenmenschliche muss bei einem Geschäftspartner stimmen, der ins Startup einsteigen möchte. Am Ende kann es sein, dass mehrere Kandidaten übrig bleiben, die mit ähnlichen Qualitäten überzeugen wollen. Dann ist zu empfehlen, sich die Zeit zu nehmen und sich auch auf persönlicher Ebene mit dem Menschen zu beschäftigen. Dieser Aufwand lohnt sich, denn mit einem passenden Mitgründer und dem mitgebrachten Fachwissen kann dein Unternehmen langfristig erfolgreich bleiben.

WELCHE RECHTSFORM MUSS ICH WÄHLEN – GMBH, UG & CO.

Es gibt viele gute Gründe zu gründen und ebenso viele gute Geschäftsideen, die sich mit einer Gründung verwirklichen lassen. Das Netz hat viele neue Möglichkeiten geschaffen, jedoch ist eins gleich geblieben: Irgendwann wird es bürokratisch. Davon brauchst du dich aber nicht abschrecken zu lassen. Wir geben dir eine Übersicht, welche Rechtsformen es für Unternehmen in Deutschland gibt. Somit kannst du selbst entscheiden, welche am besten zu dir passt.

Welche Rechtsform passt zu meinem Unternehmen?

Ein Unternehmen zu gründen bringt viele Vorteile mit sich. Allein mit einem Gewerbeschein kannst du Steuervorteile, etwa für Geschäftsessen, Büroausstattung oder Geschäftsreisen, geltend machen. Du wirst Mitglied der Industrie- und Handelskammer, zahlst aber erst ab einem Jahresgewinn von über 5.200 Euro Mitgliedsbeiträge über die einmalige Basisgebühr hinaus. Die Mitgliedschaft in der IHK ist verpflichtend, bietet aber auch den Vorteil, dass du Zugang zu ihrem vielseitigen Kurs- und Beratungsangebot bekommst.

Wenn dein Business-Konzept vorsieht, dass regelmäßig größere Geldbeträge fließen oder du mit deiner Gründung größere finanzielle Risiken eingehst, ist es sinnvoll über die passende Unternehmensform nachzudenken. Denn dann stellt sich nicht nur die Frage nach der Steuer, sondern auch nach der Haftung. Auch wenn du nicht allein gründest, ist die gewählte Rechtsform relevant. Denn manche Rechtsformen, allen voran der „Einzelunternehmer", sehen weitere Beteiligte nicht vor.

Die Rechtsformen für Unternehmen in Deutschland in der Übersicht

Das Einzelunternehmen

Beim Einzelunternehmen handelt es sich um die einfachste der Rechtsformen in Deutschland. Im Grunde ist jeder, der ein Business startet, ein Einzelunternehmen bzw. Einzelunternehmer.

Ab wann muss ich ein Einzelunternehmen ins Handelsregister eintragen lassen?

Ob du dich als Einzelunternehmer ins Handelsregister eintragen lassen musst, hängt vom Umfang deiner Tätigkeit ab. Dazu zählen u.a. Umsatz, Mitarbeiteranzahl und der Umfang deines Angebots. Optional ist die Eintragung hingegen für Kleingewerbetreibende und Freiberufler. In das Register werden Name, Rechtsform, Inhaber und Firmensitz eingetragen. Darüber hinaus gibt der Eintrag unter anderem auch Auskunft darüber, ob gerade ein Insolvenzverfahren läuft. Durch die Möglichkeit, sich als Dritter genauer über das Unternehmen zu informieren, ist der Eintrag ins Handelsregister mit einem Mehr an Seriosität verknüpft. Wie aus der Bezeichnung „Einzelunternehmen" abzuleiten ist, kann bei dieser Rechtsform nur eine Person als Geschäftsführer/in auftreten.

Wer haftet bei dem Einzelunternehmen in welcher Höhe?

Bei der Rechtsform des Einzelunternehmers gilt eine uneingeschränkte Haftung mit dem Privatvermögen. Der Einzelunternehmer haftet also mit seinem kompletten Privatvermögen für alle Verbindlichkeiten innerhalb der Firma.

Wann darf man ein Einzelunternehmen gründen?

Im Grunde ist jeder ein Einzelunternehmer, wer eine Geschäftstätigkeit aufnimmt und keine besondere Rechtsform wählt. Nach den Anmeldungen beim Gewerbeamt und Finanzamt kann man sofort loslegen.

Gibt es für das Einzelunternehmer ein vorgeschriebenes Mindestkapital?

Bei dem Einzelunternehmen ist entsprechend kein Mindestkapital nötig. So kannst du also komplett ohne Geld dein Unternehmen starten.

Die Gesellschaft bürgerlichen Rechts (GbR)

Bei der Gesellschaft bürgerlichen Rechts handelt es sich um die einfachste Rechtsform der Personengesellschaften. Sie wird oft von Unternehmern gewählt, die kein Handelsgewerbe betreiben.

Was ist eine Gesellschaft bürgerlichen Rechts?

Wenn du mit einem oder mehreren Partnern gründen willst, ist die GbR eine geeignete Rechtsform. Die Eintragung ins Handelsregister ist für Gesellschaften bürgerlichen Rechts optional. Auch die Formalitäten beschränken sich auf ein Minimum. Das Bundesministerium für Wirtschaft und Energie empfiehlt auf seinem Gründer-Portal existenzgründer.de jedoch, einen Vertrag unter den Beteiligten auszuhandeln. Immerhin haftet die GbR nicht nur mit dem Gesellschaftsvermögen. Ebenfalls wird auch das Privatvermögen ihrer Gründer zur Haftung hinzugezogen.

Wer haftet bei der Gesellschaft bürgerlichen Rechts in welcher Höhe?

Genauso wie bei dem Einzelunternehmen haften ebenfalls bei der Gesellschaft bürgerlichen Rechts alle Gesellschafter mit ihrem Privatvermögen. Das bedeutet, dass die Gläubiger ihr Geld theoretisch von jedem Gründer verlangen können.

Gibt es für die Gesellschaft bürgerlichen Rechts ein vorgeschriebenes Mindestkapital?

Auch hier gibt es keine Regel, die ein bestimmtes Startkapital vorgibt. Deswegen können auch hier die Gründer völlig ohne Geld ihr Unternehmen starten.

Die Offene Handelsgesellschaft (OHG)

Bei der Offenen Handelsgesellschaft handelt es sich auch um eine Personengesellschaft, bei der sich alle Gesellschafter aber mündlich über alles einigen können.

Für wen ist eine offene Handelsgesellschaft geeignet?

Die Offene Handelsgesellschaft ist eine weitere Rechtsform, für die kein Mindestkapital erforderlich ist. Ebenfalls ist die Gründung mit Geschäftspartnern erlaubt. Für das Gründen einer OHG ist ein in kaufmännischer Weise eingerichteter Geschäftsbetrieb zwingend notwendig. Gehaftet wird hier zunächst mit dem Geschäfts- und dann mit dem Privatvermögen. Der Umstand, dass die OHG ins Handelsregister eingetragen werden muss und die Beteiligten auch privat haften, verschafft der OHG einen guten Ruf. Wer persönlich haftet, so die Logik, zeigt entsprechend viel Einsatz und agiert verantwortungsvoll statt risikofreudig.

Wer darf eine Offene Handelsgesellschaft gründen?

Für eine Offene Handelsgesellschaft müssen sich mindestens zwei Personen zusammenschließen. Sobald sich beide, bzw. alle Gesellschafter einig darüber sind, dass sie das Unternehmen zusammen starten wollen, gilt das Unternehmen als gegründet.

Wer übernimmt bei der Offenen Handelsgesellschaft dir Geschäftsführung?
Theoretisch wird bei dieser Rechtsform die Geschäftsführung von allen beteiligten Gesellschaftern übernommen. Soll dies anders geregelt werden, muss dies im Gesellschaftsvertrag genauer definiert werden.

Die Kommanditgesellschaft (KG)
Diese Rechtsform ist auch eine Personengesellschaft, die oft gewählt wird, wenn der führende Gründer einen zusätzlichen Gesellschafter benötigt, der nur sein Geld mit in das Unternehmen einbringen soll.

Wer haftet bei einer Kommanditgesellschaft?
Für Gründungsvorhaben, an denen mehrere Personen beteiligt sind, da weitere Teilhaber dazukommen sollen, ist die Kommanditgesellschaft eine in Frage kommende Rechtsform. Hier besteht das Unternehmen aus dem Komplementär oder mehreren Komplementären, die dazu als Geschäftsführer auftreten und den Kommanditisten, die über eine Einlage am Unternehmen beteiligt sind. Der Komplementär oder die Komplementäre tragen das größte Risiko. Sie haften mit ihrem Privatvermögen. Die Kommanditisten hingegen haften mit ihren Einlagen. Der Vorteil ist hier die Möglichkeit mit mehr Startkapital gründen zu können.

Wer übernimmt bei einer Kommanditgesellschaft die Geschäftsführung?
Der Komplementär ist in diesem Fall für die Geschäftsführung verantwortlich und vertritt das Unternehmen in allen Angelegenheiten. Die Kommanditisten haben hingegen lediglich Kontrollrechte.

Muss die Kommanditgesellschaft (KG) ins Handelsregister eingetragen werden?
Eine Eintragung in das HRG notwendig ist, wenn ein Handelsgewerbe betrieben werden soll. Eine Kleingewerbe-KG ist aber auch möglich.

Die Gesellschaft mit beschränkter Haftung (GmbH)
Bei der Gesellschaft mit beschränkter Haftung handelt es sich um eine Kapitalgesellschaft, die einfacher gegründet werden kann, als eine Aktiengesellschaft.

Was ist eine Gesellschaft mit beschränkter Haftung?
Die GmbH bietet den großen Vorteil, dass der Unternehmer hier nicht mit seinem Privatvermögen haftet, sondern stattdessen mit dem gesamten Gesellschaftsvermögen. Für die Gründung einer GmbH ist dabei eine Kapitaleinlage von mindestens 25.000 Euro erforderlich. Erst wenn Kredite aufgenommen werden, sind private Sicherheiten erforderlich.

Muss die GmbH ins Handelsregister eingetragen werden?
Eine GmbH zu gründen ist mit dem Eintrag ins Handelsregister und der Pflicht zur doppelten Buchführung verbunden. Dies kann aber auch Steuervorteile mit sich bringen.

Wer darf eine Gesellschaft mit beschränkter Haftung gründen?
Eine Gesellschaft mit beschränkter Haftung darf nur von einer Person gegründet werden. Hier dürfen aber beliebig viele Personen als Gesellschafter auftreten. Hierfür muss ein Gesellschaftsvertrag beurkundet werden.

Die GmbH & Co. KG
Bei dieser Rechtsform handelt es sich um die Mischform zweier Rechtsformen.

Was ist eine GmbH & Co. KG?
Diese Rechtsform ist, wie die Bezeichnung schon vermuten lässt, eine Mischung aus Kommanditgesellschaft und Gesellschaft mit beschränkter Haftung. Sie erlaubt es, mehr Kapitalgeber als Gesellschafter mit ins Boot zu holen und die GmbH zum haftenden Komplementär zu machen, bei dem dann auch die Entscheidungsbefugnis liegt. Eine GmbH & Co. KG stellt aber einen großen Verwaltungsaufwand darstellt, da zwei Gesellschaften gegründet und auch kombiniert werden müssen und sollte daher gut überlegt sein.

Wer haftet bei einer GmbH & Co. KG?
Bei der GmbH & Co. KG wird die GmbH zum Komplementär und haftet dadurch als sogenannte Komplementär-GmbH nur beschränkt in Höhe ihres Kapitals. Bei einer normalen KG haftet jedoch der Komplementär unbeschränkt mit seinem Privatvermögen.

Muss eine GmbH & Co. KG ins Handelsregister eingetragen werden?
Die GmbH & Co. KG muss wie eine normale GmbH auch, ins Handelsregister eingetragen werden. Mit dem Eintrag gelten die Rechte und Pflichten des Handelsgesetzbuches.

Die Ein-Personen-GmbH
Bei der Ein-Personen-GmbH handelt es sich um eine handelsübliche GmbH, mit dem Unterschied, dass sie von einer einzelnen Person gegründet wird. Diese Art der GmbH eignet sich daher für Einzelunternehmer, für die es einen steuerlichen Vorteil darstellt, als alleiniger Angestellter der GmbH aufzutreten. Wie auch bei der regulären GmbH, haftet man hier deshalb mit dem gesamten Gesellschaftsvermögen. Zudem muss man mindestens 25.000 Euro Kapitaleinlage aufbringen, sich ins Handelsregister eintragen lassen und doppelt Buch führen.

Die Unternehmergesellschaft (UG)
Die Unternehmergesellschaft ist eine Sonderform der GmbH und zählt ebenfalls zu den Kapitalgesellschaften.

Wie hoch ist das Stammkapital bei einer Unternehmergesellschaft?
Diese Rechtsform wird auch 1-Euro-GmbH genannt. Sie eignet sich für alle, die die Haftung beschränken wollen, aber keine 25.000 Euro Kapitaleinlage aufbringen können oder wollen. Eine Kapitaleinlage ist ebenfalls bei der UG verpflichtend, allerdings beläuft sich die Mindestsumme auf einen Euro. Der Gründer verpflichtet sich hier jedoch, 25% seiner jährlichen Überschüsse zu nutzen, um ein Stammkapital aufzubauen.

Wer kann eine Unternehmergesellschaft gründen?
Eine Unternehmergesellschaft kann schon von einem Gesellschafter gegründet werden. Mehrere Gründer sind aber ebenfalls möglich.

Womit wird bei einer Unternehmergesellschaft gehaftet?
Gehaftet wird bei der Unternehmergesellschaft ebenfalls mit dem Unternehmensvermögen. Das macht diese Rechtsform dadurch gerade für kleine Gründer attraktiv.

Mehr dazu findest du zudem auf **www.gruender.de** in den Gastbeiträgen von ug.de und Recht 24/7.

Limited
Bei der Limited handelt es sich um eine Kapitalgesellschaft und um eine englische Rechtsform. Sie wird mit Ltd. abgekürzt und ist das Gegenstück zur deutschen Unternehmergesellschaft (UG).

Wie kann man eine Limited gründen?
Wer eine Limited gründen möchte braucht dafür keinen englischen Pass. Eine Voraussetzung ist allerdings eine Büroadresse in Großbritannien. Dafür muss der Gründer aber kein Büro im Land selber anmieten, denn

mittlerweile existieren sehr viele Dienstleister, die eine zustellbare Postadresse zur Verfügung stellen. Darüber hinaus muss der Gründer sich beim Handelsregister und beim Gewerbeamt in Deutschland anmelden.

Wer haftet bei einer Limited?
Was die Haftung betrifft, stehen die Gründer und weitere Mitgesellschafter nur mit der Einlage zur Verfügung. Eine Haftung mit dem Privatvermögen gibt es bei dieser Version der Rechtsformen nicht. Wer also nur mit einem Pfund Stammkapital sein Unternehmen startet, haftet auch nur mit dieser Summe.

Was kostet die Gründung einer Limited?
Die Gründung einer Limited ist vergleichsweise sehr günstig. Viele Agenturen bieten ein Starterpaket ab 300 Euro an. Dort enthalten sind einmalige Gründungsformalitäten in Höhe von 100 Euro. Dazu kommen 200 Euro für laufende Servicegebühren, wie zum Beispiel eine Büroadresse. Ein vorgeschriebenes Startkapital gibt es bei einer Limited nicht. So reicht auch ein Pfund, um eine Limited gründen zu können.

Welche Rechtsformen gibt es noch?

Der Vollständigkeit halber folgt an dieser Stelle ebenfalls eine Übersicht über jene Rechtsformen, die für Gründer in der Regel weniger interessant sein dürften:

Für Angehörige der freien Berufe, also Ärzte und in anderen Heilberufen Tätige, Anwälte, Architekten, Journalisten und Andere, bietet die Partnerschaftsgesellschaft (PartG) die Möglichkeit, sofern es die Berufsordnung zulässt, gemeinschaftlich zu gründen.

Ab drei Gründern, oder in diesem Fall drei Genossen, ist die Gründung einer eingetragenen Genossenschaft (eG) dementsprechend möglich. Hierzu muss allerdings eine Satzung ausgearbeitet werden, in der auch festzuhalten ist, wie hoch die Genossenschaftseinlage ausfällt, wie weit die Haftung der Genossenschaft geht und wie die rechtlich verbindliche Generalversammlung vonstatten geht. Eine Eintragung ins Genossenschaftsregister ist notwendig und wie andere Kapitalgesellschaften auch, ist die eingetragene Genossenschaft zum Erstellen eines Jahresabschlusses verpflichtet, der genauso von einem Genossenschaftsverband geprüft wird. Die Umsetzung der in der Satzung festgelegten Unternehmensziele ist außerdem bindend.

Die Aktiengesellschaft (AG) als Rechtsform bringt einen ähnlichen bürokratischen Aufwand mit sich wie die Genossenschaft. Statt mit einer Satzung wird hier mit einem Gesellschaftsvertrag gearbeitet. 50.000 Euro Grundkapital sind zur Gründung einer AG nötig, wobei die Haftung für den einzelnen Anteilseigner sich auf eine Summe in Höhe seiner Einlage beschränkt. Hier existiert auch die Spielart der „kleinen AG" für Einzelgründer.

Bei der Holding handelt es sich zwar nicht um eine Rechtsform, diese kann aber für Gründer ebenfalls relevant werden. Diese kommt dann in Frage, wenn man als Unternehmen ein neues Geschäftsfeld erschließen will. Dann wird aus dem ursprünglichen Unternehmen eine Muttergesellschaft und das weitere Unternehmen zur Tochtergesellschaft.

Wie wechselt man die Rechtsform?

Wenn sich die Bedingungen ändern, ist es natürlich möglich, die Rechtsform zu wechseln. Dies geschieht nach dem Umwandlungsgesetz (UmwG). Gründe für die Rechtsformänderung können beispielsweise ein starkes Wachstum des Unternehmens sein oder das geplante Hinzukommen oder Ausscheiden von Beteiligten.

Die Rechtsform ändert sich in manchen Fällen aber auch von selbst, wenn sich die Tätigkeit ändert oder einer der Beteiligten zu anderen Konditionen am Unternehmen beteiligt ist. So wird aus einer GbR, die ein Handelsgeschäft aufnimmt, dadurch eine OHG. Während eine KG und eine OHG, die ihr Handelsgewerbe aufgeben, zur GbR werden. Dabei lohnt sich eine genaue Vorbereitung, um die Übersicht über die einzelnen Rechtsformen nicht zu verlieren.

Lass Dich beraten!

Wenn sich abzeichnet, dass dein Gründungsvorhaben größer oder risikoreicher ist oder du unter dem Namen deiner Firma auftreten willst, solltest du dir über die passende Rechtsform Gedanken machen und eine Übersicht verschaffen. Natürlich gehört es dazu, dass du dich in diesem Fall eigenständig und umfassend informierst. Hierzu soll dir dieses Kapitel lediglich eine erste Übersicht über die Rechtsformen vermitteln, ein Anspruch auf Vollständigkeit besteht nicht. Mehr Informationen findest du dazu ebenfalls beim Existenzgründerportal des BMWi. Auch die Handwerkskammer oder die Industrie- und Handelskammer deiner Stadt sind Anlaufstellen, an die du dich wenden kannst. Bei den Existenzgründer-Seminaren der IHK wird der möglichen Rechtsformen in der Regel ebenfalls ein eigenes Kapitel gewidmet. Einzelheiten indessen kannst du mit auf Gründer spezialisierten Rechtsanwälten besprechen.

Fragen und Formalitäten

Fragen, die bei der Wahl der Rechtsform ebenfalls zu beantworten sind, sind immer:

- Wie viele Personen gründen?
- Wie viel Entscheidungsgewalt sollen die Gründer haben?
- Wer haftet?
- Welche Summe an Kapitaleinlage ist nötig?
- Soll die weitere Kapitalbeschaffung erleichtert werden?

Wie wir zuvor oben gesehen haben, fällt je nach gewählter Unternehmensform unterschiedlicher bürokratischer Aufwand an. Die Gründung einer AG ist jedoch mit vielen Formalitäten verbunden. Bei der Gründung relativ unkompliziert sind hingegen Einzelunternehmen, GbR, GmbH und UG (haftungsbeschränkt).

Rechtsformen für Unternehmen in der Übersicht: Unser Fazit

Anders als das Ausarbeiten von guten Geschäftsideen, ist die Auseinandersetzung mit den formellen Fragen der Gründung jedoch ein sehr trockenes Thema, bei dem der Teufel im Detail steckt. Aber da müssen Gründer durch. Immerhin wäre es mehr als ärgerlich, mit seinem gesamten Privatvermögen zu haften, obwohl es vermeidbar wäre oder es sich bei der Kapitalbeschaffung unnötig schwer zu machen. Du bist mit der Frage nach der für dich und dein Business passenden Rechtsform aber auch nicht auf dich allein gestellt. Dieses Kapitel sollte dir zuvor eine Übersicht über die Rechtsformen für Unternehmen geben und kann als erster Schritt deiner Recherche angesehen werden. Nichtsdestotrotz solltest du mindestens eins der diversen Beratungsangebote für Existenzgründer nutzen.

KAPITEL 5

PRODUKTPOLITIK: SO ÜBERZEUGST DU DEINE KUNDEN

Du hast den passenden Markt für dich ausgewählt und dein Unternehmen gegründet. Jetzt geht es daran, die passenden Produkte zu entwickeln. Der Begriff „Produktpolitik" ist dir sicherlich schon bekannt. Im Kern geht es darum, dass auf verschiedenen Ebenen an einem Produkt gearbeitet wird, um es danach erfolgreich auf den Markt zu bringen. Das Feld der Produktpolitik ist groß und vereint viele unterschiedliche Aufgabenfelder und Maßnahmen. Wir wollen dir erklären, worauf du bei der Produktgestaltung achten solltest.

PRODUKTPOLITIK: GRUNDBAUSTEIN FÜR DEINEN MARKETING-MIX

Die Produktpolitik ist neben der Preispolitik, der Distributionspolitik und der Kommunikationspolitik eines der vier „P' s" innerhalb des Marketing-Mix und daher elementarer Bestandteil jeder ganzheitlichen Marketingstrategie. Sie umfasst alle Entscheidungen und Maßnahmen, die sich auf das Leistungsangebot deines Produkts oder deiner Dienstleistung beziehen. Vor allem zielt die Produktpolitik auf die Befriedigung der Kundenbedürfnisse ab und unterstützt somit auch die marktorientierten Unternehmensziele.

Grundsätzlich ist die Produktpolitik im Produktmanagement angesiedelt und ist deshalb ein so wichtiger Bestandteil jeder Marketingstrategie, weil das Produkt maßgeblich über das Wachstum und den Erfolg eines Unternehmens entscheidet. Oftmals ist das Produkt auch der Grundstein für eine Unternehmensgründung. Daher kann die Produktpolitik auch als wichtigster und größter Bereich im Marketing bezeichnet werden.

Ziele der Produktpolitik

Allen voran ist das übergeordnete Ziel, die Bedürfnisse und Wünsche der Kunden mit dem eigenen Produkt oder der eigenen Dienstleistung zu befriedigen bzw. zu erfüllen. Gleichzeitig möchtest du durch dein Produkt Unternehmenswachstum erreichen und dein Unternehmen noch besser am Markt positionieren. Aus diesen beiden unterschiedlichen Zielvorstellungen lassen sich grundsätzlich folgende untergeordnete Ziele ableiten:

- Problemlösung
- Interaktion mit Kunden
- Reichweitensteigerung
- Markenaufbau
- verbesserte Marktpositionierung
- wirtschaftlicher Erfolg und Gewinn
- Sicherheitsstreben

3 elementare Aufgaben der Produktpolitik

Wenn man die Produktpolitik auf ihre wichtigsten Aufgaben herunterbricht, kann man drei grundlegende Ebenen unterscheiden: Den Kernnutzen, das Design bzw. die Marke und den Service. Diese Bereiche müssen innerhalb der Produktpolitik aufeinander abgestimmt werden, um ein erfolgreiches Produkt verkaufen zu können. Produktmanager müssen demnach aus allen Aufgabenbereichen Maßnahmen ableiten, um die übergeordneten Ziele der Produktpolitik zu erreichen.

Kernnutzen: Was haben Kunden von deinem Produkt?
Jedes Produkt hat im Kern einen Grundnutzen. Dieser Kernnutzen beschreibt die Basiseigenschaften und ist der Grund, warum sich der Kunde für diese Art der Produkte interessiert. Daher kommt es hier vor allem auf die funktionellen Eigenschaften an. Wer zum Beispiel auf der Suche nach einem Auto ist, der will damit sicherlich mobil sein und bequem von A nach B kommen. Der Grundnutzen ist also das Fahren bzw. die Transportfunktion.

Bei allem was du tust, sollte dich stets folgende Frage beschäftigen: Welchen Nutzen hat der Kunde von meinem Produkt? Du musst also bei allen Entscheidungen hinsichtlich der Produktentwicklung immer den Kundennutzen in den Mittelpunkt stellen. Denn egal wie schön dein Produkt aussehen mag oder wie überzeugt du davon selbst bist – sieht der Kunde darin nicht seinen Vorteil, wird er dein Produkt auch nicht kaufen. Finde demnach heraus, wer genau deine Zielgruppe ist, welches Kundenbedürfnis dein Kernnutzen befriedigt und ob du zudem auch einen Zusatznutzen abdecken kannst. Am besten ist hier natürlich, wenn sich der Nutzen deines Produkts von dem Nutzen der Konkurrenzprodukte nochmal abhebt. In diesem Fall kannst du dann ein Alleinstellungsmerkmal vorweisen.

Design und Marke: Wie soll dein Produkt aussehen?
Wenn dein Kernnutzen perfekt auf die Bedürfnisse der Kunden abgestimmt ist, musst du an einem ansprechenden Design arbeiten. Denn das Produktdesign ist ein wesentlicher Bestandteil der Produktpolitik und bezieht sich nicht nur auf die Verpackung, sondern auch auf den Markennamen. Wie soll also dein Produkt aussehen? Welche Form und welche Farbe sind passend? Und unter welchem Markenname sollen Kunden das Produkt kaufen können? Zum einen ist es wichtig zu überlegen, inwiefern die Produktverpackungen eine schützende Funktion aufweisen sollten oder handlich zu transportieren sein müssen. Zum anderen kann dein Produktdesign optisch auch den einfachen Zweck erfüllen, sich von anderen Produkten abzugrenzen und damit eine gewünschte Wirkung beim Kunden auszulösen.

Service: Welchen Zusatznutzen bietest du an?
Der Zusatznutzen kann sowohl materiell sein als auch immateriell. Der Service ist ein weiterer Aufgabenbereich, der nicht unterschätzt werden sollte. Service kannst du als Zusatznutzen anbieten. Der Service betrifft genau die Leistungen, die der Kunde nicht sieht, aber trotzdem beim Kauf des Produkts erwirbt. Diesen Produkt Service solltest du so ausrichten, dass er zu der Problemlösung, die du in den Mittelpunkt des Kernnutzen stellst, seinen Teil beiträgt. Ist der Service allumfassend, kann er bereits vor dem Kauf beginnen und begleitet den Kunden sozusagen über den Kaufprozess hinweg. Unter diesen Service können jegliche Zusatzleistungen fallen. Egal ob kostenlose Lieferung, Garantie, kostenlose Beratungen, 24-Stunden-Hotline, Reparatur, Umtauschrecht oder auch spezielle Finanzierungsangebote. Die Liste ist lang und dir als Produktmanager sind hier keine Grenzen gesetzt. Im Falle unseres Autobeispiels kann ein immaterieller Zusatznutzen beispielsweise die Marke als Statussymbol und Prestigefunktion sein. Das Fahren dieses Autos ist demnach hoch angesehen und gibt dem Fahrer ein gutes Gefühl.

Der Zusatznutzen kann aber auch materiell sein. Für unser Auto kann das bedeuten, dass es eine Klimaanlage besitzt, eine hervorragende Musikanlage oder eine überdurchschnittliche Antriebsleistung und du somit noch komfortabler Fahren kannst

Fazit: Produktpolitik

Wichtig ist, dass die Produktpolitik auch auf die anderen Elemente des Marketing-Mix ausgerichtet ist. Denn wenn du dich zum Beispiel für ein hochwertiges Produktdesign und aber bei deiner Preispolitik für die gegenteilige Richtung entscheidest, also einen niedrigen Preis wählst, passen diese P‘ s nicht zueinander. Achte daher auf die Abstimmung der gesamten Teilbereiche. Denn alle zusammen sollen dann die übergeordneten Marketingziele und auch Unternehmensziele erreichen.

INTELLIGENTE PRODUKTGESTALTUNG

Die Produktgestaltung ist ein wesentlicher Teil der Produktpolitik und sorgt dafür, dass Kunden letztendlich von deinem Produkt überzeugt sind und es kaufen. Die Produktgestaltung kann oftmals aber auch der erste Grund dafür sein, dass sich Kunden für dein Produkt interessieren. Daher solltest du genau wissen, wie intelligente Produktgestaltung durchgeführt wird, worauf es dabei ankommt und mit welchen kleinen Tipps du deine Produkte noch besser verkaufen kannst.

Produktgestaltung einfach erklärt

Die Produktgestaltung ist im Marketing-Mix unter der Produktpolitik verankert. Bei der Produktpolitik musst du dir also Gedanken zu den Eigenschaften, Funktionen, Design, Verpackung und Zusatzleistungen eines Produkts machen. Die Aufgabe besteht vor allem darin, die Elemente eines Produkts genau so auszuwählen und zu kombinieren, dass der Kunde den größtmöglichen Nutzen erfährt und man sich zeitgleich von Konkurrenzprodukten abgrenzt. Ziel ist es letztendlich, dass der Kunde in seiner Produktauswahl maßgeblich beeinflusst wird.

Dabei spielt die Verpackungspolitik eine wichtige Rolle. Denn sie umfasst alle materiellen und immateriellen Gestaltungsmaßnahmen sowie Eigenschaften und ist aufgrund der sich stetig ändernden Einzelhandelslandschaft und deren Bedingungen an Produkte elementar. Somit sollte ein Produkt nicht nur durch sein Design bestechen, sondern auch durch die Benutzerfreundlichkeit und den Zusatznutzen überzeugen.

Intelligente Produktgestaltung: Gründe, Aufgaben und Ziele

Die Produktgestaltung wird immer wichtiger. Warum es vor allem auf eine intelligente Produktgestaltung ankommt, die den Kundennutzen noch deutlicher in den Fokus rückt, wollen wir dir jetzt erklären.

Das sind die Gründe

Zum einen wird es immer essentieller, sich deutlich von der Konkurrenz abzuheben. Die Produktvielfalt wächst von Tag zu Tag und lässt es immer schwieriger werden, die eigene Verkaufsposition zu verteidigen oder sogar ganz neu aufzubauen. Zum anderen steigen die Anforderungen an Produkte. Sie müssen nicht mehr nur ihren Grundnutzen erfüllen, sondern auch durch ökologische Gründe überzeugen. Denn das wachsende Umweltbewusstsein und der Wunsch nach Nachhaltigkeit und Fair Trade beeinflusst die Produktgestaltung inzwischen maßgeblich.

Kunden ist es heute so wichtig wie noch nie, dass die gekauften Produkte keinen großen ökologischen Fußabdruck hinterlassen. Dies bedeutet für dich als Verkäufer somit eine steigernde Verantwortung, die innerhalb der intelligenten Produktgestaltung eine zentrale Rolle spielt. Nicht zuletzt deswegen, weil über allem auch immer noch die Marke steht, die kontinuierlich gepflegt und immer weiter optimiert werden sollte.

Das sind die Aufgaben und Ziele

Als Produktgestalter solltest du dir daher Gedanken machen, wie du mit deinem Produkt den Kundennutzen optimal befriedigen kannst und dich von deinen Konkurrenten zusätzlich abhebst. Daher können gewisse Aufgaben bzw. Ziele genannt werden, die im Prozess der Produktgestaltung besonders wichtig sind:

- optimale Produktpositionierung
- hohe technische Qualität
- Zusatznutzen erweitern (Serviceleistungen, hilfreiche Features, leichter Gebrauch etc.)
- Ausbau der Markenbildung
- Aufmerksamkeit der Kunden wecken (Verpackung, Präsentation, Werbung etc.)

- Wettbewerbsvorteil ausbauen
- Erfüllung der gesetzlichen Anforderungen
- stetige Produktveränderungen (Produktvariationen)
- stetige Realisierung neuer Produkte bzw. Dienstleistungen (Produktinnovationen)

Verpackungspolitik als zentraler Gegenstand der Produktgestaltung

Wer sein Produkt hinsichtlich Grund- und Zusatznutzen optimal gestaltet hat und auch eine hervorragende Qualität anbieten kann, sollte sich überlegen, wie er nun die Marke mit einfließen lässt und auch die Packungsgestaltung optimiert. Denn oftmals kann ein Produkt bereits durch sein Äußeres die Aufmerksamkeit und das Interesse des Kunden wecken. Daher wollen wir dir die grundlegenden Elemente und Funktionen der Verpackungspolitik näher bringen und zeigen, mit welchen Faktoren du dich schnell von der Konkurrenz abheben kannst.

Grundsätzlich können die wichtigsten Funktionen in drei generelle Bereiche aufgeteilt werden, die zusammen eine optimale Verpackung ergeben. Die drei Grundfunktionen sind die technische, kommunikative und ökologische Funktion.

Technische Funktion
Bei der technischen Funktion der Produktgestaltung stehen folgende zentrale Fragen im Mittelpunkt:

- Was soll die Verpackung bewirken?
- Was muss sie technisch leisten können?
- An welche Anforderungen bzw. Bedingungen ist eine Verpackung geknüpft?

Denn je nachdem, welches Produkt du verkaufen möchtest, muss die

Verpackung eine gewisse Schutzfunktion gewährleisten. Hier spielen vor allem Faktoren wie Verderblichkeit, Hygiene, Unversehrtheit, Geruch oder Verflüchtigung eine bedeutende Rolle. Darüber hinaus muss dein Produkt auch transportfähig sein und für bestimmte Zeit gelagert werden, wofür es wiederum Anforderungen hinsichtlich der Maße deines Produktes gibt. Je nach Distributionskanal kann auch eine spezielle Verpackung sinnvoll sein, wenn es die Chancen erhöht, dass dein Produkt mehr gekauft wird. So können bspw. eine Dosierbarkeit durch die Verpackung oder eine Wiederverschließbarkeit durchaus wichtig sein.

Kommunikative Funktion
Neben der technischen Funktion ist auch die kommunikative Funktion essentiell. Denn zum einen müssen alle notwendigen Informationen auf der Verpackung sichtbar sein wie bspw. Nährwerttabellen, Mindesthaltbarkeitsdatum, Inhaltsstoffe, Gewichtsangaben, Pfand, Preisinformationen oder Anweisungen zum Gebrauch. Zum anderen muss neben diesen erforderlichen Informationen auch die Markenzugehörigkeit ersichtlich sein. Kunden sollten demnach sofort zuordnen können, welcher Marke dieses Produkt angehört. Ob Markenname, Logo, Markenfarbe oder andere identifizierende Merkmale – die Marken bzw. Imagefunktion darf nicht unterschätzt werden. Du solltest dir bewusst werden, dass die Identifizierbarkeit deines Produkts Bestandteil der Markenidentität ist und somit nicht nur die Wertigkeit erhöht, sondern dadurch auch eine direkte Verkaufsaufforderung angeregt werden kann.

Ökologische Funktion
Eine Funktion, die immer wichtiger wird, ist die ökologische Funktion. Deshalb solltest du dir bei der Verpackungsgestaltung folgende Frage stellen: Wie kann ich die Produktverpackung so gestalten, dass sie umweltverträglich und ressourcenschonend ist? Die Recyclingfähigkeit einer Verpackung kann die perfekte Möglichkeit darstellen, nicht nur umweltschonend zu sein, sondern darüber hinaus auch einen Zusatznutzen zu liefern.

Bestes Beispiel für eine gelungene Verpackungspolitik ist das Mineralwasser Voss. Viele Kunden kaufen sich das Wasser weniger, weil es so lecker ist. Vielmehr wird das teurere Produkt gekauft, weil die Flasche schön aussieht und wiederverwendbar ist. Dadurch erreicht der Hersteller der Mineralwassermarke hier wunderbar die Zweitnutzung des Produkts und schafft es allein mit der Verpackung, dass sich Kunden für das Gesamtprodukt entscheiden.

Gestaltungskriterien innovativer Produktgestaltung

Bei der Gestaltung der Verpackung sind vier unterschiedliche Gestaltungskriterien von Bedeutung: Material, Form, Farbe und Konstruktion. Je nach Kriterium solltest du dir daher folgende Fragen stellen:

- **Material:** Welche Art von Material möchte ich verwenden? Was passt am besten zum Produkt und der Marke? Muss es belastbar sein? Sollte es ein speziellen Klang haben?
- **Form:** Wie soll das Design aussehen? Welche Größe ist sinnvoll? Sind die Proportionen wichtig?
- **Farbe:** Welche Farbtöne spiegeln das Produkt wieder? Sollen sie passend zur Markenfarbe sein? Wie sollen die Farben wirken bzw. welche Emotionen sollen angesprochen werden?
- **Konstruktion**: Wie kann der Verschluss aussehen? Wie sollen Kunden den Artikel öffnen und das Produkt entnehmen können? Gibt es eine Portionierung?

Bedenke, dass die richtige Wahl der Verpackung ein Prozess ist. Auch wenn du bereits ein Produkt mit spezieller Verpackung verkaufst, bedeutet dies nicht, dass du nicht stetig daran arbeiten kannst. Oftmals bemerkt man bestimmte Nachteile erst im Gebrauch und kann diese Fehler dann im nächsten Produktzyklus wieder beseitigen.

7 TIPPS FÜR ERFOLGREICHES PRODUKTDESIGN

Wir wollen dir nun noch sieben bewährte und praktische Tipps mit an die Hand geben, mit denen du dein Produkt noch erfolgreicher verkaufen kannst.

Tipp 1: Klare Botschaften beim Produktdesign

Oftmals entscheiden nur Sekunden, ob sich ein Kunde für ein Produkt interessiert oder nicht. Durch die große Auswahl muss deshalb sofort klar sein, was genau die Verpackung, das Logo oder die Werbesprüche wirklich bedeuten sollen. Deshalb macht es Sinn, direkte und verständliche Botschaften zu verwenden.

Tipp 2: Ehrlichkeit währt am längsten

Die Verpackung sollte wirklich nur das versprechen, was die Ware in der Realität auch zu bieten hat. Denn aus enttäuschten Kunden kann ganz schnell ein beschädigtes Markenimage entstehen. Wenn zum Beispiel eine riesige Tee-Verpackung nur einen Bruchteil des Inhalts ausfüllt. Oder auf der Verpackung eines Parfums vier Duftnoten abgebildet sind und sich dann doch nur zwei entdecken lassen. Deshalb sollte jeder Produktentwickler die Verpackung der Produkte so anpassen, bis ein ehrliche und authentisches Gesamtbild entsteht.

Tipp 3: Alle Sinne ansprechen

Studien belegen schon lange, dass ein Reiz vor allem dann eine nachhaltige Auswirkung auf Menschen hat, wenn er auf möglichst viele ihrer Sinne Einfluss nimmt. Unterbewusst achten Kunden nämlich darauf, wie sich ein Gegenstand anfühlt, anhört oder riecht. Deshalb macht es zum Beispiel Sinn, bei einem Getränk auf das Geräusch beim Öffnen zu achten oder bei hochwertigen Büroartikeln auf eine leicht samtige Oberfläche. Ideal ist also ein stimmiges Gesamtkonzept, dass alle Sinne anspricht und sich in eine gemeinsame Richtung entwickelt.

Tipp 4: Funktionalität überzeugt

Ein Produkt überzeugt hauptsächlich durch seine Funktionalität. Doch es lohnt sich, schon beim innovativen Produktdesign auf die praktische Verwendung zu achten. Besonders in Supermärkten und Geschäften geht es zunächst darum, dass die Artikel sich gut halten und tragen lassen. Zum Beispiel ist es praktisch, wenn schwere Gegenständen schon ein integrierten Tragegriff besitzen oder sich große Produkte einfach zusammenklappen lassen. Diese Stabilität und Lebensdauer spricht den Kunden an und lässt sich schon im Design berücksichtigen.

Tipp 5: Den Verkaufsort mit einbeziehen

Das Produktdesign beim Verkaufen ist wichtig, um den Kunden zu überzeugen und die Konkurrenz auszustechen. Deshalb ist es wichtig zu bedenken, wo genau der Artikel verkauft wird. In einem Supermarkt zum Beispiel ist ein prägnantes Alleinstellungsmerkmal der Ware umso wichtiger. Wenn die Konkurrenz ihr Produkt in einer Plastikverpackung präsentiert, würde sich eine Glasverpackung somit direkt bemerkbar machen. Anders verhält es sich in einem Onlineshop. Dort wird das Produkt meistens auf weißem Hintergrund präsentiert und sollte sich deshalb farblich besonders auffällig sein.

Tipp 6: Umweltbewusstsein kommt gut an

Wer einen neuen Artikel entwirft, sollte beim innovativen Produktdesign unbedingt auch auf Nachhaltigkeit setzen. Große Plastikverpackungen oder Aluminium haben ausgedient. Besonders Green Startups und umweltneutrale Konzepte sind dadurch erfolgreich, denn sie beweisen, dass sich das Unternehmen über die Klimaveränderungen Gedanken gemacht hat. Deshalb kommen zum Beispiel Produkte gut an, die möglichst wenig Plastik verwenden. Oder aber die Verwendung von möglichst viel recyclebarer Pappe, Glas oder anderen umweltfreundlichen Materialien.

Tipp 7: Ideale Produktionsvoraussetzungen beachten

Im Normalfall sollten die Artikel leicht zu produzieren sein. Es sieht vielleicht schön aus, wenn das eigene Produkt liebevoll mit einer Gravur oder einer besonderen Dekoration versehen wird. Doch wenn sich diese Dekoration nur aufwendig produzieren lässt oder einen seltenen Rohstoff verwendet, erschwert dieser liebevolle Zusatz die Produktion. Für ein 200.000 Euro Luxus-Auto ist das kein Problem, für eine 40 Euro Sonnenbrille schon eher. Deshalb gilt: Wer möglichst hohe Mengen produzieren möchte, sollte schon beim Produktdesign die Produktionsbedingungen berücksichtigen.

Fazit: Intelligente Produktgestaltung ist ein langwieriger Prozess

Die Produktgestaltung als Teil der Produktpolitik ist ein bedeutungsvoller Bereich innerhalb des Marketings. Denn hier spielen nicht nur die Erscheinungsform des Produkts hinsichtlich seiner Qualität, Form, Verpackung und Markenidentität eine Rolle. Auch die zusätzlichen Leistungen und Nutzen für die Kunden müssen in der Produktplanung bedacht werden. Wer glaubt, dass der Prozess der Produktgestaltung nach dem Launch des Produkts vorbei ist, täuscht sich. Vielmehr stellt die Produktgestaltung einen wiederkehrenden Zyklus dar, der stetige Veränderungen und Innovationen erfordert. Denn mit dem gesellschaftlichen Wandel und den veränderten Normen und Werten der Zielgruppe müssen sich auch die Produkte weiterentwickeln und regelmäßig optimiert werden.

KAPITEL 6

BUSINESS IDEEN ZUM DIREKT UMSETZEN

Für deinen Schnellstart in dein eigenes Unternehmen kann es auch hilfreich sein, wenn du dir deinen Alltag und deine Interessen genauer anschaust. Vielleicht hast du ein Hobby, was du mit großer Begeisterung verfolgst und woraus du ein Business entwickeln könntest? Wir liefern dir zwei Ideen, mit denen du direkt durchstarten könntest.

SELBSTGEMACHTES VERKAUFEN: SO VERDIENST DU GELD MIT DEINEM HOBBY

Du bist handwerklich begabt, kannst gut basteln, stricken oder nähen? Hast du vielleicht eine besondere Begabung fürs Malen oder bis ein leidenschaftlicher Koch? Dann mach doch daraus dein eigenes Business, denn Selbstgemachtes verkaufen funktioniert über das Internet oder auch lokal, wenn du es richtig angehst, richtig gut. Auf welche Dinge es beim Verkauf deiner handgefertigten Produkte ankommt und was du beim Verkauf beachten solltest, verraten wir dir in diesem Kapitel.

Dein Vorteil: Die Kunden lieben selbstgemachte Produkte

Wir leben heute in einer Wegwerfgesellschaft. Wir nutzen Dinge meist nur kurz, werfen sie dann mehr oder weniger achtsam einfach in den Müllcontainer und verursachen dadurch gigantische Abfallberge. Man kann die meisten Produkte günstig nachkaufen, also kann man nicht mehr ganz so schön aussehende Dinge unbedacht entsorgen und ersetzen. Die Gesellschaft schätzt den Wert einer Sache beziehungsweise eines Produktes nicht mehr. Dabei steckt oft viel Arbeit, Material und Kreativität dahinter. Solche „Handmade"-Produkte sind bei vielen Menschen wieder begehrt, weil sie von exzellenter Qualität sind, aus hochwertigsten Materialien bestehen und vor allem keine Waren „von der Stange" sind. Selbstgemachtes ist für viele ein Stück Luxus und diesen holt man sich gerne ins Haus.

Es ist kein Zufall, dass wieder mehr Menschen auf der Suche nach Selbstgemachtem sind und dafür auch mehr Geld bezahlen. Es wird wieder darüber nachgedacht, wie viel Aufwand in einem Produkt steckt. Manche schätzen zudem die Einzigartigkeit von Produkten, die nicht im Rahmen einer Massenproduktion hergestellt wurden, sondern in liebe- und mühevoller Handarbeit entstanden. Diesen Trend kannst du erfolgreich aufgreifen und Selbstgemachtes verkaufen.

Selbstgemachtes verkaufen am Beispiel von Seife und Schlüsselanhängern

Wenn du eine Begabung zur Handarbeit besitzt, dann überlege dir zunächst, welches Produkt du mit deinen Fähigkeiten produzieren und verkaufen könntest. Es kommt also vor allem darauf an, eine Idee für ein Produkt zu entwickeln. Nehmen wir an, du hast Freude daran, Seifen zu kreieren oder Schlüsselanhänger aus Kronkorken herzustellen. Dann könntest du daraus schon ein Geschäft machen und die Seifen beziehungsweise Schlüsselanhänger als Selbstgemachtes verkaufen. Spielen wir das einfach an diesen beiden Beispielen durch. Wie könnte ein möglicher Prozess von der Idee bis zum Verkauf deiner Handarbeit aussehen?

Materialien und Lagerfläche

Viele entdecken ihr kreatives oder handwerkliches Talent eher aus Zufall und nebenbei – beim Ausüben eines Hobbys, der Renovierung der eigenen vier Wände oder beim Basteln mit den Kindern. Meist wächst die Idee spontan, aus dem Talent ein Geschäft zu machen. Die grundsätzliche Idee ist damit geboren. Um aber Selbstgemachtes verkaufen zu können, musst du es zunächst in entsprechenden Mengen herstellen. Damit du eine ausreichende Stückzahl produzieren kannst, benötigst du natürlich die notwendigen Materialien. Hier zeigt sich schon das erste Problem, denn es stellt sich die Frage, woher du die benötigten Mengen an Material bekommst und zwar zu einem Preis, der noch eine Gewinnspanne zulässt. Schließlich möchtest du damit verdienen.

Wenn du dann das Material besorgst, musst du es auch irgendwo lagern, ebenso wie später das selbstgemachte Produkt. Du brauchst also neben dem Material auch einen ausreichend großen Stauraum. Außerdem ist bei manchen Produkten ein geeigneter Produktionsraum notwendig, wie du später am Beispiel der Seife noch sehen wirst.

Feedback zum Produkt einholen

Es ist zwar schön, dass du etwas herstellen kannst, aber es ist nicht sicher, ob die Leute auch kaufen würden. Deshalb ist es sinnvoll, vor dem Beginn eines professionell aufgezogenen Geschäftes zunächst möglichst viel Feedback einzuholen, wie das von dir Selbstgemachte bei anderen ankommt. Dafür stelle zunächst eine begrenzte Anzahl von Seifen oder Schlüsselanhängern her, verschenke sie an Familie oder Freunde und bitte um eine ehrliche Rückmeldung bzw. Meinung. Vor allem sollten dir die Testpersonen ein Feedback zu den folgenden Themen geben:

- Materialien
- Verarbeitung
- Konsistenz, Haptik (z. B. Gefühl bei der Benutzung der Seife)
- Geruch (z. B. riecht die Seife den Inhaltsstoffen gemäß)

- Nutzen (z. B. wie gut reinigt die Seife)
- Gesamteindruck (ist das Produkt empfehlenswert)

Ein solches Feedback gibt dir einen ersten, aber wichtigen Hinweis darauf, ob du Erfolg hättest, wenn du deine Kreationen als Selbstgemachtes verkaufen würdest.

Planung der Herstellung und Stückzahl

Ist das Feedback zu deinen Seifen oder Schlüsselanhängern positiv ausgefallen, überlege anschließend, wie groß die Menge sein soll, die du herstellen möchtest. Und: Wie muss der Herstellungsprozess gestaltet sein, damit du eventuell auch größere Mengen bewältigst? Es ist immer günstig ein Produktlager zu haben, in dem sich eine Reserve befindet. Nichts ist schlimmer, als wenn ein Kunde ein Produkt kaufen möchte, es aber nicht geliefert werden kann, weil du es nicht mehr vorrätig hast.

Sei also realistisch. Probiere aus, wie viele Seifen oder Schlüsselanhänger du täglich, wöchentlich oder monatlich herstellen kannst, ohne dass die Qualität oder deine Motivation darunter leidet. Bei großen Online-Handelsplätzen kannst du dem Kunden auf der Produktdetailseite anzeigen lassen, wie viele Seifen oder Schlüsselanhänger noch verfügbar sind. Hast du einen eigenen Onlineshop, kannst du eine solche Anzeige meist ebenfalls platzieren. So kommst du nicht in Bedrängnis, sondern verkaufst eben nur so viele Teile, wie du herstellen kannst und auf Lager hast.

Anmeldung bei den Kontrollbehörden

Vor allem selbst hergestellte Seifen darfst du nicht einfach so verkaufen, sondern musst einige Hürden nehmen, bevor Kunden in den Genuss deines Produktes kommen können. Ein erstes Hindernis sind geeignete Räumlichkeiten für die Herstellung. Diese müssen leicht zu reinigen und so gestaltet sein, dass man darin hygienisch einwandfrei arbeiten kann. Am besten nimmst du Kontakt mit der zuständigen Behörde auf und informierst dich, welche Anforderungen Kontrolleure an deine „Seifenküche“ stellen.

Eine weitere Anforderung ist, dass du dich bei den zuständigen Kontrollbehörden (Landratsamt, Chemisches und Veterinäruntersuchungsamt sowie Bundesamt für Verbraucherschutz und Lebensmittelsicherheit) anmeldest. Bei den Behörden musst du für jede Seifenkreation eine sogenannte Sicherheitsbewertung präsentieren, die von einem Labor erstellt wird. Durch diese Bewertung weißt du die Unbedenklichkeit bezüglich der Gesundheit nach.

Auch die Dokumentation der Herstellung eines Produktes ist vorgeschrieben, gerade bei Seifen. Für jede neue Einheit muss aufgelistet werden, welche Inhaltsstoffe in welchen Mengen enthalten sind und welche Arbeitsschritte ausgeführt wurden. Jede Charge erhält eine Chargennummer anhand derer man bei Problemen nachvollziehen kann, wie und woraus das Produkt entstanden ist.

Weitere Hindernisse, wenn du Selbstgemachtes verkaufen möchtest, können die Anforderung an deinen Onlineshop oder steuerrechtliche Vorgaben sein (Gewerbeschein, Steuernummer, Kleinunternehmerregelung, Umsatzsteuer ja oder nein). Setz dich mit all diesen Dingen auf jeden Fall vorher auseinander, es ist letztendlich Teil deines Business.

Ein guter Businessplan

Damit du dein Selbstgemachtes erfolgreich verkaufen kannst, musst du Ausgaben und Einnahmen gut kalkulieren, dir also einen Businessplan zulegen. Dir entstehen erst einmal Kosten, die du in deine Planung mit einbeziehen musst:

- Material
- Werkzeuge (falls benötigt)

- Arbeitszeit
- Raummiete (Produktionsstätte, Lager)
- Mietnebenkosten (Strom, Heizung, Wasser)
- Verpackungsmaterial
- Versandkosten
- Personalkosten (falls benötigt)

Diese Gesamtkosten müssen heruntergebrochen werden. Du musst errechnen, welche Kosten bei den einzelnen Posten pro Stück des hergestellten Produkts anfallen. Um am Ende etwas hinzuzuverdienen, ist es also wichtig, dass du sämtliche Ausgaben auf das einzelne Produkt umschlägst. Der Verkaufspreis sollte so hoch sein, dass du nicht nur die anfallenden Kosten deckst, sondern auch etwas übrig behältst. Dies nennt man Gewinnmarge.

Um als Händler Selbstgemachtes verkaufen zu können, musst du normalerweise ein Gewerbe anmelden und wirst als Selbstständiger eingestuft. Solange du das Geschäft nebenbei ausübst und zusätzlich eine feste Anstellung hast, musst du dir um sonstige Kosten wie Krankenversicherung keine Sorgen machen.

Sobald du aber hauptberuflich als Händler tätig bist, ist es notwendig, so zu kalkulieren, dass alle anfallenden Kosten wie Wohnungsmiete, Telefon, Fahrzeug, Steuern und Sozialabgaben durch die Einnahmen gedeckt werden. Rechne dir aus, wie hoch deine monatlichen Gesamtkosten sind und berechne dann, wie viele Stücke deines selbstgemachten Produkts du jeden Monat verkaufen musst, um diese Kosten zu decken und auch noch Geld für Lebensmittel oder Hobbys übrig zu behalten.

Die richtigen Verkaufskanäle finden

Du hast mit der Herstellung deines selbstgemachten Produktes begonnen und einen kleinen Vorrat erarbeitet. Dann geht es als nächstes darum zu überlegen, über welche Kanäle du dein Selbstgemachtes verkaufen möchtest. Du hast verschiedene Möglichkeiten, dein Produkt an den Mann oder die Frau zu bringen.

Verkauf auf Märkten oder in Ladengeschäften

Die klassische Methode ist der Verkauf auf Kreativmärkten. Dort hast du einen eigenen Stand und kommst so direkt mit den Kunden in Kontakt. Hier ist von Bedeutung, dass diese dein Produkt mit deiner Persönlichkeit verbinden. Du bist sehr viel besser in der Lage beispielsweise etwas zur Idee, den Materialien und zur Herstellung deiner Seifen oder Schlüsselanhänger zu sagen. Eine solche Chance hast du beim Verkauf über das Internet nicht. Wenn du ein breites Publikum ansprechen möchtest, kannst du auch in Fachgeschäften vorstellig werden und dein Produkt dort anbieten. Im Idealfall kannst du den Inhaber für dein Produkt begeistern, er verkauft es auf Kommissionsbasis oder auf Grundlage einer anderen Vereinbarung.

Onlineshop und Onlinemarktplätze als Verkaufsorte

Der Trend geht heute in Richtung Onlineshopping. Deshalb überlege dir, ob du vielleicht dein Selbstgemachtes online verkaufen möchtest. Mit einem eigenen Onlineshop oder mit einem Seller-Account auf großen Onlinemarktplätzen wie Amazon eBay oder Etsy, die sich auf den Verkauf von Selbstgemachtem spezialisiert haben.

Der größte Vorteil ist die Reichweite, wenn du Selbstgemachtes im Internet verkaufst. Du kannst dein Produkt nämlich nicht nur regional anbieten, sondern weltweit, weil das Internet keine Ländergrenzen kennt. Die Nutzung von Onlinemarktplätzen hat aber ihren Preis. Dort kannst du deine Produkte einstellen und zahlst dafür eine Gebühr an das Unternehmen. Diese Gebühr ersparst du dir, wenn du einen eigenen Onlineshop ins Netz stellst. Das hat auch den Vorteil, dass deine eigene Marke – diese hast du schließlich mit deinem Produkt geschaffen – stärker im Fokus steht und so bekannter wird.

Werbung machen für Eigenprodukte

Wenn du Selbstgemachtes verkaufen möchtest, ist es eine sehr wichtige Aufgabe für dich, dein Produkt so effizient wie möglich zu bewerben. Nur einen Onlineshop zu kreieren und dann auf Kunden zu warten, wäre der direkte Weg in die Erfolglosigkeit. Du musst die Menschen auf das neugierig machen, was du in mühevoller Arbeit herstellst. Du musst sie von deiner Qualität überzeugen, die sie beim Kauf deines Produktes erhalten. Und natürlich musst du sie vom Nutzen deines Produktes begeistern. Bring ihnen näher, wie z. B. pflegend deine selbstgemachte Seife ist und wie hip es ist, einen von dir designten Schlüsselanhänger aus Kronkorken zu besitzen. Wie bewirbst du aber dein selbstgemachtes Produkt am besten?

Social-Media-Kanäle für Werbung nutzen

Die meisten Menschen erreichst du heute über die verschiedenen sozialen Netzwerke wie Facebook, Twitter, Instagram oder YouTube. Genau hier solltest du für dein Produkt werben. Du kannst deine Familie, Freunde und Bekannte dazu einladen, Produktbeiträge zu liken, zu teilen oder zu kommentieren. Dadurch erreichst du wiederum deren Freunde und Bekannte und so weiter. Schon alleine dadurch steigert sich der Bekanntheitsgrad deines selbstgemachten Produkts.

Über Google und Co. für dein Produkt werben

Natürlich kannst du auch die großen Suchmaschinen nutzen, um dort Werbeanzeigen zu schalten. Allerdings musst du dafür Geld in die Hand nehmen. Google beispielsweise lässt sich nach Klicks bezahlen, d. h. es fallen tatsächlich erst Kosten für dich an, wenn jemand deine Werbeanzeige anklickt. Auch die gute alte Anzeige in einer Zeitung oder einem Stadtmagazin kannst du nutzen, um dein Selbstgemachtes zu verkaufen.

Produktvideos als Werbung für dein Selbstgemachtes erstellen

Eine gut gestaltete Werbeanzeige in Schrift- oder Bildform wird zwar von vielen Kunden als positiv wahrgenommen, die Wirkung einer Werbung mithilfe eines Videos erreicht sie aber nicht. Bewegte, gut inszenierte Bilder fesseln den Zuschauer einfach am meisten. Gerade bei selbstgemachten Produkten ist es daher sinnvoll, beispielsweise den Herstellungsprozess darzustellen und zu zeigen, wie viel Arbeit und Herzblut in deinem Produkt steckt. Lass die Kunden hautnah miterleben, wie deine Seife oder dein Schlüsselanhänger in mühe- und liebevoller Arbeit entsteht. So etwas begeistert und reizt zum Kauf.

Selbstgemachtes einfach verkaufen - Handelsagenturen unterstützen dich
Du kannst dir professionelle Hilfe holen für den Fall, dass du zwar Talent besitzt, ein Produkt zu kreieren, aber dich überfordert fühlst, den Verkauf allein zu organisieren. Es gibt Handelsagenturen, die sich darauf spezialisiert haben, sich deines Produktes anzunehmen und sich um die Werbung, die Verhandlungen mit Händlern und Onlinemarktplätzen, Produktpräsentation oder Preiskalkulation zu kümmern. Aber natürlich zahlst du für solchen Service Geld.

Selbstgemachtes verkaufen erfordert Planung

Die Idee, etwas Selbstgemachtes verkaufen zu wollen, ist sicher ein spannendes Projekt. Es erfordert aber eine ganze Menge an Zeit, Energie und Geld. Um mit dem Verkauf von Handmade-Produkten wirklich Geld zu verdienen und von den Einnahmen leben zu können, musst du professionell an die Sache herangehen. Überlege dir vorher sehr genau, was du verkaufen möchtest, wie du es herstellst und wo du deine Handarbeiten letztlich verkaufen möchtest. Du brauchst ein überzeugendes und gesuchtes Produkt, einen detaillierten Businessplan, gute Werbung und vor allem Überzeugung und Ausdauer. So kannst du Selbstgemachtes verkaufen und ein erfolgreiches Business mit dem starten, was du gerne tust und gut kannst.

SO STARTEST DU DEIN YOUTUBE- BUSINESS FÜR UNTER 1000 EURO

Um mit einem Business im Internet erfolgreich zu sein, kannst du unterschiedliche Möglichkeiten nutzen. Neben der klassischen Website ist das Video-Marketing eine erfolgversprechende Methode, um Geld im Internet verdienen zu können. Der Grund dafür ist, dass für potenzielle Käufer bewegte Bilder immer noch die beliebteste Form sind, sich über Produkte oder Dienstleistungen informieren zu lassen. Im Idealfall sind solche Videos gleichzeitig unterhaltend. Nachgewiesenermaßen ist der Kaufanreiz durch bewegte Bilder im Vergleich zu Texten oder Fotos sehr viel höher. Diese Tatsache kannst du auch als Betreiber eines YouTube-Business für dich einsetzen und musst dabei nicht viel Geld investieren.

YouTube-Kanal als Basis für ein Business

Damit du auf YouTube Videos einstellen und damit Geld im Internet verdienen kannst, musst du dir zunächst einen eigenen Kanal einrichten. Dazu meldest du dich einfach an und erstellst dir ein eigenes Profil. Über dieses kannst du dann deine selbst erstellten Videos veröffentlichen und deine Reichweite nach und nach erhöhen. Eine wichtige Voraussetzung für den Erfolg sind hochwertige Videos. Um ihre Qualität zu verbessern, benötigst du gute Hardware sowie einige hilfreiche Programme.

Guter Ton durch Podcasting-Mikrofone

Ein Video ist nur gut, wenn der Ton erstklassig ist. Damit der User auch jedes Wort versteht, solltest du ein hochwertiges Mikrofon bei der Videoproduktion verwenden. Es gibt spezielle Podcasting-Mikrofone, die auf die Anforderungen beim Videodreh abgestimmt sind. Du kannst sie ab etwa 165 Euro kaufen, beispielsweise auf https://www.shure.de/.

Bildbearbeitung mit Screenflow

Die Software von ScreenFlow (https://screenflow.de.softonic. com) bietet dir alle Funktionen zur Verbesserung deiner Videos. Für etwa 110 Euro bekommst du:

- Aufzeichnungen höchster Qualität
- Benutzeroberfläche für intuitive Verwendung
- Tools für Tutorials
- Partielle Bildschirmaufnahmen
- iOS-Aufnahmen
- Animationen
- Untertitel-Editor
- GIFs (animiert)
- Exporteinstellungen in großer Zahl

Mit dieser Software kannst du alle Bereiche deines Videos optimieren und es auch gleich aus dem Programm heraus auf YouTube einstellen. Du findest die Software entweder auf der Homepage von ScreenFlow (nur für Mac) oder auf https://www.telestream. net/screenflow/.

Animations-Software Animaker

Falls du nicht ständig selbst in deinen Videos auftreten möchtest, kannst du deine User auf YouTube mit animierten Videos überraschen. Die Software von Animaker bietet dir in diesem Bereich alles, was du zur Erstellung lustiger, spannender und fesselnder Videos benötigst:

- zahlreiche Requisiten & Charaktere
- Infografik-Icons
- animierte Grafiken & Diagramme

- unterschiedlichste Schriftarten
- Textvorlagen
- Soundeffekte
- Musik

Erhältlich ist die Software über die Homepage des Herstellers https://www.animaker.com/.

Facebook live mit Camtasia für YouTube optimieren

Eine gute Möglichkeit, günstige Videos für dein YouTube-Business zu erstellen, ist die Facebook-Live-Funktion. Wenn du mit deinen Followern dort durch Videos in Kontakt bleibst, kannst du diese später für YouTube nutzen. Dazu musst du dein Livevideo lediglich auf deinen PC herunter- und anschließend auf YouTube wieder hochladen. Der kleine Nachteil dabei ist, dass die Bild- und Tonqualität des Videos nicht so gut sein kann wie bei eigens erstelltem und nachbearbeitetem Videomaterial. Für einen Einstieg in dein YouTube-Business kannst du das kostenlos produzierte Videomaterial aber dennoch nutzen. Wenn du es noch durch Bildbearbeitung optimieren möchtest, nutze Camtasia. Diese für circa 169 Euro erhältliche Software ermöglicht dir durch einen intuitiven Editor, Untertitel, verschiedene Effekte und Animationen, die Optimierung deines zuvor bei Facebook-Live er- stellten Beitrages. Kaufen kannst du die Software auf http://shop. techsmith.com/store/techsm/de_DE/buy/productID.289432000.

Weitere Software für dein YouTube-Business

Es braucht also nur geringe finanzielle Mittel, um dein Business auf YouTube zu starten. Die oben genannten Programme, beziehungsweise Hilfsmittel, stellen nur eine kleine Auswahl dar. Du findest im Internet auch Software zur Videoerstellung, die teilweise sogar zum kostenlosen

Download bereitsteht. Hier einige dieser Programme:

- Debut Pro Edition
- Videolean Medium
- Magisto Business (Videoerstellung mit dem Smartphone)

Es gibt zudem sehr viel mehr Anbieter für Bearbeitungssoftware, die die Optimierung deiner Videos durch ihre zahlreichen Funktionen sehr erleichtern. Zu den bekanntesten gehören auch

- Cyberlink Powerdirector
- Adobe Premium Elements
- Magix Video Deluxe Premium
- Vegas Motive Studio
- Corel Videostudio

Alle Programme sind in deutscher Sprache erhältlich.

Inhalt, Inhalt, Inhalt

Das Ziel deiner Videos sollte sein, auf dein Business aufmerksam zu machen. Dafür kann deine Software noch so gut sein: Wenn deine Inhalte nicht dementsprechend sind, wird dir die Aufmerksamkeit der Zuschauer schnell verloren gehen. Der Inhalt deiner Videoclips muss denen, die sie ansehen, vor allem wichtige Informationen und möglichst auch Unterhaltung bieten. Schon die ersten zehn Sekunden eines Videos entscheiden darüber, ob die Zuschauer aufmerksam dabei bleiben oder gedanklich bereits weitergewandert sind. Deshalb sollte der Inhalt deiner Videos die folgenden Eigenschaften haben:

- witzig
- originell

- spannend
- emotional berührend

Im Idealfall rufen sie sämtliche dieser Gefühle gleichzeitig bei deinen Zuschauern hervor. Am erfolgreichsten sind Videos, die auf interessante Weise mit wertvollen Informationen gefüllt sind und so den berühmten Mehrwert bieten. Ebenso kannst du deine Kunden mit deinen Youtube-Videos begeistern, wenn sie Problemlösungen anbieten. Baue deine Produktionen also immer so auf, dass der Kunde sofort erkennt, dass das Video ihn von einem Problem direkt zur Lösung führt. Außerdem sollte das Video schon zu Beginn die Kernaussage benennen, also das von dir angebotene Produkt, die beworbene Marke oder ein zu empfehlendes Unternehmen. Auf diese Weise gibst du es auch an die weiter, die nicht erst am Schluss aus dem Video aussteigen.

Verbreite deine YouTube-Videos

Neben einem informativen und gut inszenierten Inhalt spielt auch die möglichst umfassende Verbreitung deiner Videos eine Rolle für den Erfolg. Die sozialen Netzwerke bieten dir die Grundlage für eine weitreichende Verbreitung. Du kannst deine Videos nicht nur auf YouTube einstellen, sondern sie auch auf Facebook, Instagram, Twitter und Co. teilen. So sorgst du dafür, dass sie von vielen gesehen werden. Je mehr Menschen sie sehen und hilfreich finden, umso mehr Freunden werden sie von deinem Video berichten. Auf diese Weise kommt ein Schneeball ins Rollen, der dafür sorgt, dass immer mehr Menschen deine Videos ansehen und am Schluss das angebotene Produkt kaufen, auf den integrierten Affiliate-Link klicken oder deine Dienstleistung in Anspruch nehmen. Mit gutem Inhalt und vielen Zuschauern generierst du also mehr Einnahmen und bist mit deinem YouTube-Business erfolgreich.

KAPITEL 7

DISTRIBUTIONSPOLITIK: PRODUKTE ERFOLGREICH VERKAUFEN

Wenn deine Produkte einsatzbereit sind, dann geht es darum, diese zu präsentieren und so den richtigen Absatzkanal und mögliche Käufer zu finden. Dazu gibt es verschiedene Wege, die für dich in Frage kommen können. Lies dir daher erst das komplette Kapitel durch und überlege gut, welcher Weg für dein Business der richtige ist.

DISTRIBUTIONSPOLITIK EINFACH ERKLÄRT

Die Distributionspolitik („Place") ist eines der vier „P's" innerhalb des Marketing-Mix. Als wichtiger Teilbereich eines ganzheitlichen Marketingkonzepts beschäftigt sich die Distributionspolitik mit allen Entscheidungen und Maßnahmen, welche den Vertrieb und die physischen Absatzwege der Produkte und Dienstleistungen vom Hersteller zum Endkunden betreffen. Hier geht es also darum, Produkte im richtigen Zustand zur richtigen Zeit am richtigen Ort dem Kunden zu präsentieren. Stelle dir daher immer folgende Frage: Wie bekomme ich mein Produkt erfolgreich an meine Kunden?

Ziele der Distributionspolitik

Obwohl es viele Möglichkeiten gibt, seine Produkte oder Dienstleistungen an seine Kunden zu vertreiben, verfolgen alle Wege und damit auch die Distributionspolitik die gleichen Ziele:

- optimale Verfügbarkeit deiner Produkte für Kunden bzw. potenzielle Käufer
- möglichst geringe Kosten für Lagerung und Transport
- direkte Einflussnahme des Herstellers auf die Vermarktung und Präsentation der Produkte

Wichtig zu erwähnen ist, dass du nicht immer alle Ziele mit gleichem Fokus verfolgen kannst. Teilweise stehen sie sogar im Konflikt zueinander. Je nachdem, welches Ziel du höher priorisierst, ändert sich auch dein Vertriebsweg. Denn unterschiedliche Produkte und Dienstleistungen erfordern auch unterschiedliche Entscheidungskriterien.

Entscheidungskriterien in der Distributionspolitik

Um den idealen Absatzkanal für dein Produkt zu wählen, kannst du die Situation aus unterschiedlichen Perspektiven betrachten. Grundlegend gibt es fünf wichtige Entscheidungskriterien, nach denen du deinen Fokus ausrichten und in die Entscheidung über die konkrete Ausrichtung mit einfließen lassen kannst:

- produktionsbezogene Faktoren
- kundenbezogene Faktoren
- konkurrenzbezogene Faktoren
- unternehmensbezogene Faktoren
- rechtliche Faktoren

Wichtig zu betonen ist, dass diese Ausrichtungen nicht strikt getrennt voneinander zu betrachten sind. Oftmals kann man bei seiner Entscheidung auch mehrere Richtungen berücksichtigen und mit einschließen. Manchmal sind diese Ausrichtungen aber auch konträr und schließen sich demnach gegenseitig aus. Auch hier gibt es kein richtig oder falsch, denn je nach Produkt und Unternehmen bieten sich andere Faktoren an.

Absatzwege

Hast du dich für eine Ausrichtung entschieden, solltest du den dazu passenden Absatzweg bestimmen. Man kann die Absatzwege in zwei grundlegende Arten von Vertrieb unterscheiden: den direkten und den indirekten Vertrieb.

Direkter Vertrieb

Beim Direktvertrieb vertreibst du als Hersteller deine Produkte selbst und hast somit direkten Kontakt zu deinen Kunden. Ein direkter Vertrieb kann sich für verschiedene Produkte anbieten. Denn egal ob erklärungsbedürftige Produkte wie Investitionsgüter oder auch einfache Konsumgüter, ein direkter Vertrieb hat einige Vorteile. Zum einen hast du engen Kontakt zum Kunden und kannst durch diese Nähe schneller auf Kundenbedürfnisse und -wünsche eingehen. Zum anderen kannst du Kosten einsparen, denn die Lagerung von Waren ist kostenintensiv. Nachteilig ist dadurch aber die fehlende Abdeckung auf regionaler Ebene.

Indirekter Vertrieb

Beim indirekten Vertrieb stehen mindestens ein Zwischenhändler oder auch mehrere zwischen dir und deinen Kunden. Diese Vermittler sind in der Regel Groß- oder Einzelhändler, die deine Produkte in ihr Sortiment aufnehmen. Auch diese Art des Vertriebs hat gewisse Vor- und Nachteile. Ein besonders wichtiger Vorteil ist, dass du eine flächendeckende Verteilung deiner Produkte erreichen und somit eine höhere Reichweite erzielen kannst. Zudem profitierst du von bereits bestehenden Vertriebskanälen, die gut funktionieren und nicht erst aufgebaut werden müssen. Andererseits musst du den Bedingungen des Zwischenhändlers zustimmen bzw. diesen überhaupt überzeugen, dass er dein Produkt ins Sortiment aufnehmen sollte. Du bist hier also sehr abhängig, das beginnt bereits bei der Präsentation deiner Produkte im Laden und erstreckt sich über die Provisionszahlungen.

Franchise als Mischform

Eine Mischform aus beiden Vertriebsarten bildet das Franchise-System. Ein Franchise-Nehmer ist für den Verkauf seiner Produkte oder Dienstleistungen selbstständig verantwortlich, zahlt jedoch für die Nutzung des Markennamens, die einheitliche Aufmachung und das Vertriebssystem Gebühren. Somit hast du ein gut aufgebautes Vertriebsnetzwerk als rechtlich eigenständiges Unternehmen, musst dafür aber auch die Franchisegebühr zahlen.

Zusammenfassend gibt es folgende Kanäle innerhalb der Absatzwege:

- **Einstufenkanal:** Hersteller – Einzel- oder Fachhandel – Konsument
- **Zweistufenkanal:** Hersteller – Großhändler – Einzelhändler – Konsument
- **Drei- bzw. Mehrstufenkanal:** Hersteller – Großhändler – Jobber – Einzelhändler – Konsument

ONLINESHOP ERSTELLEN – MIT DIESEM RATGEBER GELINGT DER START

Der Trend im Bereich Einkaufen geht eindeutig in Richtung Onlineshop. Immer mehr Menschen suchen gewünschte Produkte nicht mehr in einem Ladengeschäft, sondern nutzen direkt die Dienste von Suchmaschinen im Internet. In den meisten Fällen werden als Ergebnis Onlineshops angezeigt, in denen der Suchende die gewünschte Ware erhält.

Deshalb ist es eine gute Idee, wenn du einen eigenen Onlineshop selber erstellen und betreiben möchtest. Damit dieser Shop auch wirklich erfolgreich ist, musst du allerdings schon beim Entwurf deines eigenen Shops bestimmte Dinge beachten. Im Folgenden zeigen wir dir, was du alles beachten solltest, wenn du dir einen Onlineshop selbst bauen möchtest.

Die Auswahl der besten Shop-Software

Wenn du dich entschlossen hast, im Internet mit einem Onlineshop tätig zu werden, stehst du zunächst vor der wichtigen Entscheidung, mit welcher Shopsoftware du deinen eigenen Onlineshop selber erstellen sollst. Das Internet ist voll mit Anbietern und es ist gar nicht so einfach, die Software zu finden, die von deinen Anforderungen her am besten zu dir passt. Hier hast du die Möglichkeit, zwischen drei verschiedenen Varianten zu wählen: Gemieteter Onlineshop, Onlineshop mit Open Source Lösungen oder der Onlineshop in Eigenentwicklung.

Der gemietete Onlineshop

Eine Möglichkeit ist, dass du einen Onlineshop mietest (z. B. Jimdo, Domainfactory, Strato, Weebly) und einen Großteil der Arbeit dem gewählten Anbieter überlässt. Bei den Bekanntesten wird dir ein vollständiges, funktionsfähiges Shopsystem bereitgestellt. Du kannst zwischen unterschiedlichsten Designvorlagen wählen und das System liefert dir die Schnittstellen zu den größten Verkaufsplattformen, wie Amazon oder eBay, gleich mit. Du musst dich bei einem gemieteten Onlineshop nicht um das Hosting kümmern und benötigst zum Einrichten deines Shops auch nicht die Hilfe einer Agentur. Dies spart dir viele Kosten. Allerdings zahlst du für den bereitgestellten Service in der Regel eine monatliche Gebühr, die sich in der Regel zwischen 10 und 200 Euro bewegt.

Vor- und Nachteile von Baukastensystemen für Onlineshops
Solche Baukästen erleichtern dir als Einsteiger die Arbeit natürlich sehr. Gerade wenn du dich mit den technischen Anforderungen nicht gut auskennst. Die Vorteile von solchen Baukastensystemen liegen auf der Hand:

- keine Programmierkenntnisse nötig
- schneller Beginn des Business möglich
- Investitionskosten halten sich in Grenzen (niedriges finanzielles Risiko)
- Hosting wird vom Anbieter übernommen (Webspace wird bereitgestellt,

Onlineshop wird auf dem Server eines Internet-Providers platziert)

Die Nachteile, die du bei der Nutzung eines Baukastensystems in Kauf nehmen musst, sollten zumindest mit bedacht werden:

- weniger Auswahlmöglichkeiten beim Design
- ein Shop „von der Stange“
- begrenzte Fähigkeit zum Hinzufügen von Ressourcen (Hardware)
- geringe Flexibilität durch technische Grenzen
- SEO-Fähigkeit ist oft begrenzt
- vom Softwareanbieter abhängig (z. B. durch Mindestvertragslaufzeiten)

Für wen eignen sich gemietete Onlineshops?
Aufgrund der eingeschränkten Möglichkeiten von Onlineshops im Baukastensystem sind sie vor allem für Existenzgründer im Bereich e-Commerce sowie kleinere und vielleicht noch mittelständische Unternehmen geeignet. Reicht dir ein Standardshop mit den klassischen Funktionen aus, bieten dir die SaaS-Anbieter (Software As A Service) alles, was du brauchst. Benötigst du allerdings Zusatzfunktionen, müssen viele der Anbieter bereits passen. Nutze unbedingt die meist kostenfreien Demoshops der Anbieter und die kostenlosen Testphasen. So bekommst du einen ersten Einblick in das, was das System zu bieten hat. Zudem ist es sinnvoll, die langfristige Planung mit einzubeziehen, also beispielsweise zu überlegen, welche Anforderungen eventuell noch dazu kommen oder wie schnell der Shop wachsen soll.

Open-Source-Lösung

Du kannst auch eine sogenannte Open-Source-Lösung (z. B. Oxid Esales, SUPR, XTC, Magento, Orocommerce) verwenden und mit dieser deinen eigenen Onlineshop selber erstellen. Open-Source-Systeme sind professionelle Shopsysteme, für deren Einrichtung du selbst gute Kenntnisse im Bereich Programmierung benötigst oder aber Geld in die Hand nehmen musst. Sobald du eine Agentur, einen Webdesigner oder Programmierer mit der Erstellung beauftragst, solltest du mit Kosten ab etwa 5.000 Euro rechnen. Die Summe ist vor allem abhängig davon, welche Anforderungen du an deinen Onlineshop stellst. Je komplexer das Shopsystem, desto teurer wird normalerweise die Erstellung.

Vor- und Nachteile von Open-Source-Lösungen

Gegenüber den gemieteten Baukastensystemen bieten diese Art von Onlineshop-Systemen deutlich mehr Spielräume für die eigenen Wünsche. Open-Source-Lösungen für Onlineshops leben hauptsächlich von ihrer großen Flexibilität, denn sie sind fast unbegrenzt erweiterbar. Auch hier sollten die wichtigsten Vor- und Nachteile aufgelistet werden, damit du auf Basis dieser Informationen das für dich passende System findest, mit dem du deinen eigenen Onlineshop selber erstellen kannst. Als Vorteile gelten bei Experten folgende:

- unbegrenzte, technische Möglichkeiten für die Shoperstellung
- individuelle Lösungen für den Shop
- hohe Flexibilität und Skalierbarkeit
- Ausbau der eigenen Marke durch individuelle Shop-Lösungen
- professionell geführter Shop aufgrund von System-Flexibilität

Diesen Vorteilen stehen auch einige Nachteile gegenüber, die nicht unerwähnt bleiben dürfen. Vor allem, weil Open-Source-Lösungen technisch ausgereift sind, bringen sie Nachteile mit sich:

- notwendige Programmierkenntnisse oder externer Hilfe
- verzögerter Start des Onlineshops aufgrund der Anforderungen (bis zu sechs Monaten)
- hohe Investitionskosten aufgrund externer Dienstleister

Wer sollte Open-Source-Lösungen nutzen?
Da für die Nutzung solcher professionellen Shopsysteme relativ hohe Investitionen notwendig sind, sollten diese vor allem von Existenzgründern genutzt werden, die bereit sind, Zeit und Geld in ihren Onlineshop zu investieren und die an langfristigen Erfolg interessiert sind. Für alle, die mit steigenden Anforderungen, wie zusätzlichen Schnittstellen zu Onlinehandelsplätzen oder einer stetig wachsenden Produktpalette rechnen, Filterfunktionen einbauen oder Systeme für Warenwirtschaft oder Buchhaltung einbinden möchten, sind mit einer Open-Source-Lösung auf dem richtigen Weg.

Onlineshop als Eigenentwicklung

Die dritte und komplexeste Variante, mit der du einen Onlineshop selbst bauen kannst, ist die einer Eigenentwicklung. Große Onlinehandelsplätze haben sich ihren Onlineshop von routinierten Programmieren maßschneidern lassen. Wenn du einen solchen, zu 100 Prozent individuell auf deine Bedürfnisse zugeschnittenen Shop möchtest, dann solltest du entweder selbst umfassende Programmierkenntnisse besitzen (eventuell aufgrund einer entsprechenden Ausbildung) oder aber über entsprechende finanzielle Mittel verfügen, um die benötigten Experten zu engagieren. Nicht selten sind sechsstellige Beträge nötig, um die Eigenentwicklung eines Onlineshops zu finanzieren.

Vor- und Nachteile von Eigenentwicklungen
Gerade bei einem Onlineshop, der als Eigenentwicklung erstellt werden soll, müssen alle Vorteile und auch Risiken mit bedacht werden. Und es gibt tatsächlich einiges zu berücksichtigen. Hier die wichtigsten Vorteile von Eigenentwicklungen:

- keine Abhängigkeit von einem Shopsystemanbieter
- volle Gestaltungsfreiheit
- hohe Anpassungsfähigkeit an neue Anforderungen

- Vorteile gegenüber Wettbewerbern durch individuell veränderbare und erweiterbare Funktionen

Als die größten Nachteile bei einem als Eigenentwicklung erstellten Onlineshop gelten unter Fachleuten vor allem die folgenden:

- sehr hohe Investitionskosten
- Zeitverlust durch lange Entwicklungszeit (bis zu 1,5 Jahren)
- Qualitätsprobleme aufgrund von Programmierfehlern in der Software („Kinderkrankheiten")
- Abhängigkeit von den Entwicklern der Shopsoftware (z. B. bei Wartung, notwendigen Updates)
- nicht vorhandenes Fachwissen zu Beginn des Projektes
- rascher Wandel im Bereich der IT-Technologien
- Vernachlässigung wichtiger Unternehmensschwerpunkte (z. B. Marketing, Personal, Produkte)

Für wen ist die Eigenentwicklung eines Onlineshops geeignet?
Diese Form der Onlineshoperstellung ist tatsächlich vor allem für die geeignet, die auf ihr eigenes Fachwissen im Bereich Programmierung zurückgreifen können oder über immense finanzielle Mittel verfügen. Dadurch können diese Onlineshop-Betreiber sich von Fachleuten wie Webdesignern oder Programmierern einen vollkommen individuellen Onlineshop selber erstellen zu lassen. Wer als Existenzgründer allerdings nur einen kleinen Onlineshop mit einer sehr begrenzten Anzahl an Produkten anstrebt, für den ist eine Eigenentwicklung vermutlich ein zu großes Projekt.

Welche Funktionen solltest du in deinen Onlineshop einbauen?

Kunden wünschen sich einen Onlineshop, in dem sie alle Produkte schnell und unkompliziert finden, die wichtigsten Informationen dazu erhalten und einen Kauf möglichst rasch und reibungslos durchführen können. Entsprechend sollte deine Website mit bestimmten Funktionen ausgestattet sein, die diese Vorgänge erleichtern. Dies wird vor allem durch die folgenden Funktionen unterstützt:

- Produktsuchfunktion (inklusive detailliertem Filter)
- Produktoptionen (Größe, Farbe)
- Kategoriefunktion (die Produkte sind in Kategorien unterteilt, wodurch sie sich schneller finden lassen)
- Produktdetailseiten (mit informativer, korrekter Produktbeschreibung, Netto- und Bruttopreis – inklusive oder zuzüglich Mehrwertsteuer)
- Bilderfunktion (Einbindung von Produktfotos auf der Detailseite)
- Warenkorbfunktion mit rechtssicherer Beschriftung (kostenpflichtig kaufen, zahlungspflichtig bestellen)
- Sales-, Angebots- oder Aktionsfunktion (Banner weisen auf besondere Aktionen hin)
- Checkboxfunktion (zur Bestätigung des Widerrufsrechts sowie der AGB durch den Kunden)
- Bezahlarten (PayPal, Kreditkarte, Sofortüberweisung, Rechnungskauf, Lastschrift)
- Kundensupport (E-Mail, Telefon oder Post)

Komplexe Funktionen, die den Einkauf unterstützen, könnten folgende sein. Sie werden allerdings nicht von allen Anbietern für Shopsoftware angeboten:

- Warenkorbvorlage (erleichtert die regelmäßige Bestellung von bestimmten Produkten)

- Wiederbestellfunktion
- Quickbestellung (durch Eingabe der Artikelnummer)
- Schnittstellenfunktionen (z. B. zwischen Shop- und Warenwirtschaftssoftware, beziehungsweise zu Onlinehandelsplätzen wie Amazon)
- Optimierung für mobile Endgeräte (damit der Onlineshop auf jedem Endgerät korrekt und einladend angezeigt wird)
- Bezahldienste in Form von mobilen Apps (z. B. Apple Pay oder PayPal)
- Instant Payment (Service von Banken für sekundenschnelle Überweisung)

Du siehst, es gibt viele verschiedene Funktionen, mit denen du deinen Kunden den Weg von der Startseite deines Shops bis zur Bestellbestätigung erleichtern kannst. Im Idealfall sind die einzelnen Funktionen so angeordnet, dass sich der Kunde wie an einem roten Faden an ihnen durch deinen Onlineshop bewegt.

Die richtige Struktur für deinen Onlineshop

Wodurch du Kunden deines Onlineshops am meisten abschreckst, ist eine schlecht durchdachte Struktur. Wenn jemand im Internet shoppen geht, dann möchte er nicht lange suchen, sondern erwartet, dass er durch die Navigationsstruktur in deinem Onlineshop schnellstmöglich zu dem Produkt geleitet wird, das er kaufen möchte. Aus diesem Grund ist die Struktur ein wichtiges Kriterium, das du beachten musst, wenn du deinen Onlineshop selbst bauen möchtest.

Von Beginn an solltest du dir überlegen, wie dein Onlineshop aufgebaut sein muss, damit ein potenzieller Käufer das gesuchte Produkt schnell findet. Eine schlechte Struktur ist meist die Folge einer stetig wachsenden Seite, das heißt, der Onlineshop wird ständig erweitert, Produkte, Kategorien und Unterebenen werden ohne einen Blick auf bisherige

Struktur hinzugefügt. Dadurch ergeben sich unter anderem Doppelungen bei Kategorien oder zu viele Unterseiten, durch die sich der Besucher dann erst mühsam hindurchklicken muss.

Woran du eine schlechte Struktur erkennst

Je länger der Kunde braucht, um ein von ihm gesuchtes Produkt zu finden, desto eher wird er deinen Onlineshop verlassen, ohne etwas zu kaufen. Damit dir dies nicht passiert, ist es wichtig, die Schwachstellen in deiner Onlineshop-Struktur zu entdecken und zu optimieren. Für eine durchdachte Navigationsstruktur störend ist also vor allem Folgendes:

- Zu viele Unterseiten
- Doppelte Kategorien
- Fehlendes Megamenü
- Zu viele Menüoptionen

Eine gute Methode, die richtige Struktur für deinen Onlineshop zu finden, ist der Besuch von anderen Onlineshops mit einem ähnlichen Produktportfolio. Stell dir einfach vor, du bist ein Kunde und suchst ein bestimmtes Produkt. Nun kannst du in den besuchten Onlineshops schauen, wie lange du benötigst, um fündig zu werden. Der Shop, in dem du am wenigsten Zeit brauchst, hat vermutlich die beste Struktur. Die gewonnenen Erkenntnisse kannst du anschließend nutzen, um die Struktur deines Onlineshops zu überarbeiten.

SEO und Backlinks als Grundlagen des Erfolgs von Onlineshops

Weil die meisten Existenzgründer vor allem ganz zu Beginn – nach dem Aufbau des eigenen Onlineshops – keine finanziellen Mittel für Werbung ausgeben können, hat die sogenannte SEO-Optimierung eine sehr große Bedeutung.

SEO (Search Engine Optimization) bedeutet Suchmaschinenoptimierung, womit gemeint ist, dass dein Onlineshop mit Keywords als Suchbegriffe ausgestattet sein muss, damit der Shop von Kunden in den Suchmaschinen gefunden werden kann. Auch ein Backlink, also ein Link, der von einer anderen Seite aus auf deine eigene Website verweist, kann gemeinsam mit einer guten SEO-Optimierung zu sehr viel mehr Traffic in deinem Onlineshop führen.

Die meisten Besucher generierst du inzwischen durch das Ranking deines Shops in Suchmaschinen wie Google, Bing oder Ask.com. Damit du in diesen Suchmaschinen möglichst weit oben landest, brauchst du eben viel gesuchte Keywords und Backlinks.

Was bringt einem Onlineshop die SEO-Optimierung?
Wer im Internet etwas sucht, der nutzt in der Regel mitunter eine der vorhandenen Suchmaschinen. Dort gibt er ganz spezifische Suchbegriffe (Keywords) ein, um das zu finden, was er kaufen möchte. Wird ihm das Suchergebnis angezeigt, schaut er nicht nur nach dem Ranking, sondern auch danach, ob folgende Dinge übereinstimmen:

- Suchbegriff
- Darstellung des Suchergebnisses
- Relevanz bezüglich der Suche

Findet der User, dass diese drei Aspekte beim angezeigten Suchergebnis zusammenpassen, dann hat SEO seine Arbeit getan und einen Reiz zum Anklicken gesetzt. Mit der 6-R-Regel überprüfst du deinen Onlineshop bezüglich der SEO-Optimierung: Relevance (Wichtigkeit), Reach (Reichweite), Rankings (Platzierung), Response (Antwort-Zeiten), Reaction (Reaktion) und Results (Ergebnisse). Es gibt verschiedene Tools, mit denen du deine eigene Website auf SEO hin analysieren kannst.

Warum braucht dein Online Shop Backlinks?
Backlinks zeigen an, wie gut oder nützlich andere User im Internet deinen Onlineshop finden. Solche Backlinks werden nur dann geteilt oder in anderen Websites platziert, wenn die Teilenden oder Verlinkenden eine Website als gelungen und gut finden, aber auch, wenn ihnen negative Dinge auffallen. Je mehr Backlinks es also zu deinem Onlineshop gibt, desto empfehlenswerter ist er. Darauf reagieren nicht nur Internetnutzer, sondern vor allem die Suchmaschinen. Sie stufen einen Onlineshop umso höher ein, desto häufiger er empfohlen wird. Früher waren Linkkauf, Linktausch und sogenannten Linkfarmen beliebt, heute solltest du unbedingt auf die Richtlinien von Google und Co. achten, damit du nicht abgestraft wirst. Sobald Verlinkungen auf irrelevanten Seiten auftauchen oder in hohen Maßen, kann es zu Abstrafungen kommen. Darum ist ein natürlicher Linkaufbau besser als ein gekaufter.

Auf die Rechtsvorschriften für deinen Onlineshop achten

Viele Existenzgründer gehen mit sehr viel Engagement an den Aufbau ihres Onlineshops, stecken viel Energie in die Suche nach der passenden Shopsoftware, ins Design, die Struktur und die SEO-Optimierung. Das ist alles gut und richtig, dennoch darfst du die rechtlichen Vorgaben nicht vergessen, wenn du deinen eigenen Onlineshop selber erstellen möchtest.

Was der Gesetzgeber verlangt
Jeder, der in der Bundesrepublik Deutschland als Verkäufer selbstständig ist, muss sich folgerichtig an bestimmte Rechtsvorschriften halten, die der Gesetzgeber zum Schutz des Gewerbetreibenden und auch der Kunden erlassen hat. Diese Vorschriften reichen von der Rechtsform bis zu Gebühren, von rechtssicheren Formulierungen bis zu steuerrechtlichen Vorgaben. Hier entsprechend die wichtigsten Gesetzesvorgaben im Überblick.

Die korrekte Rechtsform

Zu den Dingen, mit denen du dich schon vor dem Start deines Business im Bereich eCommerce beschäftigen solltest, ist zum Beispiel die Wahl der richtigen Rechtsform für deinen Onlineshop. Wenn du im Internet Produkte oder Dienstleistungen verkaufst, bist du für den Gesetzgeber ein sogenannter selbstständiger Gewerbetreibender und musst dich für eine Rechtsform entscheiden. Hier kannst du wählen zwischen:

- Einzelkaufmann
- GmbH (Gesellschaft mit beschränkter Haftung)
- Limited (= Kapitalgesellschaft)
- Mini GmbH (günstig und schnell zu errichten, kann in eine klassische GmbH umgewandelt werden)

Notwendige Angaben in deinem Onlineshop

Neben der Rechtsform gibt es auch Vorgaben, welche Informationen der Kunde in deinem Onlineshop vorfinden muss und worüber du ihn unbedingt zu informieren hast. Beispielsweise benötigt dein Onlineshop ein Impressum, aus dem klar hervorgeht, wer du bist (Name, Anschrift, Rechtsform, Angaben zur schnellen Kontaktaufnahme).

Wenn du deinen eigenen Onlineshop selber erstellen möchtest, achte darauf, dass du sowohl einen Text zum Widerspruchsrecht als auch zu den Allgemeinen Geschäftsbedingungen (AGB) mit integrierst. Diese beiden Texte muss der Käufer aktiv vor der Bestellung bestätigen (Checkbox), damit dann ein rechtsgültiger Kaufvertrag zustande kommt.

Der Warenkorb-Button war früher mit Texten wie „jetzt bestellen", „sofort bestellen" oder „kaufen" beschriftet. Dies ist heute nicht mehr ausreichend. Der Kunde muss aufgrund der Beschriftung des Buttons ganz klar erkennen, dass er ein rechtsverbindliches Geschäft tätigt, sobald er den Button drückt. Aus diesem Grund gelten nur Formulierungen als rechtssicher, in denen Begriffe wie „zahlungspflichtig", „zu diesem Preis", „verbindlich", „bindend" oder „kostenpflichtig" vorkommen. Es muss eindeutig sein, dass der Kunde eine Zahlungsverpflichtung eingeht.

Seit 2018 gilt laut Gesetzgeber ein Verbot für Gebührenerhebung bei bestimmten Zahlarten. So darfst du als Betreiber eines Onlineshops keine Gebühren verlangen, wenn der Kunde per Lastschrift, Überweisung, MasterCard oder VISA zahlen will. Die Bestellung per Nachnahme bleibt von der neuen Regelung unberührt.

Die Urheberrechte Dritter musst du in deinem Onlineshop ebenfalls beachten. Sie gelten sowohl für Texte als auch für Fotos. Da ein Verstoß gegen das Urheberrecht zu empfindlichen Strafen führen kann, erkundige dich immer, ob du Fotos oder Texte kostenfrei nutzen darfst oder ob du eine Nutzungsgebühr an den Urheber zahlen musst. Wenn du kreativ bist, erstelle dir die Produktbeschreibungen und entsprechende Fotos einfach selbst, so kannst du unter Umständen viel Geld sparen.

Wie du einen etwas anderen Onlineshop baust

Der Onlinehandel nimmt weiterhin immer mehr Fahrt auf. Es entstehen inzwischen täglich unzählige, neue Onlineshops. Damit du in diesem Wettbewerb genauso bestehen kannst, muss dein Shop vor allem eines sein: etwas anders als die anderen. Bevor du dein Onlinebusiness startest, schau dir deshalb deine Mitbewerber genauer an, informiere dich, was sie in ihrem Shop an besonderen Dienstleistungen anbieten. Hast du etwas entdeckt, was kein anderer Onlineshop bietet? Dann biete du es an! Solche speziellen, vielleicht in deinem Segment nicht üblichen Dienstleistungen könnten sein:

- Platzieren des Onlineshops auf ungewöhnlichen Kanälen (z. B. Aktivität in kundenspezifischen Chatforen und Blogs, Erstellung von Produktanwendungsvideos bei YouTube)
- kostenfreie Lieferung auch bei niedrigem Produktpreis

- Beratung durch dich als Chef
- Produktbeschreibungen auf höchstem Niveau
- Ratgebertexte zur besseren Information der Kunden

Hier heißt es nun, die Lücke zu finden, in der sich noch keiner deiner Mitbewerber niedergelassen hat. Solche „Extras“ kommen bei den meisten Kunden gut an. Ihre Zufriedenheit ist die Grundvoraussetzung für deinen Erfolg. Wenn sie zufrieden sind, werden sie dich und dein Angebot weiterempfehlen, sodass du mehr Traffic in deinem Onlineshop generierst und letztlich mehr Produkte oder Dienstleistungen verkaufst.

ERFOLGREICH VERKAUFEN AUF AMAZON – SO GELINGT DER START

Amazon schafft es im Durchschnitt, täglich 1,6 Millionen Pakete zu versenden. Laut einer Umfrage starten 55 Prozent aller Menschen, die im Internet einkaufen, ihre Suche auf der weltweit bekannten und etablierten Plattform Amazon. Wenn du als Händler also nicht auf der Plattform präsent bist, verpasst du die Hälfte des potenziellen Marktes. Aber keine Sorge: Es ist natürlich noch nicht zu spät, um zu starten. Wir erklären dir, wie du mit deinem Amazon-Business startest.

Die richtige Wahl des Produktes

Bevor du überhaupt loslegst, dir einen Account auf Amazon zu erstellen, solltest du dir Gedanken darüber machen, was du überhaupt verkaufen möchtest. Das mag im ersten Moment sehr offensichtlich klingen, doch Amazon bietet dir hier 20 offene Verkaufskategorien, in denen du dein Produkt platzieren kannst. Dazu kommen noch zehn weitere Kategorien, wenn du dich für den professionellen Verkaufsplan entscheidest. Bei den 20 offenen Verkaufskategorien kannst du deine Produkte ohne die Zustimmung von Amazon listen. Bei den zehn Kategorien für professionelle

Verkäufer benötigst du eine Freigabe von Amazon selbst. Hierfür müssen deine Produkte spezielle Anforderungen erfüllen, die du auf Amazon noch genauer durchlesen kannst.

Die Wahl des Verkaufsplans

Um deine Produkte auf Amazon verkaufen zu können, musst du einen Verkaufsplan wählen. Wenn du dich für den professionellen Verkaufsplan entscheidest, kannst du eine unbegrenzte Anzahl an Produkte verkaufen und zahlst dafür eine monatliche Gebühr von 39 Euro. Entscheidest du dich gegen den professionellen Verkaufsplan und für den der offenen Kategorien, zahlst du eine individuelle Gebühr von 0,99 Euro pro verkauftem Produkt. Welchen Plan du wählst hängt somit davon ab, wie viele Produkte du vorhast über Amazon zu verkaufen.

Verkäufer-Account erstellen und Produkt listen

Hast du die vorherigen beiden Punkte gut durchdacht, folgt nun die Erstellung deines Verkäufer-Accounts. Bei der Registrierung musst du eine Zahlungsweise für Einzüge, eine Telefonnummer, deine Unternehmensdaten, die Informationen zur primären Kontaktperson und eine Bankkontonummer angeben, damit deine Verkäufe auch korrekt abgewickelt werden können.

Nun brauchst du aber natürlich noch ein geeignetes Produkt, das du gewinnbringend an die Käufer bringen kannst. Wenn du eine eigene Marke hast, dann musst du sie bei Amazon durch den Markenregistrierungsprozess bringen. Wenn du ein Produkt eines anderen Herstellers verkaufen willst, dann ist die wichtigste Frage: Welches Produkt eignet sich? Inwieweit sich ein Produkt zum Weiterverkauf eignet, lässt sich an verschiedenen Faktoren erahnen.

Kosten des Produktes

Besonders wenn du damit beginnst, Produkte per Amazon zu verkaufen, solltest du am besten zu günstigen Produkten greifen. Die Hemmschwelle der Kunden, etwas teures zu kaufen, ist um einiges höher und die Wahrscheinlichkeit für einen Kauf geringer. Also beginne mit einem günstigeren Produkt, was zwar weniger Gewinn abwirft, aber sicherlich öfters verkauft wird. Es gibt Marken und Verkäufer, die mit Billigprodukten mehrstellige Millionenbeträge auf Amazon umsetzen.

Verkaufsrang auf Amazon

Amazon erstellt für die Kategorien verschiedene Ranglisten, welche die Verkaufszahlen widerspiegeln. Dieser Rang wird von einem Algorithmus errechnet. Produkte mit einem tiefen Sales Rank sind zum Verkauf bestens geeignet. Es sollte dich weniger Zeit kosten so eins zu verkaufen, als ein Produkt mit einem hohen Verkaufsrang. Wenn du ein Produkt mit einem Verkaufsrang unter 10.000 findest, ist die Wahrscheinlichkeit hoch, dass es sehr gut läuft.

In der Verkäuferzentrale kannst du an Kennzahlen eines Produktes wie der ASIN oder UPC den Verkaufsrang ermitteln. Aber nur aufgrund dieser Nummer dein Produkt auszuwählen, ist eine eher schlechte Idee. Trotzdem kann dir der Verkaufsrang einen groben Überblick über deine Möglichkeiten innerhalb der verschiedenen Kategorien geben – besonders dann, wenn du noch keine Idee hast, was du genau verkaufen willst.

Konkurrenzkampf

Wenn du ein potentielles Produkt gefunden hast, macht es Sinn, dir die Preise deiner Konkurrenz anzusehen, die ein ähnliches Produkt verkaufen. Informiere dich über die Preise der andere Hersteller und verschaffe dir einen genauen Eindruck davon, wie günstig du maximal sein kannst, wenn du ein Produkt anbietest. Sollte sich herausstellen, dass die anderen Verkäufer aufgrund von höheren Abnahmemengen oder Ähnlichem, deutlich günstiger sind, dann solltest du dir lieber ein neues Produkt suchen.

Tiefpreise und Garantieversand

Auch wenn du sicherlich keinen Preiskrieg mit deinen Mitbewerbern anzetteln möchtest, ist es trotzdem wichtig, deren Preise zu unterbieten und so günstig wie möglich zu verkaufen. Es ist nicht schlimm, wenn du zu Anfang nur den Preis des Produkts wieder rausholst, den du auch bezahlt hast oder sogar den einen oder anderen Euro verlierst. Insgesamt geht es darum, Verkäufer anzuziehen und Verkäufe zu erzielen, um insgesamt eine höhere Präsenz auf Amazon vorweisen zu können.

Eine andere Methode, um den besten Preis zu liefern, ist das Anbieten einer kostenfreien Lieferung. Auch dies ist nur für den Anfang, vor allem dann, wenn es auf lange Sicht eine kostspielige Angelegenheit wäre – vor allem bei Produkten mit einem günstigen Basispreis.

Bestellungen verwalten

Wenn du Produkte verkaufen möchtest, musst du auch einen Überblick über deine Bestellungen haben. Hier bietet dir Amazon mehrere Möglichkeiten, wie du deine Bestellungen verwalten kannst. Im Seller Center von Amazon hast du eine komplette Auflistung der gesamten Bestellungen, die zu deinen Produkten eingegangen sind. Hier kannst du jede Bestellung einzeln aufrufen und Details zu dieser einsehen. Zudem kannst du dir auch einen Bericht erstellen lassen, wenn du weitere Informationen über die Auftragsausführung erhalten möchtest. Solltest du über einen professionellen Verkaufsplan verfügen, kannst du zudem auf den Amazon Marketplace Web Service zurückgreifen. Bei diesem Service wirst du immer informiert, sobald neue Aktivitäten, wie beispielsweise Bestellungen, stattgefunden haben.

Den passenden Versand wählen

Damit deine Produkte auch sicher beim Kunden ankommen, kannst du zwischen zwei Arten der Versandabwicklung wählen. Zum einen kannst du dich selber um den Versand kümmern, die Produkte selbst verpacken und zur Post bringen. Bei einer geringeren Anzahl an Produktverkäufen kannst du das noch gut bewerkstelligen und sparst dir damit viele Kosten.

Sobald du aber ein Produkt gefunden hast, das sich gut verkauft und an dem du weiterarbeiten möchtest macht es Sinn, den Fulfillment by Amazon Dienst zu nutzen. Hiermit kannst du die Zeit, die du investieren musst minimieren, da Amazon das Verpacken und Verschiffen deiner Produkte übernimmt. Des Weiteren kannst du deine Pakete so per Amazon Prime versenden, was für manche Kunden sicherlich ein Entscheidungskriterium ist.

Sammle Feedback

Es geht hier nicht darum, Feedback für das eigentliche Produkt zu sammeln, welches du verkaufst. Rezensionen sind zwar wichtig, aber was noch deutlich wichtiger ist, sind die Bewertungen deines Amazon Stores. Wenn Menschen auf Amazon einkaufen, dann ist es ihnen generell sehr wichtig, an einen Händler zu geraten, der vertrauenserweckend ist. Und nichts baut besser Vertrauen auf als Feedback von zufriedenen Kunden aus der Vergangenheit. Es ist tatsächlich nicht einfach, hier eine große Basis von Rückmeldungen aufzubauen.

Es gibt Software, die den Kunden bei einer Bestellung automatisch um eine Bewertung des Stores bittet, aber du kannst dir vorstellen, wie groß die Absprungrate ist. Umso wichtiger ist es, viele Verkäufe zu erzielen. Eine weitere smarte Möglichkeit, die Kunden dazu zu bewegen, den Store zu bewerten, ist das Beilegen von Gruß- und Dankeskarten bei der Bestellung.

AMAZON FBA – SO ÜBERNIMMT AMAZON DEINE LOGISTIK

Wenn du einen Onlineshop mit physischen Produkten betreibst und noch nicht Amazon FBA (Fulfillment by Amazon) für dich entdeckt hast, dann musstest du dir bisher auch Gedanken zu den Themen Lagerung und Versand machen. Denn jedes physische Produkt benötigt Platz und muss von dir an den Kunden verschickt werden. Dadurch entstehen Kosten, denn du benötigst einen ausreichend großen Lagerraum sowie Verpackungsmaterial, Zeit zum Verpacken der Ware, den Weg zur Post und natürlich Geld für den Versand. Durch Amazon FBA könnten für dich Lagerhaltung und Versand wegfallen und dir wird somit einiges an Arbeit erspart. Doch wie funktioniert Amazon FBA genau und was gibt es dabei alles zu beachten?

Was ist Amazon FBA?

Im Grunde ist Amazon FBA ein ganz einfaches System, das vom Onlinemarktplatz Amazon angeboten wird. Amazon ist der größte Onlinehändler weltweit und übernimmt für dich als Händler die Lagerung deiner Produkte, sorgt für eine adäquate Verpackung und versendet die Ware an den Kunden, egal wohin. Außerdem kümmert sich Amazon noch um den Kundenservice und eventuelle Rücksendungen. All dies geschieht in den Logistikzentren von Amazon.

Für dich bedeutet das eine enorme Arbeitserleichterung, weil du mit dem gesamten Bestellprozess nichts mehr zu tun hast. Deine Aufgabe besteht mit Amazon FBA nur noch darin, dem Kunden die Rechnung für seinen Einkauf zu senden. Hierin liegt zugleich der größte Vorteil, aber auch der größte Nachteil, denn außer dem Ausstellen von Rechnungen ist dir alles aus den Händen genommen.

Der Service von Amazon FBA steht dir im europäischen Raum zur Verfügung und du kannst alle Logistikzentren nutzen, um deine Produkte möglichst nah bei deinen Kunden einzulagern. Die Versendung der Ware organisiert Amazon über sein Versandnetzwerk.

Wie funktioniert Amazon FBA?

Damit du dich als Händler an Amazon FBA beteiligen kannst, benötigst du zunächst einen sogenannten Seller Account, also ein Händlerprofil bei Amazon. Über dieses Konto werden dann alle weiteren Schritte abgewickelt. Mit der Anmeldung für Amazon FBA erhältst du einen höheren Händlerstatus, deine Produkte werden prominenter platziert und du bekommst Zugang zum kostenlosen Prime-Standardversand.

Zu Beginn musst du deine Produkte über einen selbst gewählten Spediteur oder aber mithilfe eines von Amazon organisierten Transports an verschiedene Logistikzentren in Deutschland, Frankreich, Großbritannien, Spanien und Italien oder sogar weltweit senden und dort einlagern lassen. Auf diese Weise ist das bestellte Produkt sehr schnell beim Käufer. Die Lagerhaltung bei Amazon ist natürlich kostenpflichtig und abhängig von der Art, Größe sowie dem Gewicht des Produktes. Es gibt keinerlei Mindestmenge, du kannst also so viele Produkte einlagern lassen, wie du möchtest.

Sämtliche Bestellungen, die Kunden über Amazon tätigen, werden vom Unternehmen umfassend bearbeitet. Neben Bestellungen, die direkt über Amazon getätigt werden, kannst du auch Bestellungen von Amazon verschicken lassen, die beispielsweise auf deiner eigenen Website eingegangen sind. Das große Amazon-Versandnetzwerk macht dies möglich. Zum Service von Amazon FBA gehören auch Informationen zur Sendungsverfolgung, die dem Käufer zur Verfügung gestellt werden sowie ein 24/7-Kundenservice in der jeweiligen Landessprache des Kunden. Deine Lagerbestände kannst du über deinen Seller Account von überall verwalten und aktualisieren. Dadurch hast du jederzeit die volle Kontrolle über dein Business, kannst bei Bedarf weitere Produkte an Amazon liefern und dein Profil eigenständig verwalten. Dazu stellt Amazon dir Tools für Umsatzanalysen oder Vorschläge zur Preisoptimierung zur Verfügung. Du kannst sogar personalisierte Geschäftsempfehlungen erstellen.

Amazon FBA verläuft also zusammengefasst in 5 Schritten:

1. Wähle beim Listen deiner Produkte die Option „Versand durch Amazon"

2. Sende deine Produkte an ein Amazon Logistikzentrum

3. Deine Produkte werden mit dem Hinweis „Versand durch Amazon" gekennzeichnet. Berechtigte Angebote bekommen dann das Prime-Logo

4. Amazon entnimmt die Produkte dem Lager, verpackt sie und versendet sie direkt an Kunden in ganz Europa

5. Amazon leistet zudem den Kundenservice in der Landessprache und wickelt einkommende Retouren ab.

Welche Vorteile bietet Amazon FBA?

Der absolute Vorteil für dich als Händler bei der Nutzung von Amazon FBA liegt in der Größe des Unternehmens und im weltweiten Netzwerk, über das Amazon inzwischen verfügt. Als Teilnehmer erreichst du wesentlich mehr potenzielle Käufer. Kunden klicken erwiesenermaßen eher auf Produkte mit dem Prime-Logo von Amazon. Auch in den großen Suchmaschinen werden so gekennzeichnete Produkte oft besser platziert und die Kundenzufriedenheit verbessert sich durch den guten Service von Amazon.

Ein weiterer Vorteil ist natürlich, dass für dich die Lagerhaltung wegfällt und du dich nicht um Retouren zu kümmern brauchst. Auch wenn die Lagerung bei Amazon etwas kostet, ist dies immer noch günstiger als die Anmietung von Räumen. Amazon berechnet saisonal abhängige Lagerungskosten:

- Januar bis September: pro Kubikmeter 12,50 €/Monat
- Oktober bis Dezember: pro Kubikmeter 18 €/Monat

Die von dir als Händler zu entrichtenden Versandgebühren werden nach Verkaufskanal und Lagerort berechnet. Ab einem Verkaufspreis von über 350 € ist der Versand immer kostenlos.

Ebenfalls ein Pluspunkt ist, dass du durch die Nutzung von Amazon FBA deine eigene Wettbewerbsfähigkeit optimieren kannst. Das Versandnetzwerk des Unternehmens, die schnelle Abwicklung der Bestellungen sowie der gute Kundensupport sorgen dafür, dass du im Vergleich zu eventuellen Mitbewerbern die besseren Bedingungen für dein Business im E-Commerce hast.

Die Vorteile auf einen Blick:

- Zugriff auf großes, weltweites Netzwerk
- Du erreichst mehr potenzielle Käufer
- Kunde klicken nachweislich öfter auf Produkte mit Prime-Logo
- Produkte mit Prime-Logo werden besser platziert
- Die Lagerhaltung entfällt
- Retouren werden von Amazon übernommen
- Eigene Wettbewerbsfähigkeit kann optimiert werden
- Guter Kundensupport

Gibt es Nachteile durch Amazon FBA?

Amazon FBA bietet dir als Händler zwar sehr viele Vorteile, kann aber auch Nachteile mit sich bringen. Beispielsweise ist der Service nicht für jedes Unternehmen geeignet. Zwischenhändler mit Produkten mit einer sehr geringen Marge sollten Amazon FBA nicht nutzen; die Kosten sind letztlich zu hoch.

Weitere Nachteile sind, dass du als Händler keinerlei Einfluss mehr auf die Bestellungen oder ihre Erledigung hast. Zwar hast du mit diesem System sehr viel weniger Arbeit, kannst aber selbst nicht mehr aktiv eingreifen. Außerdem musst du damit leben, dass die Pakete an den Kunden nicht dein eigenes Unternehmens-Logo tragen, sondern das von Amazon. Das kann sich natürlich negativ auswirken, wenn du beispielsweise ein ganz eigenes Produkt entwickelt hast, das du durch den Verkauf eigentlich als deine Erfindung bekannt machen möchtest.

Um nicht gleich in eine absolute Abhängigkeit zu geraten, empfehlen Experten eine breitere Aufstellung deines Geschäftes. Versuche deshalb, auch außerhalb von Amazon FBA deine Produkte zu präsentieren. Dafür kannst du die sozialen Netzwerke ebenso nutzen wie Onlinemarktplätze, die als Mitbewerber in Konkurrenz zu Amazon stehen. Mehrere Standbeine sind stets besser als sich nur auf einen Partner zu verlassen.

Die Nachteile zusammengefasst:

- Nichts für Zwischenhändler, die Produkte mit einer geringen Marge anbieten
- Keinen Einfluss auf die Bestellungen
- Man selbst kann kaum aktiv in den ganzen Prozess eingreifen
- Pakete tragen nicht dein Unternehmenslogo, sondern das von Amazon

Für wen eignet sich Amazon FBA?

Amazon FBA bietet denjenigen, die sich ein langfristig profitables Business aufbauen wollen, sehr gute Startbedingungen. Hierbei kann man sich erstmal auf die Produkte und das eigene Business konzentrieren, bevor man sich mit Dingen wie der Lagerhaltung und den Versand beschäftigt. Man kann also erstmal alles auf die Perfektion der Produkte setzen und sich mit den Marketing beschäftigen, bevor man sich über die logistischen Dinge Gedanken macht. Zudem muss man damit nicht gleich in einer Vollzeitbeschäftigung loslegen, sondern kann sich zunächst ein kleines Business neben dem Hauptberuf aufbauen. Somit eignet sich Amazon FBA für jeden, der gerade erst mit seinem eigenen Business loslegen will. Auf Dauer kann es sich mehr lohnen, wenn man dann von Amazon löst und sich sein komplett eigenes Business aufbaut.

Was braucht man, um mit Amazon FBA loszulegen?

Auch wenn es bisher so klang, als würde man für den Start eines Amazon FBA Business nicht viel Geld brauchen, ist trotzdem ein bestimmtes Startkapital notwendig. Vor allem, wenn du direkt am Anfang in die Qualität deiner Produkte investieren willst, was sehr zu empfehlen ist, ist ein gewisses Startkapital einfach Grundvoraussetzung. Hier bietet es sich an, mindestens 3.000 Euro einzuplanen, da neben dem Einkauf der Produkte auch noch andere Kosten, wie Zertifikate, Versand, Marketing und Steuerberater, dazukommen können.

Zudem handelt es sich bei dem Verkauf von Produkten um eine gewerbliche Tätigkeit, die du beim Gewerbeamt anmelden muss. Das solltest du aber schon erledigt haben, bevor du dich bei Amazon als Verkäufer anmeldest.

Anschließend folgt die steuerliche Registrierung beim Finanzamt, mit der du deine Steuernummer erhältst. Wenn du Waren aus dem Ausland nach Deutschland importieren möchtest, brauchst du zudem noch eine EORI-Nr. Diese kannst du kostenlos beim deutschen Zoll beantragen.

Amazon FBA – Geschäftsmodell mit Zukunft

Manche Unternehmer behaupten, dass solche Modelle nicht sehr langlebig sind. Doch Analysen zeigen, dass Amazon FBA immer beliebter wird – nicht nur bei großen Konzernen, sondern auch bei kleinen und mittelständischen Unternehmen, die im Bereich eCommerce tätig sind. Damit du den Einstieg gut bewältigst, mache dir vor dem Start Gedanken zu den Themen

- Amazon als Verkaufsplattform
- Finanzplanung
- Produktauswahl
- Steuerrecht
- Kennzeichnungen & Zertifizierungen von Produkten nach EU-Vorgaben

Nur mit einem soliden Grundwissen und einem gut vorbereiteten Plan wird dein Einstieg bei Amazon FBA erfolgreich sein.

SALES FUNNEL: OPTIMIERST DU NOCH ODER VERKAUFST DU SCHON?

Der Aufbau eines Sales Funnels bietet dir die ideale Möglichkeit, mehr Leads zu erhalten und weniger Zeit und Geld investieren zu müssen. Denn mittels Sales Funnel, auch Verkaufstrichter genannt, kannst du wertvolle Leads sammeln, diese organisieren und das Ganze zu einem System zusammenzufassen. Was dir das bringt? Letztendlich generierst du damit Kunden und erhöhst deinen Umsatz. Doch wie baut man sich so einen Sales Funnel auf?

Was ist ein Sales Funnel?

Einen Sales Funnel kann man auch als Verkaufstrichter bezeichnen. Das Bild eines Trichters zeigt deutlich, was mit potentiellen Kunden in einem solchen Funnel passiert: Sie werden durch verschiedene Schritte im Verkaufsprozess von Interessenten zu Kunden. Ziel ist, dass durch den Sales

Funnel am Ende ein erfolgreicher und lukrativer Geschäftsabschluss zustande kommt. Da der Trichter zum Ende hin immer enger wird, bedeutet dies, dass auch immer mehr Interessenten wegfallen. So bleiben nach den unterschiedlichen Schritten nur diejenigen über, die auch wirklich etwas kaufen wollen.

Warum einen Sales Funnel aufbauen?

Im normalen Marketinggeschäft betreibst du viel Aufwand damit, Kunden zu generieren – das kostet Zeit und Geld. Du kennst es bestimmt auch, dass du viele Stunden in eine Marketingstrategie investiert hast, die einfach ins Nichts führte und der erwünschte Erfolg ausblieb. Vielleicht ist die eine oder andere Person für einen einmaligen Kauf hängengeblieben. Das wird aber nicht das Ziel deines Unternehmen sein. Denn kaum ein selbständiger Betrieb wird sich durch zufällige Klienten halten können. Du brauchst also weitere Kunden und am besten noch Stammkunden, die von dir und deinem Produkt überzeugt sind.

Der heutige Käufer surft im Internet und informiert sich. Oft kauft er nicht direkt, sondern er entscheidet sich erst einige Tage später. Die meisten Unternehmer geben nach zwei bis drei Versuchen, den Kunden zu überzeugen, auf und verpassen damit etliche Chancen, das Produkt an den Mann zu bringen. Mit einem Sales Funnel kannst du dir viel Zeit sparen, da dieser standardisiert und wiederholbar ist. Du erreichst damit die richtige Zielgruppe und erzielst somit mehr Verkäufe. Der Sales Funnel ist ein Vorgang, mit dem du deinen potenziellen Neukunden Perspektiven schaffst, bei denen sie sich wohlfühlen. Du schaffst also Vertrauen.

Die Vorteile eines Sales Funnels

Ein gut entwickelter Sales Funnel hat für dich als Unternehmer einige Vorteile. Diese wollen wir dir hier einmal kurz darstellen:

- **System aufbauen:** Ein Sales Funnel stellt sicher, dass der Prozess wiederholbar und skalierbar ist. Dies spart unnötige Zeit jeglicher Art des Marketings. Außerdem schließt du mehr Geschäfte ab, wenn du einmal deinen Funnel ausgebaut hast.
- **Automatisierung einsetzen:** Anhand verschiedener Technologien kannst du deinen Verkaufstrichter automatisieren. Das heißt, du hast keine unnötigen Zeitverluste. Das spart Geld, das du besser in andere Projekte investieren kannst.
- **Zeit gewinnen:** Da das automatisierte Verfahren zudem Zeit spart, hast du weniger Ad-hoc-Arbeiten zu erledigen und kannst dich um andere Dinge in deinem Geschäft kümmern.
- **Follow-ups bekommen:** Die meisten Kunden kaufen nicht direkt beim ersten Besuch auf deiner Website bzw. der deines Unternehmens. Der Sales Funnel macht eine laufende Nachverfolgung und erhöht deine Conversion-Rate und damit deinen Umsatz.
- **Stress vermeiden:** Verabschiede dich von den stressigen Fragen, woher der nächste Verkauf kommt. Durch den Sales Funnel wirst du Tag für Tag neue Kunden gewinnen.
- **Die besten Kunden finden:** Mit dem Sales Funnel wirst du nur Kunden ansprechen, die sich sowieso schon für das Thema, welches du vermarktest, interessieren. Das heißt, dass du auch schneller einen Verkauf verbuchen wirst. Dabei ist es egal ob du ein digitales Produkt, eine physische Ware oder eine Dienstleistung anbietest.
- **Profitablere Beziehungen aufbauen:** Mit dem Sales Funnel wirst du nicht nur potenzielle Kunden ansprechen, sondern förderst auch die Verkaufszahlen. Denn du kannst damit Stammkunden generieren, die auch bereit sind, für einen höheren Preis bei dir zu kaufen.

Erfolgsfaktoren für Funnel Marketing

Um einen Sales Funnel aufzubauen, können dir die 3 A's helfen: Aufmerksamkeit, Adressierbarkeit, Angebote.

Wer **Aufmerksamkeit** möchte, braucht mindestens einen Weg das Interesse der Kunden zu wecken. Dafür musst du ein möglichst attraktives Einstiegsangebot anbieten, um die Aufmerksamkeit der Kunden zu bekommen. Das kannst du beispielsweise durch Geschenke, Rabattaktionen, Boni oder extrem günstige Preise erreichen. Denn wer erst einmal viel bekommt, ohne wirklich etwas dafür tun zu müssen, ist eher bereit etwas zu kaufen, als jemand, der noch nichts bekommen hat.

Hast du dann das Interesse geweckt, musst du zusehen, wie du möglichst schnell eine **Adressierbarkeit** der Kunden erreichst. In den meisten Fällen wäre dies über die E-Mail-Adresse der Kunden möglich, um die du sie bittest, wenn sie das „Geschenk" erhalten möchten. Zum einen bedeutet das, dass du an dieser Stelle wertvolle Daten sammelst von Leuten, die auch wirklich an dir und deinem Unternehmen interessiert sind und somit mehr über deine Zielgruppe aussagen.

Zum anderen kannst die E-Mail-Adresse nutzen, um diese in einen E-Mail-Verteiler aufzunehmen und vor allem um passende **Angebote** zu ermöglichen, die der Kunde auch wirklich kaufen möchte.

Sales Funnel-Beispiele

Wie ein Sales Funnel wunderbar funktionieren kann, sieht man am AIDA-Modell, mit dessen Hilfe du die Werbewirksamkeit von deinem Produkt überprüfen kannst. Die vier Buchstaben AIDA stehen für die Anfangsbuchstaben der vier Phasen eines Prozesses, der aus einem potenziellen Kunden einen Käufer macht. Der Prozess verläuft dabei über A=Attention/Aufmerksamkeit, weiter mit I=Interest/Interesse, danach D=Desire/Wunsch und bis hin zu A=Action/Handlung.

Als Beispiel kann dir ein Webinar Funnel den Prozess verdeutlichen. Denn hier bietest du deinen potenziellen Kunden erst einmal ein kostenloses Webinar an, teilst Expertenwissen und gibt somit einen konkreten Mehrwert. Doch im Webinar platzierst du dann ein weiteres Angebot, für ein weiteres Webinar, das das Interesse der Kunden weckt, nun aber kostenpflichtig ist. Demnach hast du durch den kostenfreien Content erst Aufmerksamkeit generiert, dann mit dem Inhalt Interesse geweckt, durch den Mehrwert den Wunsch nach weiteren Angeboten ausgelöst und dann durch ein perfekt platziertes Angebot eine Handlung hervorgerufen – nämlich den Kauf.

Das gleiche gilt für bspw. einen Free-Book Funnel. Hier bietest du deinen potenziellen Kunden Bücher an, die im Prinzip kostenlos sind und lediglich eine Beteiligung der Produktions- und Versandkosten in Höhe von 4,99 Euro erfordern. So triggerst du erstmal durch ein unschlagbares Angebot, bekommst die Adressierbarkeit der Kunden und kannst darauf aufbauend weitere passende Angebote erstellen.

Schritt für Schritt zum Sales Funnel

Du solltest immer Verständnis dafür haben, dass nicht jeder deiner Kunden bei der ersten Begegnung mit dir etwas kauft. Manchmal ist der Zeitpunkt der falsche, manchmal stimmt auch einfach die Chemie nicht. Und manchmal braucht der Kunde auch Zeit. Und genau hier setzt du an: Es wird dir helfen, wenn du diejenigen Personen erkennst, die an deiner Dienstleistung oder Produkten interessiert sind. Bleib mit ihnen in Kontakt und lass ihnen Zeit.

Bei diesem Prozess erlaubst du deinen Kunden, dich näher kennenzulernen und dir zu vertrauen. Das ist ein wichtiger Bestandteil des Sales Funnels. Außerdem müssen Menschen die Chance bekommen, Produkte anderer mit deinen zu vergleichen, um dann festzustellen, dass deines doch besser ist. Wenn du den richtigen Zeitpunkt erwischst, wird der potenzielle Interessent zu deinem Kunden. Aber wie gelangst du zu diesem Punkt? Die Aufgabe besteht darin, dass du eine gewinnbringende Beziehung aufbaust und pflegst:

- Zeige ihnen ein persönliches Bild von dir.

- Teile deine Persönlichkeit als Freund.
- Beweise, dass du vertrauensvoll bist.

Schritt 1: Erstelle einen Leadmagneten
Im ersten Schritt erstellst du einen Leadmagneten, den dein potenzieller Kunde unwiderstehlich findet. Das ist und wird dein Hauptmagnet sein, um dein zukünftiges Kapital zu steigern. Ein Leadmagnet ist etwas mit Mehrwert und sollte kostenlos sein, wenn du es deinem Kunden anbietest. Das einzige, was du dafür verlangst, ist die E-Mail-Adresse. Hast du den richtigen Leadmagneten gefunden, werden die Leute sich eher dazu bereit erklären, dir ihre E-Mail-Adresse zu überlassen.

Der Ansporn, den du deinem Neukunden damit gibst, muss natürlich untermauert werden. Einfach nur zu sagen, dass er ein kostenloses eBook bekommt, ist noch nicht sehr reizvoll, um auch die Kontaktdaten zu bekommen. Verfeinere also deine Aussagen mit richtigen „Aufhängern" wie man sie so schön im Marketing-Bereich nennt, zum Beispiel:

- Ein Webinar, indem du anbietest, dass man in 90 Tagen das schafft, wofür andere Unternehmer Jahre brauchen.
- Eine Infografik, die belegt, welche Einkommensmöglichkeiten mit kryptischen Währungen möglich sind.
- Einen wertvollen Ratgeber, der ein eventuelles Problem erkannt hat und dafür die Lösung anbietet.

Schritt 2: Erstelle eine Landingpage
Im zweiten Schritt erstellst du eine Landingpage, mit der du Kontaktdaten erfassen kannst. Stelle dich auf dieser Seite vor, sodass der Kunde sich persönlich angesprochen fühlt. Mache diese eine Seite wirklich zur Zielseite, die beabsichtigt, dass sich der Leser nur auf sie konzentriert. Beachte bei der E-Mail-Eintragung die Datenschutzbestimmungen. Wenn du deine Landingpage, auch Opt-in-Seite genannt, fertig hast, kannst du damit anfangen, deinen Sales Funnel auszubauen. Deine Landingpage

sollte also diese wichtigen Eigenschaften haben:

- Schreibe, als wenn du einen guten Freund berätst.
- Füge ansprechende Bilder oder direkt ein YouTube-Video hinzu.
- Entferne Links oder störende Faktoren. Begrenze die Stückanzahl deines Angebotes, die du dem Interessanten auf der Landingpage vorstellst.
- Erstelle ein Feld, wo Interessenten ihre E-Mail-Adresse hinterlassen können, wenn Sie deinen Leadmagnenten bekommen möchten.

Schritt 3: Baue eine E-Mail-Sequenz auf
Im nächsten Schritt geht es darum, dein E-Mail-Marketing aufzubauen. Hierfür gibt es verschiedene Anbieter. Wir empfehlen die Klick-Tipp-Software. Klick-Tipp ist ein einfach zu bedienendes Verkaufs- und Marketingsystem und hat viele Funktionalitäten. Mit diesem Tool kannst du beispielsweise:

- Einmalige E-Mails erstellen
- Kampagnen verwalten (einmalig sowie immer wiederkehrende)
- Deine Liste sortieren
- Ergebnisse anzeigen lassen

Der größte Vorteil eines passenden Programms ist, dass du deine Ergebnisse kontrollieren kannst. So verbesserst du dich stetig und generierst mehr Umsatz.

E-Mail-Sequenzen sind eine der am wenig genutzten digitalen Marketingtaktiken und dennoch eine der mächtigsten. Eine E-Mail-Sequenz besteht aus einer Reihe von E-Mail-Nachrichten, die automatisiert sind. Das heißt, dass du sie nur einmal einstellen oder etwas verfeinern musst. Ansonsten erledigen sie automatisch die Arbeit für dich. Angenommen du hast eine E-Mail-Sequenz für einen abgebrochenen Kauf eingerichtet. Wenn der Käufer zwar das Produkt schon in seinem Warenkorb hat, aber dennoch nicht kauft, kann eine ausgelöste E-Mail-Serie ihn dazu weiterleiten, den Kauf abzuschließen. Diese E-Mail richtest du nur einmal ein und sie wird bei jedem abgebrochenen Kauf automatisch an den potenziellen Kunden weitergeleitet.

Schritt 4: Erstelle eine Salespage

Die Salespage unterscheidet sich von der Landingpage in einem wesentlichen Punkt: Du verkaufst mit dieser Seite dein Produkt. Folgende Gliederung muss deine Salespage dabei haben:

- **Wecke Emotionen:** Hast du zum Beispiel ein eBook über Diäten, dann überzeuge ihn, dass du weißt, wie es nicht zu einem Jo-Jo-Effekt kommt.
- **Erkläre die Logik:** Du hast den Verkaufsschlager, der das Problem löst. Untermauere deinen Lösungsweg nochmal mit Bildern oder Statistiken.
- **Baue einen Sales-Button ein:** Gestalte den Button ruhig etwas provokativ, damit er auch nicht übersehen wird.
- **Nutze das Prinzip der Verknappung:** Erzeuge einen gewissen Kaufdruck auf psychologische Weise. Zum Beispiel mit „Nur noch wenige Artikel im Angebot“, „Fast ausverkauft!“, „Nur heute zum Sonderpreis!“.
- **„Jetzt klicken“-Button:** Es ist sozusagen die letzte Aufforderung das Produkt zu kaufen. Erstelle einfache Überschriften wie: „Jetzt klicken“ oder „Unser Deal gilt nur noch heute“.

Schritt 5: Erhöre den Traffic

Erhöhe die Besucherzahlen auf deiner Landingpage. Jetzt wird es also Zeit, dass du die Aufmerksamkeit auf dich lenkst. Wir zeigen dir einige Möglichkeiten, was du tun kannst, um deinen organischen Traffic aufzubauen.

- **Erstelle einen Blog:** Eine der einfachsten und langfristigsten Strategien besteht darin einen eigenen Blog zu erstellen. Du kannst hier wichtige Keywords einbauen, damit sich die Wahrscheinlichkeit erhöht gefunden zu werden. Auch mit Artikeln auf deiner Website erzielst du Traffic, da du einen Link zu deiner Landingpage einbauen kannst.

- **Social Media:** Social Media ist ein unglaublich leistungsstarkes Marketinginstrument. Die sozialen Medien sind der perfekte Weg, um deine Persönlichkeit aufzubauen und deinen Sympathiefaktor zu steigern. Veröffentliche hier einen Link zu deiner Landingpage, investiere in bezahlte Werbung, tritt relevanten Gruppen bei veröffentliche auch mal ein (Live-)Video, das wiederum mit deinem Sales Funnel verbunden wird.
- **Bezahlter Traffic:** Du kannst auch bei Google Werbung schalten. Der Vorteil: Menschen, die etwas Bestimmtes suchen, gelangen direkt zu dir. Du bezahlst für jeden Besucher auf deiner Landingpage, der durch Google-Anzeigen zu dir geleitet wurd

Zusätzlich kannst du auch folgende Möglichkeiten nutzen, um auf dich aufmerksam zu machen:

1. Erstelle einen Gastartikel, der mit einem Link zu deiner Landingpage führt.
2. Erstelle Videos auf YouTube, damit man dich besser kennenlernt.
3. Baue Beziehungen mit anderen Influencern auf, die dich weiterempfehlen.
4. Erstelle kostenlose Kleinanzeigen, die du beispielsweise auf eBay-Kleinanzeigen veröffentlichst.

Sales-Funnel Optimierung

Wenn du E-Mail-Marketing nutzt, solltest du genau prüfen, auf welche E-Mails Kunden am besten reagiert haben. Denn wenn Geld erst einmal die Hände wechselt, dann haben Kunden ihr eigenes Bild über dich gemacht. Dies solltest du im positiven Sinne weiter ausbauen. Denn wenn du ihn schon mal von deinen Produkt überzeugt hast, schaffst du dies sicherlich noch ein zweites Mal. Daher solltest du die Kunden an dich erinnern, indem du die Käufer bspw. zu einem „Gespräch“ einlädst und ihnen sagst, wie gut die Zusammenarbeit mit dem letzten Kauf doch war. Um es noch reizvoller zu gestalten, könntest du die Anfrage mit einem Angebot kombinieren.

Wenn du einen „verfallenden“ Kunden wieder generieren möchtest, entscheide erst über den Zeitpunkt, wann er wieder eine Interessens-E-Mail von dir bekommt. Dies ist abhängig vom Sektor, in dem du verkaufst. Verkaufst du digitale Produkte, dann ist es früher möglich, verkaufst du im Onlineshop z. B. Blumensamen, dann nutze diese zu besonderen Jahreszeiten. Erstelle dann eine zwei- bis dreizeilige E-Mail-Sequenz. Achte auf korrekte Schreibweise und den richtigen Namen. Nichts ist schlimmer, als wenn du deinen Kunden mit dem falschen Namen anschreibst. Mit einem Anbieter wie Klick-Tipp brauchst du nur einmalig die Namen kontrollieren und kannst auch hier wieder vollautomatisch arbeiten.

Weitere Leadquellen aufbauen

Nutze noch mehr Leadquellen, um deinen Sales Funnel weiter auszubauen. Egal, ob du B2B-Anbieter oder B2C-Händler bist, es ist immer wichtig, gezielte Strategien einzusetzen, um deinen Erfolg weiter voranzutreiben. Hierbei geht es weniger um den Verkauf, sondern eher um das „Bekanntmachen“. Die meisten nutzen dafür Google AdWords. Doch es gibt Alternativen, die du neben den schon genannten im Teil „Erhöhe deinen Traffic“ nutzen kannst, um dich so immer weiter auszubauen. Hast du bereits einen gut funktionierenden Sales Funnel aufgebaut, kannst die damit gewonnene Zeit für andere Quellen zum Leadgenerieren nutzen.

Nutze Branchenverzeichnisse

Wer nach etwas Speziellem sucht, der sucht gezielt. Passt dein Produkt dazu, wird er auch dich finden. Allerdings musst du in den unterschiedlichen Branchenverzeichnissen auch gelistet sein. In den meisten Verzeichnissen kannst du dich kostenlos anmelden. Hier ist es ganz wichtig, welche Informationen du eingibst. Nutze dafür keywordreiche Texte. Denn der eventuelle neue Lead sucht etwas Bestimmtes. Solltest du beispielsweise ein eBook über Ernährung anbieten, dann schreibe im jeweiligen Branchenverzeichnis eine Beschreibung, die auch ähnliche Wörter beinhaltet.

Offert-Plattformen

Diese Leadgenerierung ist für den B2B-Bereich gedacht, kann aber auch für alle anderen genutzt werden. Offert-Plattformen vermitteln Kundenanfragen, die direkt an Hersteller oder Händler weitergeleitet werden. Es kann aber auch umgekehrt funktionieren: Stellst du dein Produkt ein, bekommst du Anfragen und hast somit wieder weitere Leads für deinen Sales Funnel gesammelt.

Branchen-PR

Auch wenn dieser Weg zu den traditionellen zählt, solltest du einen schönen PR-Artikel verfassen bzw. verfassen lassen. Es gibt verschiedene PR-Portale, wo du diesen mit einem Link zu deiner Landingpage eintragen kannst. Du kannst branchenähnliche PR-Seiten schnell und einfach über die Google-Suche finden. Die meisten bieten einen kostenlosen Service zum Erstellen von Artikeln an. Bedenke, dass du bei jedem Pressebericht einen sogenannten Unique Content haben musst.

Du wirst bestimmt noch auf einige andere Möglichkeiten stoßen, die dich und dein Unternehmen bekannter machen werden und auf dich aufmerksam machen. Unser Tipp für dich: all diese Quellen dürfen SEO-generiert sein. Das heißt, dass du deine Texte, Anzeigen oder Marketingideen mit bestimmten Schlüsselwörtern füllst. Beachte hierbei, dass es sich trotzdem gut und interessant lesen lassen muss.

Up-/Cross-Selling

Das Up- und Cross-Selling ist eine wichtige Strategie, um mit bestehenden Kunden mehr Umsatz zu erreichen. Denn bestehende Kunden, die richtig mit dem Sales Funnel angeschrieben werden, kaufen zu 60 bis 70 Prozent wieder bei dir ein. Doch was genau ist Up- und Cross-Selling? Worin liegt der Unterschied?

Cross-Selling

Das Cross-Selling fördert deinen Verkauf von digitalen und physischen Produkten. Hast du beispielsweise schon Abonnenten, kannst du ihn mit banalen Methoden locken wie: "Möchtest du eine Currywurst zu den Pommes?" Ob du es glaubst oder nicht, du wirst das Cross-Selling bestimmt in den letzten Tagen selbst erlebt haben. Es ist der direkte Verkauf des Primärproduktes, welches dann in Verbindung mit einem dazugehörigen Produkt gebracht wird. Du kaufst beispielsweise in einem Geschäft Schuhe. An der Kasse wirst du direkt gefragt, ob du nicht noch die passende Einlegesohle brauchst. Es lässt sich auch auf digitale Produkte umwandeln. Du verkaufst ein Webinar und bietest gleichzeitig das monatliche Abo an, damit der Kunde immer auf dem neusten Stand ist.

Up-Selling

Up-Selling ermutigt den Kauf von allem, was den Hauptkauf mit einem Upgrade oder einer Prämie teurer machen würde, denn es ist eine Erweiterung deines Verkaufs. Du bietest beispielsweise Marketingprodukte an und der Kunde hat sich bereits dafür entschieden. Jetzt möchte er ein weiteres Tool dazu kaufen, um es noch besser nutzen zu können. Das Up-Selling ist eine Erweiterung von Produkten. Während Cross-Selling ein ergänzendes Produkt anbietet, so ist Up-Selling eine Erweiterung von etwas Bestehendem. Egal ob digital oder physisch, Up-Selling kann auch bspw. eine Spielerweiterung sein.

Nutze daher beide Möglichkeiten für deinen Sales Funnel. Up-Selling ist allerdings effektiver als Cross-Selling. Denn es ist viel einfacher, einem Kunden ein Produkt zu verkaufen, das er bereits hat und dafür eine Erweiterung braucht, anstatt etwas on top zu verkaufen.

Das Face-to-Face-Selling

Durch den direkten Kontakt im Geschäft lassen sich ebenfalls Leads generieren. Der Sales Funnel ist für jeden Betrieb wichtig. Denn die Anzahl der potenziellen Kunden steigt mit jeder verschickten E-Mail. Bedenkt man, dass mittlerweile 90 Prozent aller Haushalte eine E-Mail-Adresse haben, wird schnell klar, welches Potenzial dahinter steckt. Auch hier kannst du Leads generieren und später mittels des Sales Funnels Werbung und Verkauf betreiben.

- Gibst du reelle Kurse? Nutze auf Folien oder mit separaten Postkarten mit einem Hinweis. Deine Kurs-Besucher können sich mit der Karte oder per Weblink bei dir registrieren und noch mehr Informationen bekommen.
- Du veranstaltest derzeit eine Ausstellung zu deinen neuesten Fenstermodellen? Geh auf die potenziellen Kunden zu, erläutere mit einer Broschüre, dass sie bei der Anmeldung des Newsletters beispielsweise fünf Prozent auf den nächsten Einkauf für Fliegengitter bekommen.
- Du bist Verkäufer auf Versteigungsportalen und gehst auch auf Flohmärkte? Nutze ein Onlineformular, wo sich die besten Schnäppchen als E-Mail-Nachricht ankündigen oder verwickle Menschen an deinem Flohmarktstand in ein angeregtes Gespräch.

Ein Sales Funnel steigert deinen unternehmerischen Erfolg

Du siehst, der Sales Funnel ist einer der wichtigsten Strategien im Marketingbereich, um den Erfolg weiter ausbauen zu können. Beginne gleich damit und überlege dir, wie dein perfekter Sales Funnel für dein Business aussehen und aufgebaut sein könnte.

4 SCHRITTE, DIE JEDEN WEBSITE- BESUCHER ZUM KUNDEN MACHEN

Im Leben hat man nur sehr wenige Möglichkeiten auf eine zweite Chance. Als Gründer heißt es deswegen, jede Chance zu nutzen. Vor allem, wenn es darum geht, mehr Umsatz zu machen. Für dich bedeutet das, dass du auf deiner Website deine Besucher genau richtig empfangen musst. Gefällt den Besuchern deine Website bei der ersten Betrachtung nicht, sind sie auch schon wieder weg und landen wahrscheinlich bei deinem Konkurrenten. Wir zeigen dir hier, wie du mit einfachen Tricks deine Website für Besucher attraktiv machst und damit deine Chancen auf mehr Umsatz deutlich erhöhen kannst.

Schritt 1: Der Besucher deiner Website muss dich kennenlernen

Zunächst einmal muss dir klar sein, dass jeder Besucher deiner Seite wissen will, wo genau er bei dir gelandet ist. Das ist auch ein Grund dafür, dass Websites mit einem Header beginnen. Nutze das für dich: Empfang den Besucher mit einer kurzen Beschreibung von dir, deinem Produkt und deiner Dienstleistung. Vielleicht kannst du auch dein Logo mit einem kurzen Slogan einbauen. So weiß der Besucher gleich, wie es mit deinem Angebot aussieht und du kannst ihn gleich mit den ersten Informationen versorgen.

Der Besucher will Informationen von dir erhalten

Kein Besucher legt Wert darauf, auf deiner Website mit Floskeln wie „herzlich willkommen“ oder „Hallo, genau hier bist du richtig“ empfangen zu werden. Du musst dem Besucher einen klaren Grund liefern, warum er auf deiner Seite bleiben soll. Also verzichte auf diese Floskeln, die zwar höflich und gut gemeint sind, den Besucher aber nicht weiter bringen. Richte deinen Fokus lieber darauf, sorgfältig Informationen aufzubereiten. Stelle in wenigen Worten dein Angebot dar und untermale das ganze am besten noch mit ein paar Fotos, um auf das Interesse des

Kunden einzugehen. Versetze dich in seine Lage. Was will er von dir wissen? Wie kannst du ihn überzeugen? Welchen Vorteil kannst du ihm bieten? Ganz beiläufig kannst du dann ein bisschen über dich erzählen.

Schritt 2: Das Interesse beim Besucher wecken

Du hast den Kunden dazu gebracht, auf deiner Website zu bleiben. Nun kennt er dich und du musst sein Interesse weiter wecken. Du musst ihm alle Vorteile aufzeigen, die du ihm bieten kannst und ihm zeigen, dass es sich lohnt, auf deiner Seite zu bleiben. Hast du im ersten Schritt des Kennenlernens noch dich und dein Produkt in kurzen Beschreibungen angeboten, so musst du nun mehr ins Detail gehen. Werde mit deinem Angebot jetzt ganz konkret. Auch hier ist es wieder von Vorteil, wenn du dabei nicht dich in den Mittelpunkt stellst, sondern das konkretisierst, was für den Besucher deiner Seite von Nutzen ist.

Schritt 3: Der Besucher muss dein Angebot verstehen

In diesem Step musst du versuchen, den Besucher zu deinem Kunden zu machen. Im ersten Schritt, der „Wer-Phase“ konnte er dich kennenlernen, im zweiten Schritt, der „Was-Phase“, hast du sein Interesse geweckt und nun im dritten Schritt, der „Wie-Phase“, musst du klare und harte Fakten für ihn schaffen. Aber Vorsicht, denn du darfst dich hier nicht in irgendwelche Details verstricken, mit denen der Besucher bzw. potenzielle Kunden hilflos überfordert wäre. Du musst ihm klar aufzeigen, was dein Produkt kann, wie er es für sich nutzen kann und welchen Vorteil er davon hat. Liefere dem potenziellen Kunden dafür ganz genaue Infos, denn damit schaffst du Vertrauen und Glaubwürdigkeit.

Schritt 4: Du musst die Führung übernehmen

Dir muss jederzeit bewusst sein, dass ein Besucher, ein potenzieller Kunde von dir, auf deiner Seite immer vor dem Absprung steht, also deine

Seite jederzeit verlassen kann. Deswegen ist besonders der 4. Schritt sehr wichtig. Nun musst du die Initiative ergreifen und die Führung des Besuchers übernehmen. Jetzt ist es gefragt, eine CTA, eine sogenannte „Call to Action“ anzubringen. Du musst dem Besucher deiner Website eine Handlungsaufforderung bieten. Schlag ihm deshalb vor, welche Schritte er als nächstes machen soll bzw. machen muss. Das kann die Bestellung deines Newsletters sein, aber auch gleich die Anregung zu einem Kauf. Das hängt von dir und vor allem von deinem Angebot ab, dass du ihm bietest. Zeige ihm klipp und klar auf, was der nächste Schritt für ihn bedeutet. Du musst dir einfach immer vor Augen halten, dass du nur Umsätze oder Anfragen generieren kannst, wenn du eine klar verständliche Handlungsaufforderung platzierst.

Wir hoffen, wir konnten dir mit diesen kleinen Tricks ein paar Anregungen geben, die du umsetzen kannst und die dir weiterhelfen. Versuche es einfach und du wirst merken, dass dies sehr erfolgreich sein kann. Richte den Fokus dabei nicht zu sehr auf dich, sondern versetze dich in die Lage deiner Besucher. Dann bist du auf dem richtigen Weg.

SO FINDEST DU DIE BESUCHERZAHLEN JEDER WEBSITE HERAUS

Jeder, der auf irgendeine Art und Weise „online“ tätig ist und eine Website besitzt, möchte wissen, ob die Arbeit auch den entsprechenden Erfolg mit sich bringt. Wie hoch sind die Besucherzahlen einer Website, wie erfolgreich ist sie und andere Fragen im Bezug auf das Besucherverhalten kommen da zwangsläufig. Wir erläutern dir, welche Tools dir den gewünschten Wert zurückgeben und mit welchem du die genauen Statistiken von Websites herausfinden kannst.

Um die Besucherzahlen und so die Statistiken einer Website herausfinden zu können, kann man verschiedene Statistikdienste nutzen. Dabei sind selten verlässliche Zahlen ermittelbar. Nutzt man allerdings verschiedene Tools und Statistikdienste im Verbund, vergleicht die ermittelten Daten über eine bestimmte Website und setzt sie im Anschluss daran zueinander in Beziehung, ist das Bild relativ brauchbar und aussagefähig.

Ein sozusagen „sauberes Tracking" zeigt dir, an welcher Stelle deiner Website die meisten Abbrüche zu finden sind.

Alexa

„Alexa" ist nicht der Voice Service von Amazon, sondern ein Dienst für Statistiken von Websites, der Daten über Browser-Erweiterungen aus einem Panel mit über 25.000 Nutzern aggregiert. Schaut man sich die von „Alexa" ermittelten Daten an, sind diese nicht gerade aussagekräftig und aufschlussreich. Das heißt, dass Alexa eher als eine Orientierungshilfe im Internet dient.

Die von Alexa angezeigte Kurvengrafik spiegelt nicht die Entwicklung der Besucherzahlen wieder, sondern bildet den so genannten „Alexa Traffic Rank" ab – und das weltweit und im eigenen Land. In der kostenlosen Variante von „Alexa" sind die konkreten Besucherzahlen nicht aufgeführt. Allerdings können die durch einen entsprechenden Trick trotzdem abgerufen werden.

Dafür gibst du in der „Wissenschafts-Suchmaschine" Wolfram|Alpha eine Domain an, dann werden die von Alexa hochgerechneten Seitenaufrufe und Besucherzahlen pro Tag aufgelistet.

Similarweb

Betrieben wird der Statistikdienst SimilarWeb von der israelischen SimilarGroup. Dabei erstellt SimilarWeb aus unterschiedlichen Quellen sozusagen Hochrechnungen und Statistiken zu der Nutzung der eigenen als auch von fremden Websites. Diese kostenlose Variante hat etliche Funktionen mehr gegenüber der kostenlosen Alexa-Version – so hält SimilarWeb beispielsweise die monatlichen, geschätzten Besuche einer Website aus den vergangenen sechs Monaten bereit. So zeigt es dir an, wie hoch der jeweilige Traffic-Anteil der Seite ist, welcher über Suchmaschinen, Direktaufrufe, Referral-Links und Social-Media-Plattformen zustande kommt. Dazu werden die wichtigsten „Referring Sites“ aufgelistet. Die gelieferten Daten basieren auf Werten, die mittels Browserplugins gesammelt und hochgerechnet werden.

Die Pro-Version von SimilarWeb, die kostenpflichtig ist, bietet einen großen Funktionsumfang. So kann man beispielsweise verschiedene Websites über einen größeren Zeitraum miteinander vergleichen. Die Auswertungen in der Pro-Version liefern zudem sehr gute Detailwerte.

Zwar scheinen die von SimilarWeb gelieferten Werte nicht immer korrekt und zu 100 Prozent richtig zu sein, aber die Verhältnisse der Traffic-Volumen diverser Websites sind relativ korrekt in ihrer Darstellung. Somit lassen sich auch mit diesem Tool die Besucherzahlen einer Website herausfinden.

Google Trends

Dieser Dienst von Google liefert Informationen darüber, wie häufig eine URL oder ein bestimmter Begriff bei Google gesucht wird. Google Trends stellt die Anzahl von eingegebenen Suchbegriffen innerhalb eines zeitlichen Verlaufs dar und setzt diese in Relation zu dem gesamten Suchvolumen.

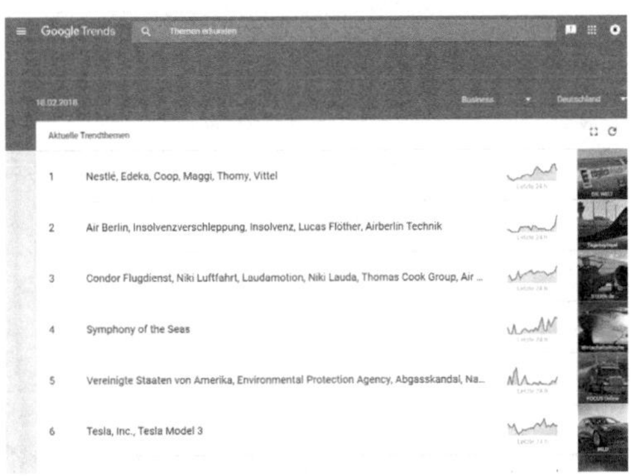

Deswegen kann der Blick in Google Trends sehr aufschlussreich sein. Hierbei werden zwar keine konkreten Statistiken von Websites genannt, doch der Vergleich unterschiedlicher Suchbegriffe kann häufig einen hervorragenden Eindruck über die Marktentwicklung liefern. Zudem lassen Keywords sich mit Google Trends identifizieren, die gegebenenfalls nicht mehr den gewünschten Traffic bringen. Im Gegensatz können mit diesem Tool auch Keywords ermittelt werden, die eventuell in Zukunft von Nutzern öfter gesucht werden können.

AGOF und IVW

Jeden Monat werden von der „Informationsgesellschaft zur Feststellung der Verbreitung von Werbeträgern in Deutschland" (IVW) und der Arbeitsgemeinschaft Online-Forschung (AGOF) aktuelle Nutzungsstatistiken deutscher Online-Angebote erstellt und veröffentlicht.

Die AGOF ist ein Zusammenschluss führender Online-Vermarkter in Deutschland, die das Internet zu planbaren und transparenten Werbeträgern machen.

Von der IVW werden Seitenaufrufe und Visits ausgewiesen, von der AGOF werden die Netto-Reichweiten der Angebote in Unique Usern aufgelistet. Durch das Ranking „Internet Facts" der AGOF werden auch die Zahlen der IVW ausgewertet und mit den Zahlen aus dem Marktforschungs-Panel ergänzt.

Die gelieferten Zahlen der AGOF und der IVW sind relativ verlässlich was die Besucherzahlen und Statistiken der jeweiligen Websites angeht, da diese unabhängige Gremien erstellen.

Allerdings sind in den Auswertungen nur die Websites enthalten, die ihre Datennutzung von der IVW auswerten lassen. Facebook oder Google gehören nicht zu den Konzernen, welche die Daten nicht auswerten lassen.

Kleine Nischenprojekte oder Websites aus der „Erwachsenen-Unterhaltungsbranche“ werden ebenfalls nicht in den Rankings berücksichtigt. Dennoch können die Zahlen von Websites, die dort nicht aufgelistet sind, von Bedeutung sein – wenn zum Beispiel die IVW-Zahlen mit Informationen aus anderen Tools in Verbindung gesetzt werden. Ebenfalls kannst du die Genauigkeit von Statistiken anderer Tools mit den Zahlen der IVW prüfen.

Quantcast und Compete

Ebenfalls kostenlos sind die Statistikdienste Quantcast und Compete. Vor einigen Jahren hatten diese Dienste sozusagen noch den Exoten-Status, sind nun aber immer mehr im Kommen. So liefert zum Beispiel Quantcast eine detaillierte Reichweiten- und Zielgruppenmessung, Analysen für Netzwerke, Websites und auch Apps.

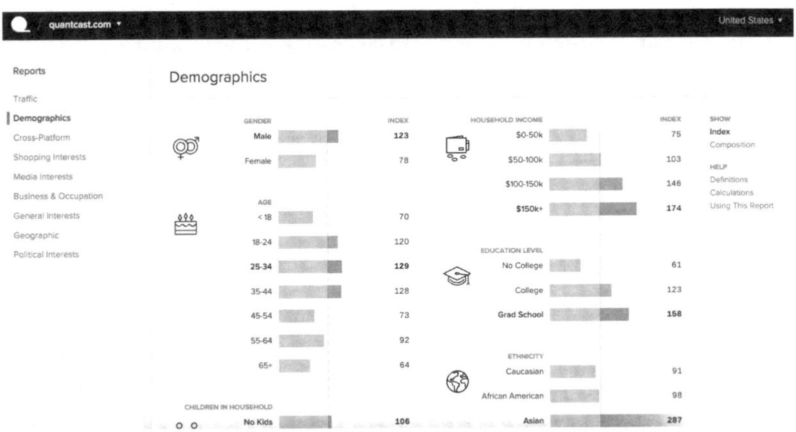

URLMetriken

Im Vergleich zu den anderen bereits genannten Tools, ist URLMetriken (URLM) etwas weniger umfangreich. Dennoch kann das Tool sehr nützlich sein, um einen ersten Eindruck über die monatlichen Seiten-Impressionen und Besuche, die Anzahl der Seiten und der externen Verweise reichen. Für genauere Daten können bei URLMetriken auch

Server-Daten eingesehen werden. Leider findet URLM nicht zu jeder Website zuverlässige Daten. Darüber hinaus haben viele Betreiber von Websites ihre Statistiken nicht gelistet. Ansonsten gibt das Tool aber einen guten und kompakten Überblick über andere Websites.

Trafficestimate

Bei Trafficestimate geht um es geschätzte Trends, die von dem Tool auf Basis der vergangenen 30 Tage berechnet werden. Außerdem listet das Tool auch die Websites, die ähnlich zu der gesuchten Seite sind. Auch die wichtigsten Alexa-Statistiken kann das Tool anzeigen. Der Algorithmus von Trafficestimate basiert auf der Grundlage des eigenen Verkehrs und des Verkehrs ähnlicher Websites. Daher lohnt sich das Tool eher für die Analyse großer Websites. Hingegen wird es bei kleinen Websites eher schwierig brauchbare Daten zu finden. Daher bietet sich das Tool eher an, um die Besucherzahlen von größeren Websites herausfinden zu können.

Semrush

Eigentlich ist SEMrush eher für den Bereich des Search Engine Marketing (SEM) gedacht. Deshalb gibt es hier die Möglichkeit, die organische Suche und die entsprechenden Keywords zu analysieren. SEMrush analysiert dann, für welche Keywords eine Website rankt. Zudem zeigt das Tool Mitbewerber an und analysiert, welche Keywords du mit deinen Konkurrenten gemeinsam hast. Darüber hinaus zeigt das Tool auch die Anzahl der Backlinks, die verlinkten Internetseiten und IPs an. Da das Tool den Traffic über die Keywords schätzt, macht es das ganze etwas ungenauer. Doch in Kombination mit anderen Tools, kann SEMrush aber einen sehr guten Überblick über die Besucherzahlen der Website liefern.

Google Analytics

Um den Erfolg deiner Marketingmaßnahmen im Auge zu behalten, ist Google Analytics das stärkste Tool. Um dieses Tool nutzen zu können, musst du einen Account anlegen. Dann wird ein Tracking-Code erzeugt, den man in die Website einfügt. Und schon kann es mit dem Tracking losgehen.

Wichtig: Auf der Website muss bekannt gegeben werden, dass Google Analytics verwendet wird (beispielsweise in der Datenschutzerklärung).

Google Analytics bietet die Möglichkeit, Website zu analysieren und zu überwachen. Das Tool ist so mächtig, dass du wahrscheinlich zu Beginn nur einen kleinen Teil nutzen wirst, doch die Herkunft deiner Besucher, die beliebtesten Beiträge auf deiner Seite und die Absprungrate siehst du auf den ersten Blick und kannst deine Schlüsse ziehen.

Web-Controlling-Suite von ETracker - Besucher und deren Verhalten verstehen

Dieses Tool ist in verschiedenen Versionen erhältlich und bietet dem Anwender unterschiedliche Funktionsumfänge. Besucher, Verweildauer und die Quellen des Traffics können mit der Web-Analyse festgestellt werden. Ebenfalls ist hier die Echtzeit-Analyse des Besucherverhaltens zu erwähnen, denn dadurch können Anwender schnell auf ihre Kunden reagieren und unter Umständen direkt Änderungen durchführen. Etracker ist eine beliebte Alternative zu Google Analytics. Während das Tool von Google kostenlos erhältlich ist, ist Etracker kostenpflichtig.

DIE ZEHN UNGEWÖHNLICHSTEN B2B LEAD-QUELLEN

Sales sind die Essenz eines jeden B2B-Business, ohne die es nicht erfolgreich am Markt bleiben kann. Um an Sales zu kommen, musst du aber erst Leads generieren. Für den B2C-Bereich ist es deutlich einfacher, Seitenbesucher und Fans zu zahlenden Kunden zu machen. Dies heißt aber nicht, dass es im B2B-Bereich hoffnungslos ist – ganz im Gegenteil. Du musst dich allerdings darauf einstellen, dass der Weg zum Verkauf länger ist. Um Leads zu bekommen, brauchst du deshalb auch taktisches Verständnis und ein gutes Maß an Finesse und Verständnis für deine Kunden.

Statt dich alleine auf die konventionellen Wege zu verlassen, um neue Leads zu generieren, lohnt es sich, auch abseits der bekannten Wege zu gucken. Versuche es einmal mit diesen ungewöhnlichen Quellen für B2B-Leads:

1. Quora

Quora (de.quora.com) ist eine Plattform, auf der die Nutzer Fragen stellen, Fragen beantworten und sich mit anderen Menschen austauschen und vernetzen können. Egal, über welches Thema du dich austauschen willst, auf Quora findest du viele Experten in dem Gebiet.

Indem du die Fragen anderer Nutzer beantwortest und dich als Experte positionierst, wirst du bekannter und steigerst deine Glaubwürdigkeit. Viele der Nutzer, denen du geholfen hast, werden sich dein Quora-Profil anschauen, auf dem du einen Link zu deiner Website oder eine Landingpage platzieren kannst.

2. Quizze

Interaktive Inhalte werden in Zukunft immer mehr an Bedeutung gewinnen. Mit kaum etwas anderem kannst du Nutzer auf dich aufmerksam machen und bei ihnen im Gedächtnis bleiben.

Da es viel Zeit kostet, dein Zielpublikum genau kennenzulernen und mehr über ihre Bedürfnisse und Pains zu erfahren, sind Quizze eine großartige Möglichkeit, dir viel Arbeit abzunehmen. Als einer der größten Anbieter hat sich dabei Playbuzz (playbuzz. com) etabliert. Ein Quiz, welches den Menschen hilft, mehr über sich selbst zu erfahren, wird deutlich mehr Reaktionen erhalten, als ein normaler „Call to Action“ mit der Bitte um Kommentare unter einem Blogartikel.

3. E-Mail-Signaturen

Hast du dir schon öfter gewünscht, dass mehr deiner Mail-Kontakte zu tatsächlichen Kunden werden? Dann solltest du darüber nachdenken, den Link zu deiner Landingpage in deine E-Mail-Signatur zu setzen. Auf diese Weise kannst du dich und deine Produkte bewerben, ohne dass es aufdringlich wirkt: Du zeigst ihnen den Link, forderst aber nicht direkt dazu auf, ihn anzuklicken.

4. Retargeting

Leider viel zu häufig passiert es, dass deine Seitenbesucher zwar interessiert an deinen Produkten sind, aber deine Seite wieder verlassen, ohne etwas zu kaufen. Wenn du dann nicht einmal eine E-Mail-Adresse bekommen hast, sind sie meist dauerhaft verloren.

Wenn du Retargeting Pixel einsetzt, kannst du genau diese Besucher wieder einfangen: Nachdem sie deine Seite verlassen haben, sorgt eine Facebook-Ad dafür, dass sie wieder an dich erinnert werden oder die Produkte sehen, die sie besonders interessiert haben.

5. Kostenlose Testphasen

Jeder mag kostenlose Geschenke. Deshalb funktionieren kostenlose Probemonate für Spotify, Netflix oder Amazon Prime so gut: Wenn die Nutzer erst einmal all die Vorteile des Produkts erfahren und schätzen gelernt haben, sind sie gerne bereit, Geld dafür ausgeben, um diesen Service weiterhin nutzen zu können.

Knüpfe die kostenlose Probezeit unbedingt daran, dass die Tester dir ihre

E-Mail-Adresse geben. So kannst du sie auch nach Ablauf der Testphase mit zielgerichtetem E-Mail-Marketing zu deinen Kunden machen.

6. Events

Bist du introvertiert? Dann bist du nicht alleine. Viele Verkäufer im Internet teilen diese Eigenschaft. Doch das Internet scheint ideal dafür zu sein, die Scheu vor Gruppen zu sprechen, zu umgehen.

Allerdings lohnt es sich, über den eigenen Schatten zu springen und auf Events deiner Branche aktiv in Erscheinung zu treten. Du wirst im Internet nie so überzeugend sein, wie du es Live bist. Wenn du dich damit schwer tust, setze dir selbst ein Ziel, das du messen kannst: Besuche ein Event pro Monat und rede auf jedem mit wenigstens zwei Personen, die du noch nicht kennst.

7. Live Chat

62% der Kunden kaufen lieber ein Produkt, wenn ein Live-Support verfügbar ist. Wenn du diese Option nicht anbietest, kann es passieren, dass viele potentielle Leads deine Website wieder verlassen, ohne auch nur ihre E-Mail-Adresse hinterlassen zu haben.

8. Upgrades für deine Inhalte

Nutzt du E-Books und andere Lead-Magneten, um deine Seitenbesucher zu motivieren, dir ihre Kontaktdaten zu geben? Dann solltest du darüber nachdenken, statt einer „ein Angebot für alle"-Lösung etwas Neues zu probieren. Prüfe, welche deiner Blogartikel besonders häufig aufgerufen werden, und biete am Ende ein Upgrade des Inhaltes zum Download an. Dadurch, dass du zusätzliche Informationen zu einem Thema anbietest, für das der Leser sich bereits interessiert, erhöhst du die Chance, dass er seine E-Mail-Adresse hinterlegt.

9. Interviews

Ein Interview mit anderen Experten deiner Branche kann wertvoller und interessanter Content für deinen Blog sein. Je bekannter der Interviewte ist, desto mehr Besucher wird das Interview auf deine Website locken. Gehe aber nicht nur nach dem Namen, sondern auch nach einem passenden Thema. Diejenigen, die deine Website wegen des Interviews besuchen werden, sollten deiner Zielgruppe entsprechen, damit sie sich auch für dein Angebot interessieren.

10. Kaltakquise

Kaltakquise ist verpönt und unbeliebt. Allerdings funktioniert sie auch sehr gut, wenn sie richtig angewendet wird. Statt dich also darauf zu verlassen, potentielle Leads ausschließlich online zu erreichen, greife zum Telefonhörer. Da kaum jemand darauf setzt, hast du hier durchaus einen Vorteil und kannst dich von deinen Mitbewerbern abheben.

Wichtig ist, dass du dir einen Plan zurechtlegst. Rufe nicht einfach nur so viele Unternehmen wie möglich an. Bereite lieber weniger Anrufe gründlich vor. Informiere dich über die Unternehmen und analysiere, wie du ihnen mit deinem Angebot helfen kannst.

Tipp: Mache die Sekretärin zu deiner Verbündeten. Sie entscheidet, ob dein Anruf weitergeleitet wird oder nicht. Sei also nicht nur nett und höflich, sondern frage sie direkt, ob sie dir helfen kann.

Dir fehlt die Zeit? Nimm sie dir!

Du möchtest dringend mehr Leads bekommen, aber dein Tag hat nur 24 Stunden, die bereits randvoll sind? Dann finde einen Weg, dir Zeit freizuschaufeln. Du brauchst Leads für deinen zukünftigen Unternehmenserfolg, also investiere Zeit in die Leadgenerierung.

Das heißt nicht, dass du alle Punkte auf einmal probieren musst. Konzentriere dich lieber auf zwei oder drei und gib hier wirklich alles, statt halbherzig auf zu vielen Hochzeiten tanzen zu wollen. Evaluiere nach einiger Zeit, ob sie für dich funktionieren und passe deine Strategie an. Da jedes Business einzigartig ist, gibt es kein Patentrezept, das für jeden funktioniert. Diese zehn Möglichkeiten, Leads zu finden, geben dir vielversprechende Richtungen vor, aber die Feinarbeit liegt bei dir.

KAPITEL 8

KOMMUNIKATIONSPOLITIK: MIT BOTSCHAFTEN ÜBERZEUGEN

Dein Produkt steht nun soweit und du hast dich entschieden, welchen Absatzkanal du für dein Produkt wählst – aber es wird noch nicht gekauft. Es wird also Zeit, die Werbetrommel zu rühren. In diesem Kapitel wollen wir dir erklären, wie du deine Marketing-Strategie aufsetzt und mit welchen Tools du den Erfolg deiner Kampagnen misst.

KOMMUNIKATIONSPOLITIK KURZ ERKLÄRT

Viele setzen Marketing mit Kommunikation, Werbung und PR gleich, doch eigentlich ist die Kommunikationspolitik nur ein Teilbereich einer ganzheitlichen Marketingstrategie. Nicht, dass die Kommunikation keinen hohen Stellenwert hat – ganz im Gegenteil, denn wenn keiner von deinem Produkt, deiner Dienstleistung oder deinem Unternehmen erfährt, wirst du auch keine Kunden haben.

Die Kommunikationspolitik ist das vierte „P" im Marketing-Mix und vervollständigt neben der Produktpolitik, der Preispolitik und der Distributionspolitik eine ganzheitliche Marketingstrategie. Sie umfasst die Planung, Umsetzung und Überprüfung aller Aktivitäten und Kommunikationsmaßnahmen eines Unternehmen, die sowohl intern als auch extern hinsichtlich eines bestimmten Angebots, Produkt oder Dienstleistung vorgenommen werden. Dafür stehen innerhalb der Kommunikationspolitik verschiedene Kommunikationsinstrumente zur Verfügung, um die Zielgruppe bestmöglich zu erreichen.

Ziele der Kommunikationspolitik

Zuvor wurde bereits ersichtlich, worauf die Kommunikationspolitik im wesentlichen abzielt: mit geeigneten Kommunikationsmaßnahmen die Zielgruppe zu erreichen. Aber dies allein ist nicht das Hauptziel, denn die Zielgruppe zu erreichen ist wichtig, um sein Produkt zu verkaufen. Doch da die Kommunikationspolitik auch auf die Unternehmensziele hin ausgerichtet sein sollte, sind auch richtige Positionierung am Markt, das Abheben von der Konkurrenz und vor allem das Kommunizieren von wichtigen Informationen und Botschaften wichtige Ziele. Innerhalb dieser Kommunikation sollten folgende Kriterien erfüllt werden, um die Zielgruppe anzusprechen:

- Aktualität
- hoher Informationsgehalt
- Aufbau von Emotionen

Kommunikationskriterien: Strategie entwickeln

Bei einer guten Kommunikationsstrategie kommt es auf bestimmte Kriterien an, die du für dich definieren solltest:

1. Ziele festsetzen
2. Zielgruppe kennen
3. Botschaften formulieren
4. Budget festlegen
5. Maßnahmen bestimmen
6. Monitoring und Erfolgskontrolle

Kommunikationsinstrumente und Maßnahmen

Nun weißt du, welche Kriterien zu einer gelungenen Strategie gehören, doch ohne die richtigen Instrumente, kannst du kaum erfolgreiche Maßnahmen umsetzen. Daher wollen wir dir die gängigsten Werkzeuge einmal vorstellen.

- **Öffentlichkeitsarbeit/PR:** Eine der klassischsten Maßnahmen und Instrumente ist die Öffentlichkeitsarbeit. Hier versuchst du durch Kontaktpflege, Pressemitteilungen und sozialem Engagement Aufmerksamkeit zu erzeugen. Doch wichtig zu verstehen ist, dass die PR auch losgelöst vom Marketing betrachtet werden muss und Marketingstrategien nur weitestgehend unterstützen sollte.
- **Klassische Werbung und Online Werbung:** Hiermit ist Werbung in Form von Anzeigen in Zeitungen, im Radio oder auch als Werbespots im Fernsehen gemeint. Auch online können Werbebeiträge als Banner auf jeder Webseite integriert oder auch als E-Mail-Newsletter, Pop-up-Anzeigen sowie CTA-Buttons angezeigt werden.
- **Persönliche Kommunikation/Persönlicher Verkauf:** Beim persönlichen Verkauf geht es um den direkten Kundenkontakt, sowie man es auch klassischen Verkaufs- bzw. Beratungsgesprächen kennt.
- **Verkaufsförderung:** Um den Verkauf deiner Produkte zu fördern, kannst du den Anreiz erhöhen, indem du möglicherweise Gutscheine, Rabattaktionen oder Sonderverkäufe organisierst.
- **Eventmarketing und Sponsoring:** Ein beliebtes, aber sehr aufwendiges Instrument sind Events. Denn bei Events wird oftmals das Produkt, die Dienstleistung oder das Unternehmen nur am Rande wahrgenommen, sodass hier der Erlebnisfaktor die Kunden begeistern und überzeugen kann. Dieses Gefühl kann sich dann auf das Produkt übertragen.
- **Social Media Marketing:** Auch über die verschiedensten Social Media Kanäle kannst du Werbung betreiben und mit Kunden kommunizieren. Ob selbst über die eigenen Kanäle oder durch einen Influencer – die Möglichkeiten auf den sozialen Netzwerken wachsen stetig.

Egal über welche Kanäle du mit welcher Botschaft und welchem Budget kommunizierst, versuche stets alle Kriterien deiner Kommunikationsstrategie aufeinander abzustimmen. Denn letztendlich müssen die Ziele der Kommunikationspolitik auch zu den Zielen der anderen Bereiche im Marketing-Mix passen. Oberstes Ziel sollte trotzdem sein, dass du mit deiner Kommunikation deine Ziele erreichst, egal ob du dein Unternehmen stärker bewerben möchtest oder deine Produkte an deine Zielgruppe verkaufen musst.

DIESE ONLINE MARKETING TOOLS SOLLTEST DU KENNEN

Ob Suchmaschinenoptimierung, E-Mail Marketing oder Keyword-Recherche: Mit den richtigen Online-Marketing-Tools startest du richtig durch! Doch welche empfehlenswerten Tools für die wichtigsten Bereiche des Online-Marketings gibt es und wofür kannst du sie nutzen? Wir haben die wichtigsten Online-Marketing-Tools hier für dich zusammengetragen.

Sentione

Wer in seiner Nische erfolgreich sein will, der braucht ein Gespür für die aktuellen Trends, die Stimmung der Influencer und der Zielgruppe und die Aktivitäten der Mitbewerber. Das Tool sentione kann sogar noch mehr. Es durchsucht tausende Internetquellen nach Erwähnungen und Kommentaren und ermöglicht so ein professionelles Social Listening. Wird die eigene Marke erwähnt, erfährst du es gleich, und kannst reagieren. Die Meinung deiner Zielgruppe zu bestimmten Produkten oder ein Einblick in ihre Probleme können dir auch dabei helfen, neue und effektive Produkt- und Marketingideen zu entwickeln.

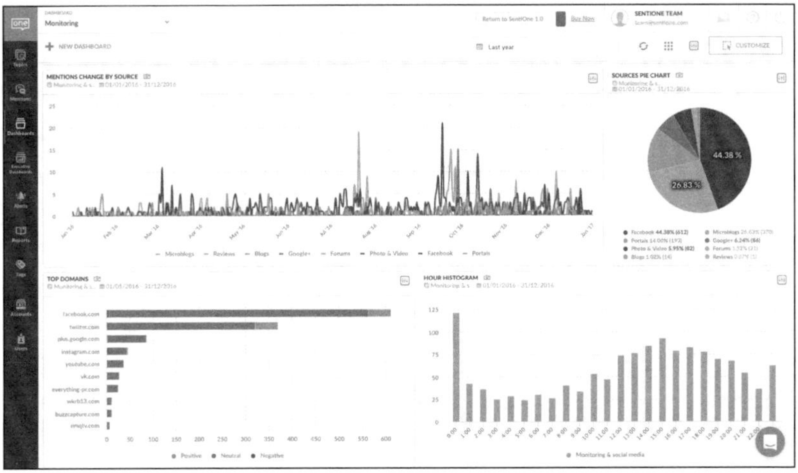

Seorch

Wenn deine Website schon aktiv ist, willst du sicherlich ihren Erfolg überprüfen. Mit dem Tool Seorch kontrollierst du, ob du alles richtig gemacht hast, um die Sichtbarkeit einzelner Seiten zu gewährleisten. Der integrierte SEO Check schafft nicht nur Klarheit bezüglich grundlegender Angaben wie Mets Descriptions oder Title Tag, er überprüft auch die Anzahl der Backlinks und macht dich auf technische Fehler deiner Seite aufmerksam.

Backlink-Tool

Apropos Backlinks: Diese sind elementar wichtig für die Beurteilung der Relevanz einer Seite durch Google. Dein direkter Konkurrent hat mehr Besucher auf seiner Seite, obwohl dein Content genauso gut oder besser ist? Vielleicht liegt an seinen starken Backlinks? Lasse dir von jeder beliebigen Seite mit dem backlink-tool.org ein vollständiges Linkprofil anzeigen.

Fanpage Karma

Social Media ist aus deinen Online-Marketing-Aktivitäten nicht mehr wegzudenken. Natürlich kannst und sollst du nicht alle Kanäle bespielen, doch dort, wo deine Zielgruppe präsent ist, solltest du in deiner Nische zur Nummer 1 werden. Dabei unterstützt dich Fanpage Karma, wo du deine Profile – und die der Konkurrenz – analysieren und dein Verbesserungspotenzial entdecken kannst.

Keywordtool.io

Bei der Keywordrecherche leistet das Online-Marketing-Tool Keywordtool.io sehr gute Dienste. Du kannst Suchbegriffe eingeben und bekommst eine Vielzahl einzigartiger Keywords vorgeschlagen. Dabei kannst du zwischen vielen Sprachvarianten und Suchmaschinen wählen. In der Pro-Variante bekommst du zu jedem Keyword das monatliche Suchvolumen angezeigt. Doch auch die kostenfreie Variante hilft dir, passende Themen für dein Online-Marketing zu finden und ist daher vor der Texterstellung ein absolutes Must-Have.

KlickTipp

Du willst mit deinen Kunden in Kontakt bleiben? Dann richte einen Newsletter ein, der durch eine kluge Frequenz und persönliche Ansprache einen positiven Eindruck beim Empfänger hinterlässt.

KlickTipp ist ein gut bewährtes E-Mail Marketing Tool. Mit wenigen Mausklicks kannst du beeindruckende, mobile responsive E-Mails erstellen. Mit diesem Tool kannst du deine Kampagnen automatisieren und verschiedene Split-Tests durchführen. Die E-Mail-Datenbank ist außerdem tag-basiert aufgebaut, sodass du deine gewünschten Empfänger Zielgerichtet anschreiben kannst. Mehr erfährst du unter www.klicktipp.eu.

Contact Form 7, Gratis-Kontaktformular, Wufoo und Typeform

Für eine schnelle Anfrage deiner Kunden solltest du auf deiner Website ein Kontaktformular einrichten. Bei WordPress ist zum Beispiel das Plugin Contact Form 7 empfehlenswert – es ist intuitiv bedienbar, leicht anzupassen und funktioniert gut. Du kannst dir auch ein eigenes Formular generieren, und dann als HTML-Code einbauen, zum Beispiel auf der Seite gratis-kontaktformular.

Sehr gut zum Erstellen von Formularen eignen sich auch Wufoo und Typeform. Wufoo bietet für das Erstellen grundlegender Formulare, bei denen nur begrenzte Antworten gesammelt werden, eine kostenlose Einsteigervariante an. Über Typeform lassen sich zusätzlich auch Umfragen, Fragebögen oder Quizze erstellen, über die Kundenfeedback gesammelt werden kann.

Online-Korrektor

An einigen von uns ist die letzte Rechtschreibreform vorbeigegangen, doch fehlerhafte Texte online zu stellen, kann peinlich sein. Gehe diesem Fall aus dem Weg und nutze den Online-Korrektor, um deine Texte auf Rechtschreibung und Grammatik zu prüfen. Der Vorteil gegenüber dem bekannten Duden Korrektor liegt darin, dass auch längere Texte eingegeben und mit einem Klick korrigiert werden können. Diese Anwendung gehört also indirekt zu den besten Online-Marketing Tools, da es nicht direkt etwas mit deinem Marketing zu tun hat, aber dennoch deinen Content stark auswertet.

Facebook Werbeanzeigenmanager

Die organische Reichweite von Facebook Beiträgen sinkt kontinuierlich – dagegen helfen nur klug ausgerichtete Werbeanzeigen bei Facebook oder Instagram, welche du mithilfe des Werbeanzeigenmanagers erstellen und verwalten kannst. Der Vorteil ist die sehr genaue Eingrenzung deiner Zielgruppe, die aufgrund der freimütigen Angabe von persönlichen Interessen von Facebook leicht gefunden werden kann. Zudem kannst du Lookalike Audiences anlegen, also Personengruppen erreichen, die ähnlich „ticken“ wie die Personen, die deine Seite schon geliked haben.

Ekomi

Steigere deine Conversion-Rate, indem du Vertrauen schaffst. Mit ekomi bindest du die Bewertungen von Kunden auf deiner Seite ein. Nach einer verifizierten Transaktion sendet ekomi eine Bewertungsanfrage. Wurde diese abgegeben, wird sie überprüft und eingebunden, sodass sie sowohl in den Ergebnissen von Suchmaschinen als auch auf deiner Website erscheint.

HubSpot

HubSpot ist einer der führenden Online-Marketing-Tools, wenn es um Marketing, Verkäufe und CRM-Software geht. Mit der HubSpot-Software hast du Zugriffe zu Tools, die dir unter anderem bei SEO, Social Media, deiner Website, Landing Pages, E-Mails und Analysen helfen. Somit hast du mit HubSpot im Grunde ein optimales Gesamtpaket, mit dem du dein Online-Marketing auf ein neues und besseres Level heben kannst.

KISSmetrics

Mit KISSmetrics wird dir ein Analyse-Tool an die Seite gestellt, mit denen du immer genau weißt, ob deine Kampagnen gut laufen. Bei der Analyse-Funktion gibt es direkt einen Funnel-Bericht, bei der du genau sehen kannst, wie dein Funnel funktioniert und ob du ihn noch verbessern kannst. KISSmetrics ist mit seinen 120 Dollar pro Monat zwar nicht günstig, richtig eingesetzt kann es dir aber sehr gut dabei helfen, dein Marketing von Grund auf zu verbessern.

Google Adwords

Mit Google AdWords (https://adwords.google.com) erzielst du Einblendungen deiner Seite oder Produkte, wenn Kunden nach entsprechenden Begriffen suchen, die du mit deinem Auftritt verknüpft hast. Während sich Werbung bei Facebook besonders dafür eignet, deine Marke bekannter zu machen und mit Storytelling und emotionalen Posts zu stärken, ist die direkte Werbung in der Suchmaschine sinnvoll, um konkrete Produkte und Angebote zu promoten.

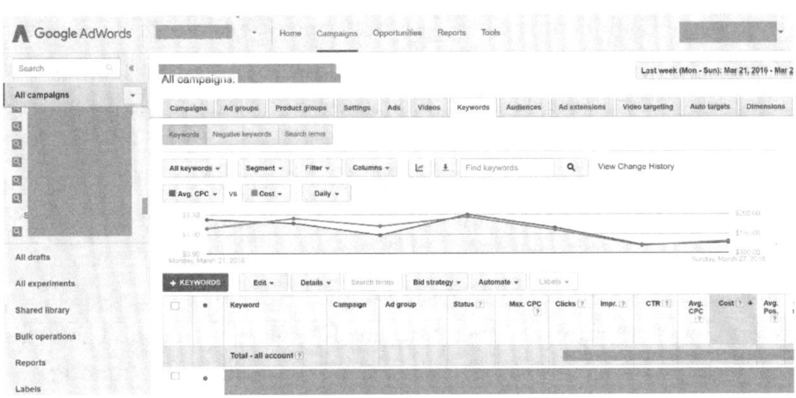

PageSpeed Insights

PageSpeed Insights (https://developers.google.com/speed/pagespeed/insights) bewertet die Geschwindigkeit deiner Website getrennt nach Desktop und mobiler Ansicht. Das Tool aus dem Hause Google gibt dir Verbesserungsvorschläge an die Hand und überprüft außerdem, wie gut sich deine mobile Seite bedienen lässt.

Google Alerts

Gibt es ein Thema, zu dem du regelmäßig neue Infos erhalten möchtest, kannst du Google Alters nutzen (www.google.de/alerts). Hier wird ein Keyword hinterlegt, zu dem Google dann regelmäßig Neuigkeiten per Mail versendet, wenn in Suchmaschinen dazu ein neuer Beitrag auftaucht. Die Häufigkeit der Benachrichtigung, in welcher Sprache sie gesendet werden soll und aus welchen Teilen der Welt die Informationen stammen sollen, kannst du dabei selbst entscheiden. Du kannst damit beispielsweise über die Erwähnung deiner Marke auf dem Laufenden bleiben oder dir immer die aktuellsten Infos deiner Branche zuschicken lassen.

Google Optimize

Mit Google Optimize kannst du die Performance deiner Website checken. Mit dem Tool lassen sich A/B-Tests durchführen und so erleichtert das Tool die Optimierung einer Website. Google Optimize gibt es in einer kostenlosen Variante, die dir als Gründer bereits gute Einblicke in deine Website gewährt. Eine Website besteht aus verschiedenen Elementen, die von deiner Zielgruppe unterschiedlich aufgenommen werden können. Mit Google Optimize kannst du mehrere Varianten deiner Website testen: Wo ordnest du deine Elemente am besten an? Wie interagieren die Kunden mit deiner Website? Was animiert deine Kunden zum Kauf? Legst du verschiedene Varianten deiner Website an und testest diese gegeneinander, liefert Google Optimize dir verschiedene Interaktionsdaten und zeigt dir somit Optimierungsansätze. A/B-Tests, multivariates Testing und Personalisierung sind möglich. Möchtest du Google Optimize nutzen, musst du Google Analytics auf deiner Website eingebunden haben.

Digistore24, Awin, FinanceAds

Affiliate Netzwerke wie Awin, FinanceAds und Digistore24 verbinden als Plattformen Advertiser und Publisher (Affiliates). Du kannst auf diesen Plattformen Affiliates für deine Produkte gewinne, die dann für diese Werbung machen und dafür eine Provision erhalten. Awin ist der weltweit größte Anbieter für Affiliate Marketing, FinanceAds hat sich auf Banken, Versicherungen und FinTechs spezialisiert. Digistore24 ist auf den Vertrieb von digitalen Produkten spezialisiert.

Webinaris

Hältst du immer wiederkehrende Online Vorträge mit identischem Inhalt, kannst du diese mit Webinaris automatisieren. Du nimmst dein Webinar, also deinen Online Vortrag, auf, lädst diesen bei Webinaris hoch und bestimmst, zu welchen Uhrzeiten und an welchen Tagen dein Webinar angeboten werden soll. Die Kunden können sich dann für den gewünschten Termin eintragen und erhalten automatisch per Mail die Zugangsdaten. Außerdem lassen sich auch Erinnerungen und Follow-up-E-Mails über Webinaris versenden.

Envato Elements

Bist du auf der Suche nach kreativen Assets, solltest du dir Envato Elements genauer ansehen: Die Website bietet im Abo die Möglichkeit, unbegrenzt kreative Stockelemente zu downloaden und dich inspirieren zu lassen. Videos, Soundeffekte, Vorlagen, Musik, Fotos u. v. m. - hier wirst du garantiert fündig. Für einen ersten Einblick kannst du Envato Elements sieben Tage lang kostenlos testen.

Google Data Studio

Um dein Business stetig zu verbessern und deine Kunden zu verstehen, musst du deine gesammelten Daten auch auswerten. Für die Verwaltung und Visualisierung von Daten aus verschiedenen Quellen Kann Google Data Studio genutzt werden. Erstelle personalisierte Dashboards und Reports, um deine Erkenntnisse mit Kollegen oder Partnern zu teilen. Die Software ist kostenlos und aufgrund ihrer einfachen Bedienung auch für unerfahrene Anwender geeignet.

SEO-TEXTE: SO STEHST DU MIT DEINEM CONTENT GANZ OBEN IM RANKING

Wer mehr Besucher auf seine Website bekommen möchte, der braucht vor allem eins: guten Content. Doch das ist nicht alles. Schließlich müssen die Nutzer erstmal auf den Content aufmerksam werden. Und das passiert meistens dadurch, dass sie die Inhalte bei Google finden. Doch mal ehrlich: Wer schaut sich bei den Google-Ergebnissen die Seite zwei an? So gut wie keiner. Daher ist es wichtig, beim Google-Ranking weit oben zu langen. Und hier kommt die SEO-Optimierung ins Spiel. Wir verraten dir, wie du SEO-Texte schreiben kannst, die garantiert bei Google gefunden werden.

Was ist ein SEO-Text?

Einfach ausgedrückt sind SEO-Texte Inhalte, die man selbst schreiben kann und die bei Google hohe Rankings erzielen können. Sie sind somit darauf ausgelegt, von Suchmaschinen wie Google verstanden und als gut befunden zu werden. Damit ein Text also organisch auf Google gut rankt, müssen jedoch viele verschiedene Faktoren zusammenspielen. Unter anderem gehören dazu die Keyword-Dichte, die Länge des Textes und die Snippet-Optimierung. Früher hat es sogar schon gereicht, wenn das gewünschte Keyword so oft wie möglich im Text vorkam. Heute funktioniert das nicht mehr. Qualität statt Quantität ist hier das Stichwort.

Die Wichtigkeit der Keywords

Ohne Keywords ist ein Text kein SEO-Text. Auch wenn die Texte nicht mehr so mit Keywords überladen werden dürfen, spielen diese immer noch eine sehr entscheidende Rolle. Wenn du anfängst, einen Text mit einem bestimmten fokussierten Keyword zu schreiben, also beispielsweise einen Text über Autos, dann ist es so gut wie unmöglich, das Keyword Auto nicht zu benutzen. Somit passiert es fast automatisch, dass du dein Fokus-Keyword im Text einsetzt. Wichtig ist hierbei nur, dass dieses Keyword nicht zu oft im Text vorkommt. Hier kann es helfen, Synonyme für das Keyword einzusetzen. Damit du die passenden Synonyme für deinen Text findest, solltest du also eine gründliche Keyword-Recherche betreiben.

SEO-Texte schreiben – Wie funktioniert das?

Es gibt viele verschiedene Kriterien, anhand denen sich ein SEO optimierter Text erstellen lässt. Wichtig ist hierbei aber vor allem eins: Der Nutzer muss bei dem Text immer im Fokus stehen. Denn in erster Linie sollte man die Inhalte, die man auf seiner Website veröffentlicht, immer für die Zielgruppe und nicht für die Suchmaschine schreiben. Hier sollte man sich also immer fragen, welche Motive der Nutzer hinter der Suchanfrage hat und nach welchen Inhalten er dementsprechend sucht. Darauf aufbauend sollte man den Text dann so anpassen, dass er auch bei den Suchmaschinen gut gefunden werden kann.

SEO-Texte schreiben: 13 Tipps und Tricks

Im Folgenden wollen wir dir nun einige Tipps und Tricks mit an die Hand geben, wie du die Inhalte auf deiner Website so optimieren kannst, dass sie gut bei Google und anderen Suchmaschinen gefunden werden können. So kannst du die Reichweite deiner Website erhöhen und mehr Besucher auf deine Seite holen.

1. Suchintention herausfinden

Zunächst musst du dich in den User, der nach einem bestimmten Keyword sucht, hineinversetzen. Was beabsichtigt er mit seiner Suche zu finden? Das Ziel der Inhalte muss also sein, dass sie den User zufriedenstellen und ihm seine Fragen beantworten. Bei so einer Analyse können folgende Fragen helfen:

- Wer ist der User?
- Welche Probleme hat er?
- Was ist seine Motivation, nach dem Keyword zu suchen?
- Wie kann man den User zufriedenstellen?
- Welchen Hintergrund hat er?
- An welcher Stelle der Customer Journey befindet er sich gerade?

Da Google bereits seit vielen Jahren Daten zu der Suchintention von Nutzern sammelt, spielt es meistens die Ergebnisse aus, welche die Nutzer in den vergangenen Jahren zufriedengestellt haben. Das heißt, wenn man die Inhalte so in der Art aufbaut, wie sie bereits bei den obersten Ergebnissen zu finden sind, kommt man der Intention des Keywords schon sehr nahe.

2. Das richtige Keyword finden

Wenn du nun mit deinem SEO-Text loslegen willst, solltest du zunächst das richtige Keyword herausfinden, auf das du deinen Text aufbaust. Bei Keywords handelt es sich um Suchbegriffe, die in Form von einzelnen Wörtern, Phrasen oder ganzen Fragen auftreten können. Hierfür gibt es verschiedene Tools mit denen sich das herausfinden lässt – teilweise sogar kostenlos:

- Google Suggest, Youtube, Pinterest, Amazon (geben automatische Vorschläge, wenn du ein Stichwort eingibst)
- Ubersuggest
- KWFinder

- SISTRIX
- Google Ads Keyword Planner
- XOVI

Mit den meisten kostenpflichtigen Tools lassen sich nicht nur beliebte Keywords herausfinden, sondern darüber hinaus auch noch weitere Informationen, wie das Suchvolumen und der SEO-Schwierigkeitsgrad.

3. Synonyme verwenden
Beim Verfassen eines Beitrags ist es sinnvoll, Synonyme für die Hauptkeywords zu verwenden. So kannst du Leute auf deine Website ziehen, die mithilfe solcher Synonyme nach etwas suchen und nicht darauf gekommen sind, mittels der von dir verwendeten Hauptkeywords in den Suchmaschinen aktiv zu werden. Auch semantisch verwandte Themenfelder im Text zu verwenden kann bei der Gewinnung von Kunden helfen. Nimmt man als Beispiel einen Text, der sich dem Thema „Sägen" widmet, sollte z. B. auch das Wort „Werkzeug" enthalten sein. Es ist sozusagen der Oberbegriff, unter dem sich Sägen einordnen lässt. So wird einem Suchenden bei der Eingabe des Begriffs „Werkzeug" womöglich auch deine Seite angezeigt.

4. Konkurrenz analysieren
Wichtig ist beim Schreiben eines SEO-Textes zudem, dass man sich auf die Konkurrenz einmal genauer anschaut. So kann man herausfinden, welche Inhalte besonders gut für das jeweilige Keyword funktionieren. Hierbei sollte man besonders darauf achten, welche Informationen die Konkurrenz auf ihrer Seite hat, wie die Informationen verpackt sind und wo es noch inhaltliche Lücken gibt.

Ganz wichtig: Abschreiben ist nicht erlaubt! Das verstößt zum einen gegen das Urheberrecht und zum anderen wird das von Google als Duplicate Content angesehen und schlägt sich in schlechteren Rankings nieder.

5. Texte übersichtlich gestalten

Ein Text liest sich besser, wenn er in mehrere Abschnitte und Zwischenüberschriften unterteilt ist. Das sieht zum einen der Leser aber auch Google so. Gestalte deine SEO-Texte daher so, wie du ihn auch gerne lesen würdest. Unterteile ihn daher regelmäßig in Abschnitte, damit Textblöcke den Leser nicht erschlagen. Drei bis vier Sätze pro Absatz sind hier in der Regel ein guter Richtwert, an dem man sich orientieren kann.

Anders als bei einem Buch wollen sich die Leser von Texten im Internet nicht unbedingt mehrere Stunden Zeit nehmen, um sich von Abschnitt zu Abschnitt zu hangeln. Versuche deinen Text deswegen anschaulich und leicht lesbar zu gestalten.

6. Unique- und Compelling-Content

Bei der Erstellung eines SEO-Textes geht es vor allem um die Einzigartigkeit und die Qualität des Inhalts. Unter Unique-Content verstehen Experten einen Text, der weder in Teilen noch vollständig aus anderen Quellen stammt, sondern vollständig von dir selbst verfasst wurde. Suchmaschinen sind in der Lage, Texte auf ihre Einzigartigkeit hin zu prüfen und finden in der Regel schnell heraus, ob dein Text tatsächlich „unique" ist. Existiert der Text bereits im Internet, so stufen die Suchmaschinen deinen Text als sogenannten „duplicate content" ein und weisen ihm ein sehr schlechtes Ranking zu. Am besten ist es deshalb, Texte für deine Website entweder selbst zu verfassen oder sie von einem professionellen Texter schreiben zu lassen.

Auch wenn du einen Text selbst geschrieben hast, ist das noch keine Garantie dafür, dass Suchmaschinen ihn auf eine vordere Position beim Ranking setzen. Dazu braucht ein Text mehr. Er sollte nicht nur „unique" sein, sondern auch „compelling" – also unwiderstehlich, spannend und verlockend. Google und andere Suchmaschinen belohnen Texte mit diesen Eigenschaften durch ein hohes Ranking. So wollen sie qualitativ hochwertige Texte fördern und gewährleisten, dass Suchende nicht ständig mit langweiligen und wenig informativen Websites beziehungsweise Texten konfrontiert werden.

7. Meta-Beschreibung nicht vernachlässigen

Die Meta-Beschreibung ist der Text, den der Nutzer bei Google unter der Überschrift deines Textes sieht. Er besteht aus maximal 156 Zeichen und soll den Leser neugierig auf den Text machen. Überlege dir also gut, was du dort genau beschreiben willst und wie du den Leser dazu bringen kannst, mehr über deinen Text zu erfahren. Auch hier solltest du wieder versuchen, einige Keywords mit einzubringen, mit denen du gerne auf Google ranken möchtest. Eine gut formulierte Meta-Beschreibung erhöht so die Klickrate und ist so auch ein wichtiger Faktor für den Google-Algorithmus.

8. Sinnvoll Verlinkungen setzen

Ein weiterer Faktor, der das Ranking bei Suchmaschinen positiv beeinflussen kann, ist das Setzen von internen und externen Verlinkungen. Bei internen Verlinkungen setzt du bestimmte Links in deinen Text, der auf andere Texte von dir verweist. Diese sollten sinnvoll gesetzt werden, damit der Leser länger auf deiner Seite bleibt und sich so durch verschiedene Texte durch klickt. Denn auch die Verweildauer und die Häufigkeit der Klicks auf deiner Seite, können das Google-Ranking positiv beeinflussen. Doch auch externe Links können für dein Ranking sehr hilfreich sein, wenn diese sinnvoll gesetzt sind und dem Leser einen Mehrwert bieten. Auch hier zeigt sich wieder: Der Leser steht an erster Stelle.

9. Medieninhalte einbinden

Wenn es thematisch passend ist, sollte man auch versuchen, immer mal wieder Bilder, Audio- oder Videodateien mit in den Beitrag einzubauen. Diese lockern den ganzen Text ein wenig auf und können die Inhalte oft auf eine andere und verständlichere Weise erklären. Bindest du Bilder in den Beitrag ein, kann es zudem gut sein, dass du bei der Google-Bildersuche gefunden wirst. Diese lassen sich auch SEO optimieren, indem du die Bildbeschreibung mit passenden Keywords schmückst. Durch verschiedene Bilder- oder Textgalerien kannst du zudem die Verweildauer und die Klickrate auf deiner Seite erhöhen.

10. Die richtige Textlänge

Tatsächlich lässt sich nur schwer sagen, wie lang ein Text sein sollte, damit er auf Google gut ranken kann. Die Länge hängt hier in den meisten Fällen von der Suchintention ab. Komplexere Themen benötigen oft längere Antworten als Suchanfragen, die nur auf eine einfache Antwort abzielen. Generell lässt sich sagen, dass ein Text so lang wie möglich und so kurz wie nötig sein sollte. Man sollte also alle wichtigen Fragen des Lesers beantworten, dabei aber nicht zu lange ausschweifen.

11. Ausklappbare Texte verwenden

SEO-Texte, die sich ausklappen lassen, sind auf vielen Websites sehr beliebt. Und das ist auch verständlich, denn sie bieten dem Leser einen schönen Überblick und geben ihm die Gelegenheit, sofort die Abschnitte zu finden, die ihn interessieren. Auch für Nutzer, die mit ihrem Smartphone auf deiner Website landen, sind ausklappbare Texte sehr angenehm, da sie nicht ewig lange runterscrollen müssen.

12. WDF*IDF

WDF*IDF hat im Jahre 2012 die Keyword-Dichte als SEO-Rankingfaktor abgelöst. Kurz erklärt berechnet diese Formel, wie sich dein Text im Vergleich zu anderen Texten desselben Themas verhält. Zudem zeigt es dir auf, welche Keywords in dem Zusammenhang auch auftauchen sollten, damit dein Text besser rankt. Was kompliziert klingt, ist mit den richtigen Tools leicht umzusetzen. Hilfreiche Tools hierfür sind termlabs.io oder Content Sucess von RYTE.

13. Zum Schluss: Text überarbeiten

Hast du deine SEO-Texte fertig geschrieben ist es ratsam, diesen noch einmal zu lesen. Im besten Fall mit etwas zeitlichem Abstand. So fallen dir Dinge auf, die du beim Schreiben nie gemerkt hättest. Das können beispielsweise unnötige Füllwörter, zu lange Sätze, Wortwiederholungen, zu viele Passiv-Sätze oder doppelte Verneinungen sein. All das stört den Lesefluss und sollte weggestrichen beziehungsweise angepasst werden. Korrektur lesen ist daher eine Sache, die beim Schreiben von SEO-Texten niemals unterschätzt werden sollte.

Fazit

SEO-Texte zu schreiben ist ein komplexes Thema. Viele Dinge findet man erst beim Ausprobieren heraus, da Google seinen Algorithmus ständig anpasst und andere Dinge plötzlich als wichtiger erachtet. Deswegen sollte man immer auf dem Laufenden bleiben, was neue Updates von Google angeht. Schneidet dein Text plötzlich schlechter ab, wird Google vielleicht wieder etwas verändert haben. Passe also deine Texte ständig an, wenn du merkst, dass diese noch nicht so ranken, wie du es dir gerne wünschen würdest.

CHATBOTS IM MARKETING: B2C-KOMMUNIKATION 2.0

Chatbots erscheinen hierzulande als Phänomen, das erst in den letzten Jahren an Popularität aufgenommen hat. Tatsächlich sind sie jedoch bereits seit vielen Jahren im Einsatz – beispielsweise in Ämtern oder den Hotlines großer Konzerne: Anrufer werden über Sprachdialogsysteme mit Support-Abteilungen oder -Mitarbeitern verbunden und erhalten so zielgerichtete Hilfestellung zu ihren Anliegen. Was anfänglich größtenteils als Zeitersparnis oder Navigationshilfe betrachtet wurde, löst aktuell zunehmend den klassischen Kundendienst ab. Chatbots erobern dank KI-Unterstützung und neuer Einsatzgebiete das Marketing und eröffnen ihren Betreibern ungeahnte Möglichkeiten. Denn statt der befürchteten Entfremdung zwischen Kunde und Unternehmen zeigt sich das genaue Gegenteil: Chatbots haben das Potenzial, Marken menschlicher wirken zu lassen – wenn sie richtig genutzt werden.

Chatbots: Überall einsetzbar,vielfach bekannt

Sprachassistenten und Chatbots übernehmen eine Vielzahl an Aufgaben und finden deshalb in immer kreativeren Szenarien ihren Einsatz. Als bekannteste Vertreter sind hier Siri, Cortana, Alexa und der Google Assistant zu nennen. Doch auch die großen sozialen Messenger-Dienste wie WhatsApp, Facebook oder WeChat erweitern die Bereiche, in denen Chatbots zum Tragen kommen, kontinuierlich: Schätzungen zufolge haben im Jahr 2018 mehr als zwei Drittel der User im Netz bereits Chatbots genutzt, um sich in Support-Fällen Hilfestellung geben zu lassen – Tendenz steigend.

Das weitverbreitetste Einsatzgebiet ist dabei ganz klar die Hilfestellung zu Produkten oder Informationen auf Unternehmenswebsites zur Entlastung menschlicher Support-Kapazitäten. Dabei filtern Chatbots eingehende Anfragen und verteilen sie auf die entsprechenden Departments. Immer öfters sind die automatischen Helferlein jedoch auch in der Lage, ganze Anfragen eigenständig zu bewältigen.

Das eindrucksvollste Beispiel hierfür dürfte Google Duplex sein: ein Sprachassistent, dessen Stimme und Ausdrucksform nicht mehr vom Menschen zu unterscheiden ist. „Unternehmen werden massiv von diesen Technologien profitieren, wenn sie sich im Web als Informationsquelle für Sprachassistenten positionieren", erklärt Vincent Sünderhauf, Geschäftsführer der seosupport GmbH in Berlin. „Wir können schon jetzt sagen, dass die Zahl der Conversions, die über Featured Snippets auf Unternehmenswebsites generiert werden, tendenziell zunimmt. Chatbots können gezielt dafür eingesetzt werden, weiterführende Informationen für die User anzubieten und die Kosten auf Personalseite im Rahmen zu halten."

Die Vorteile des Einsatzes von Chatbots liegen auf der Hand

Chatbots sparen Personalkosten ein. Routinefragen können mit den digitalen Helfern deutlich schneller abgewickelt werden. Man geht hier von einem 80-prozentigen Zeitersparnis aus.

Chatbots kennen weder Feiertage noch Arbeitszeiten und können 24 Stunden am Tag eingesetzt werden. So erhalten Kunden selbst dann Support, wenn keine verfügbaren Mitarbeiter erreichbar sind.

All diese Vorteile äußern sich jedoch nur dann, wenn der Chatbot mit ausreichend Antwortmöglichkeiten für die Fragen der jeweiligen Zielgruppen vorbereitet wird. Denn fast die Hälfte der User interessiert sich nicht dafür, ob sie benötigte Informationen von einem Menschen oder einer Maschine bekommen. Viel wichtiger ist den Befragten, dass sie schnellstmöglich kompetente Hilfe erhalten.

Chatbots: Ein Trend, der sich schon lange durchgesetzt hat

Websites wie Botlist zeigen die vielfältigen Anwendungsgebiete für Chatbots auf und lassen erkennen, wie groß das Potenzial in Bereichen wie Content Marketing oder Finanztransaktionen noch ist. Die finanziellen Hürden für ihren Einsatz sinken stetig, sodass auch kleinere Unternehmen in den Genuss kommen, 24/7-Verfügbarkeit für ihre Kunden zu ermöglichen. Dass die Einführung neuer Chatbot-Systeme teilweise auch Schwierigkeiten mit sich bringt, sieht man besonders in Deutschland des Öfteren. Nichtsdestotrotz sind selbstlernende Informationsassistenten auf dem Siegeszug und werden über kurz oder lang noch deutlich präsentere Plätze in unserer Gesellschaft einnehmen.

KAPITEL 9

PERSONAL & MITARBEITERFÜHRUNG

Wenn die Unternehmensgründung erfolgreich war und das Geschäftsmodell fruchtet, braucht es Menschen, die die Zukunft der Firma mitgestalten. Geht ein Startup auf Wachstumskurs, kommt auf Gründer eine der wichtigsten Aufgaben zu: Die passenden Mitarbeiter finden. Denn nur qualifiziertes und motiviertes Personal ist dazu in der Lage, gute Arbeit zu leisten, neue Kunden für das Unternehmen zu gewinnen und somit langfristig den Umsatz zu steigern. Hier sollten also keine vorschnellen Entscheidungen getroffen werden.

Umso wichtiger ist es für dich als Gründer zu wissen, mit welchen Strategien du an gute Mitarbeiter kommst, die dir zum Erfolg verhelfen, und wie du sie dauerhaft an dein Unternehmen bindest.

FINDE DEINEN ERSTEN MITARBEITER

Wir haben 4 Tipps, die dir dabei helfen, die ersten passenden Mitarbeiter zu finden. Mit unseren Tipps wirst du nicht nur vielversprechende Bewerber und schließlich auch qualifizierte Mitarbeiter finden, sondern zusätzlich dein Unternehmen stärker und klarer positionieren können.

Tipp 1: Ein Startup braucht Generalisten

Kurz nach der Gründung deiner Firma stehen die unterschiedlichsten Projekte auf der To-Do-Liste. Zwar ergeben sich Aufgabenschwerpunkte, jedoch keine Fachbereiche, die groß genug sind, um eine Vollzeitkraft auszulasten. Daher ist es anfangs wichtig, dass ein Mitarbeiter viele unterschiedliche Rollen erfüllen kann. Es werden Allrounder mit Hands-on Mentalität gesucht – Menschen, die über den Tellerrand hinausschauen und ein Projekt von A bis Z erledigen. Erst ab einer gewissen Unternehmensgröße werden Spezialisten mit stärkerem Fokus auf ihr Fachgebiet benötigt.

Tipp 2: Je kleiner das Unternehmen, desto wichtiger der Personal Fit

Wenn es darum geht, die ersten Mitarbeiter für dein Startup zu finden, spielt die Persönlichkeit eine besonders große Rolle. Probleme in der Zusammenarbeit mit dem Vorgesetzten oder dem Team gehören zu den häufigsten Kündigungsgründen in jungen Unternehmen. Schließlich verbringt man den Großteil seiner Lebenszeit mit den Kollegen. Je geringer also die Mitarbeiteranzahl, desto wichtiger ist der Teamfit für eine gute Arbeitsatmosphäre und Produktivität.

Tipp 3: Die Unternehmenswerte als Pfeiler für eine gute Zusammenarbeit

Mindestens genauso wichtig wie der Personal Fit ist die Übereinstimmung der Werte des Mitarbeiters mit denen des Unternehmens. Dies führt nämlich zu einer höheren Identifikation und infolgedessen zu mehr Engagement, Motivation und einer höheren Arbeitsleistung. Du solltest dir also Gedanken darüber machen, welche Werte in deiner Firma gelebt werden und diese explizit in den Recruiting-Prozess einbeziehen. Sinnvoll ist es, die Werte auf der eigenen Website zu veröffentlichen, sodass Bewerber selbstständig einen Abgleich durchführen können. Weiterhin ist es ratsam, die Werte gezielt im Bewerbungsgespräch abzufragen. Sind die Werte der Firma einmal sorgfältig formuliert, ist auch der Grundstein für zukünftige Employer Branding-Maßnahmen geschaffen.

Tipp 4: Vorteile eines Startups hervorheben

Die Mitarbeit in einem Startup birgt insbesondere für junge Menschen extrem viele Vorteile. Natürlich ist den Bewerbern auch bewusst, dass Startups im Gegensatz zu Großkonzernen noch keine etablierten Prozesse z. B. im Bereich Onboarding, Weiterbildung oder Karriere-Level haben. Zudem muss man sich auf Abstriche in Punkto Gehalt und sonstige Benefits einstellen. Umso wichtiger ist es, die Vorzüge der Tätigkeit in einem Startup in der Stellenausschreibung zu betonen: Flache Hierarchien, kurze Entscheidungswege, ein junges Team, familiäre Arbeitsatmosphäre, hohe Eigenverantwortung, steile Lernkurve sowie die Möglichkeit, mitzuentscheiden und etwas zu bewirken. Der obligatorische Kicker sollte natürlich auch nicht fehlen!

WAS GUTE MITARBEITER IN DEINEM UNTERNEHMEN BEWIRKEN

Die Qualität der Mitarbeiter spielt eine große Rolle, wenn es darum geht, ob dein Unternehmen auf lange Sicht gesehen Erfolg haben oder scheitern wird. Daher solltest du die drei Typen von Mitarbeitern (A-, B- und C-Mitarbeiter) kennen und wissen, wie du anhand dieser Kategorisierung dein Personal sinnvoller aussuchst.

Über A-, B-, und C-, Mitarbeiter

Die Mitarbeiter eines Unternehmens lassen sich in A-, B- und C-Mitarbeiter aufteilen oder anders gesagt: in Mutmacher, Mitmacher und Miesmacher. Diese Aufteilung zeigt schon, wie unterschiedlich Mitarbeiter sein können. An sich ist das erstmal nichts Schlechtes: Verschiedene Köpfe haben verschiedene Ideen, die das Unternehmen auf kreative und innovative Weise voranbringen.

Allerdings können Unterschiede auch anderweitig erfolgsentscheidend sein, besonders im Hinblick auf die Arbeitseinstellung. Ist diese schlecht, kann das negative Konsequenzen für dein Unternehmen haben. Um dich vor dem Scheitern zu bewahren, ist es wichtig, die drei Mitarbeitertypen zu kennen:

- A-Mitarbeiter, die Mutmacher, sind sehr ambitioniert und überdurchschnittlich engagiert: Sie erreichen gesteckte Ziele nicht nur, sie übertreffen sie sogar und sind damit absolut gewinnbringend.
- B-Mitarbeiter, die Mitmacher, erledigen ihre Aufgaben, tun aber nicht mehr als sie unbedingt müssen. Sie fallen weder positiv noch negativ auf, sondern laufen sozusagen nebenher mit.
- C-Mitarbeiter, die Miesmacher, können durchaus schädlich für dein Unternehmen sein. Sie sind leistungstechnisch eher schwach, nur bedingt motiviert und haben innerlich bereits gekündigt.

Es muss zusammenpassen

Grundsätzlich musst du wissen, welche Erwartungen du an die einzelnen Mitarbeiter hast und ob sie von ihren Kompetenzen und vom Charakter her überhaupt zu deinem Unternehmen bzw. in das Team passen.

Außerdem solltest du dich fragen, wie viele B- oder C-Mitarbeiter dein Unternehmen auf Dauer verträgt, ohne dass der Erfolg Schaden nimmt. In einem nächsten Schritt ist zu überlegen, wie du mit C-Mitarbeitern umgehst. Zunächst einmal solltest du überprüfen, ob die betreffende Person aufgrund ihrer Persönlichkeit nicht den richtigen Posten im Unternehmen hat und woanders bessere Leistungen erbringen würde.

Sollte das nicht helfen, bleibt nur noch die Frage, ob deinem Mitarbeiter fachliche Kompetenzen fehlen, die ihn daran hindern, richtig zu arbeiten, oder ob es an Motivation fehlt. Ist das der Fall, solltest du dich lieber um Ersatz bemühen, denn unpassende Mitarbeiter kosten Geld, werfen aber kaum Gewinne für dich ab.

Strategien für die Suche nach neuen Mitarbeitern

Gerade, wenn man als Gründer mit seinem kleinen Unternehmen erst am Anfang steht und noch kein routiniertes Team um sich geschart hat, ist die Suche nach neuen Mitarbeitern nicht so leicht. Wenn noch kein großes Team besteht, das dafür sorgt, dass grobe Fehler von neuen Mitarbeitern nicht zum Problem werden, bist du als Gründer auf gute Mitarbeiter angewiesen, die motiviert und kompetent bei der Sache sind und dem Unternehmen zum Erfolg verhelfen.

STELLENAUSSCHREIBUNGEN AUF VERSCHIEDENEN KANÄLEN

Stellenausschreibungen sind nicht nur eine gute Möglichkeit, um an neue und qualifizierte Mitarbeiter zu kommen, sie lassen sich außerdem ganz vielfältig einsetzen. Durch sie erreichst du potenzielle Kandidaten über unterschiedliche Kanäle und kannst die Mitarbeitersuche damit auf einen bestimmten Personenkreis eingrenzen.

Internet

Das Internet bietet eine ganze Reihe an Möglichkeiten, wie du dein Stellenangebot publizieren kannst. Nutze dafür auf jeden Fall Jobbörsen und Karriereportale, denn mittlerweile wird ein erheblicher Teil der Stellen über solche Seiten vermittelt. Hier kannst du Stellenausschreibungen online stellen, aber auch gezielt nach neuen Mitarbeitern suchen.

Weiteres Potential bieten soziale Netzwerke wie Xing und LinkedIn, in denen die Mitglieder vor allem berufliche Kontakte verwalten und neue Kontakte knüpfen können. Das Profil ist so ausgelegt, dass sich bisherige Ausbildungen und berufliche Erfahrungen sowie fachliche und soziale Kompetenzen eintragen lassen. So kannst du einschätzen, wen du mit an Bord haben möchtest und aktiv Kontakt aufnehmen.

Nicht zu vergessen ist eine Stellenausschreibung auf der firmeneigenen Website und auf der Facebook-Profilseite deines Unternehmens, falls vorhanden.

Grundsätzlich ist es für Bewerber attraktiv, wenn die Option einer Online-Bewerbung besteht. So können sie die Bewerbung ganz bequem von zuhause aus fertigstellen und müssen nicht befürchten, dass die Unterlagen auf dem Postweg verloren gehen.

Printmedien

Selbst wenn in der heutigen Zeit Stellenausschreibungen eher online inseriert werden, sind Printmedien weiterhin ein wichtiger und vielfältiger Distributionskanal und sollten daher nicht vernachlässigt werden.

Abgesehen von regionalen oder überregionalen Zeitungen sind auch Zeitschriften für Stellenausschreibungen geeignet, hier vor allem Branchen- und Fachzeitschriften. Denn für die Suche nach passenden Bewerbern kann es – je nach Bereich – sinnvoller sein, die Printmedien gezielt auszuwählen.

Personen, die solche Zeitschriften lesen, verfügen in der Regel auch über ein entsprechendes Fachwissen – und das kommt wiederum deinem Unternehmen zugute.

Arbeitsagentur

Informiere zudem die Bundesagentur für Arbeit über verfügbare Stellen in deinem Unternehmen und setze die Stellenausschreibung direkt auf das entsprechende Portal des Arbeitsamtes. So können die Mitarbeiter dort ihre Klienten direkt auf dich verweisen bzw. Klienten bei ihrer Recherche dein Stellenangebot finden.

Nach geeigneten Mitarbeitern Ausschau halten

Eine weitere Möglichkeit, um an die gewünschten Mitarbeiter zu kommen, ist es, als Gründer selbst aktiv zu werden und immer mal wieder selbst nach geeigneten Kandidaten Ausschau zu halten.

Schließlich kommst du in deinem beruflichen Alltag ständig mit Menschen aus anderen Bereichen in Kontakt. Vielleicht ist da jemand dabei, der für dein Unternehmen interessant sein könnte. Es lohnt sich jedenfalls, solche Kontakte aufrechtzuerhalten.

Möglich ist auch, dass deine Geschäftspartner oder Lieferanten jemanden aus dem beruflichen oder privaten Kreis kennen, der in dein Unternehmen passen könnten.

Geeignete Bewerber, die sich nach einem erfolgreichen Bewerbungsverfahren schlussendlich doch gegen dein Unternehmen entschieden haben, solltest du nicht abschreiben, sondern ihre Bewerbungen inklusive Kontaktdaten aufbewahren. Immerhin besteht die Möglichkeit, dass du sie zu einem späteren Zeitpunkt doch noch für dein Unternehmen gewinnen könntest.

Scheue dich außerdem nicht davor, in deinen eigenen Reihen nach Bewerbern zu suchen. Sicherlich kennen deine bereits eingestellten Mitarbeiter den ein oder anderen potentiellen Kandidaten aus ihrem privaten Umfeld oder über berufliche Kontakte.

Der Vorteil: Deine Mitarbeiter können gut einschätzen, ob jemand in das Team passt und ob er die Aufgaben im Sinne des Unternehmens erfüllen kann. Solche „Wunschkandidaten" sind demnach mit hoher Wahrscheinlichkeit gut für dein Unternehmen.

Schaue dich auch in deinem privaten Umfeld um, denn die Menschen in deinem Familien-, Freundes- oder Bekanntenkreis kennen eventuell jemanden, der gerne für dich arbeiten würde, oder sind möglicherweise selbst geeignete Kandidaten.

Fazit

Das eigene Netzwerk ist in Startups ein besonders wichtiger Recruiting-Kanal. Mitarbeiter über Empfehlung zu finden spart nicht nur Kosten und Zeit, es minimiert auch das Risiko einer Fehlbesetzung. Zum einen gilt die Faustregel: Gute Leute kennen gute Leute. Zum anderen ist die Wahrscheinlichkeit hoch, dass der Personal Fit und die Übereinstimmung mit Unternehmenswerten gegeben ist.

Doch auch bei der Ausschreibung über Stellenportale musst du nicht tief in den Geldbeutel greifen. Es existieren einige kostenlose Jobbörsen, die dennoch eine hohe Reichweite erzielen. Indeed ist hierfür eine sehr geeignete Plattform, du kannst aber auch über Xing und LinkedIn kostenlos Stellen schalten. Ein guter Tipp ist hier, die Stellenausschreibung außerdem in bestehenden Communitys, z. B. in Social Media-Netzwerken zu teilen. Hier existieren beispielsweise Gruppen von Absolventen relevanter Studiengänge.

GESUCHT UND GEFUNDEN – NEUE MITARBEITER EINSTELLEN

Die Grundlage für jeden Recruiting-Prozess ist die Stellenausschreibung. Die Suche nach neuen Mitarbeitern wird durch eine gute Stellenausschreibung auf verschiedenen Kanälen deutlich vereinfacht. Damit dieses Verfahren auch wirklich effektiv ist und dir möglichst nur geeignete Kandidaten liefert, sollte die Stellenausschreibung unbedingt die wichtigsten Stellenanforderungen und Auswahlkriterien enthalten. In der Ausschreibung wird eine Kurzpräsentation der Firma, das Aufgaben- und Anforderungsprofil der Vakanz und die Benefits für den Mitarbeiter dargestellt. Den Fokus solltest du hierbei auf das Aufgabenprofil legen. Je umfangreicher die Tätigkeitsbeschreibung ist, desto präziser kann ein Bewerber beurteilen, ob er sich dieser Herausforderung gewachsen fühlt. Ellenlange Anforderungsprofile wirken dagegen oft erschlagend und können den Bewerber davon abhalten, sich zu bewerben, wenn er nicht jedes Kriterium erfüllt. Dabei gilt es doch Mitarbeiter zu finden, die motiviert und engagiert sind, die Lust haben, das Unternehmen voranzutreiben und sich den Aufgaben stellen wollen. Dafür müssen sie nicht zwingend einem detaillierten und spezifischen Anforderungsprofil entsprechen.

Auswahlkriterien und Stellenanforderungen definieren

Bevor die Suche nach neuen Mitarbeitern also richtig starten kann, musst du dir unbedingt darüber im Klaren sein, in welchem Bereich du zusätzliche Arbeitskräfte benötigst, welche Anforderungen du an deine neuen Mitarbeiter stellst (fachliche Kompetenzen, persönliche Eigenschaften) und welche Aufgaben sie konkret übernehmen sollen.

Zentrale Fragen sollten dabei sein:

- Wo braucht dein Unternehmen Unterstützung?
- Was ist dir an neuen Mitarbeitern wichtig?

Damit erstellst du ein präzises Anforderungsprofil, das sich in der Stellenausschreibung wiederfindet. Mache dir auch bewusst, welche Eigenschaften der neue Mitarbeiter auf keinen Fall haben darf, damit er zum Unternehmen passt.

Eine sinnvolle Vorauswahl treffen

Läuft die Suche nach neuen Mitarbeitern erfolgreich, werden recht bald die ersten Bewerbungen auf deinem Tisch liegen. Grundsätzlich empfiehlt es sich, durch umfangreiche Überlegungen eine sinnvolle Vorauswahl zu treffen, um nicht aufgrund von Fehlentscheidungen viel Zeit und später vor allem viel Geld für unpassende Kandidaten zu verschwenden und sich stattdessen direkt auf die wirklich qualifizierten Bewerber zu konzentrieren.

Wie geht man bei einer solchen Vorauswahl am besten vor? Zunächst einmal solltest du dir die Qualifikationen des Bewerbers genau anschauen und prüfen, ob und inwiefern sie zu den Anforderungen der zu besetzenden Stelle passen. Bei diesem Abgleich wirst du sicherlich schon die ein oder andere Bewerbung aussortieren können. Je höher die ausgeschriebene Position, desto stärker ist auf die optische Aufmachung und Strukturierung der Unterlagen zu achten.

Bei der Vorauswahl sollten die Bewerbungsunterlagen auch auf gewisse formale Anforderungen hin überprüft werden, wie etwa eine bestimmte Ausbildung oder bereits absolvierte Berufsjahre.

Außerdem kann es helfen, die Bewerbungsunterlagen als eine Art erste Arbeitsprobe des Bewerbers zu betrachten. Ein Augenmerk sollte daher auf dem Erscheinungsbild sowie auf der Rechtschreibung und Zeichensetzung liegen. Unsaubere oder unvollständige Unterlagen, möglicherweise noch mit einem schlampigen Bewerbungsfoto, sind in den meisten Fällen ein Ausschlusskriterium.

Häufen sich Flüchtigkeitsfehler oder ist der Lebenslauf nicht auf dem neusten Stand, kann das ein Hinweis auf eine unkonzentrierte und nicht sehr sorgfältige Arbeitsweise sein. Häufige Stellenwechsel können ebenfalls ein Warnsignal sein, müssen es jedoch nicht zwangsläufig.

Für eine gute Vorauswahl ist es sinnvoll, die Bewerbungen in drei Kategorien einzuteilen und dementsprechend weiter mit ihnen zu verfahren:

- Bewerber, deren Profil ideal zur Ausschreibung passt und die sofort zu einem Vorstellungsgespräch eingeladen werden können
- Bewerber mit guter Eignung als Nachrücker

- Bewerber mit eher geringen Chancen als Reserve

Bewerbungsgespräche erfolgreich führen

Die Bewerber, die nach der Vorauswahl noch im Rennen sind, werden zum persönlichen Vorstellungsgespräch eingeladen. Sympathien mit Bewerbern oder eine besonders gute Präsentationsfähigkeit kann schnell dazu führen, dass Defizite übersehen werden. Um die Objektivität bei der Bewertung von Bewerbern hochzuhalten und gleiche Bedingungen für alle zu schaffen, ist es sinnvoll, einen standardisierten Bewerbungsprozess zu definieren. So können die Bewerber möglichst nach den gleichen Kriterien bewertet werden können. Zudem ist es so nachher für dich leichter zu sagen, wer für dein Unternehmen infrage kommt und wer nicht.

Der Ablauf und die Inhalte des Bewerbungsgesprächs können in einem Interviewleitfaden festgelegt werden. Denn nicht nur die Bewerber müssen für das Gespräch gut vorbereitet sein, sondern auch du solltest im Vorfeld wissen, was du sie fragen und wie du umgekehrt auf ihre Fragen antworten möchtest. Hierin sollten Fragen und Aufgaben definiert werden, die die relevanten Anforderungen messen. Wichtig ist es, die gewünschten Antworten und Lösungen ebenso vorab festzulegen, um eine objektive Auswertung der Interviews sicherzustellen. Ein standardisierter Prozess ermöglicht somit eine optimale Vergleichbarkeit der Ergebnisse. Natürlich solltest du Bauchgefühl und Sympathie dabei nicht vollkommen außer Acht lassen. Realistische und relevante Informationen helfen dem Bewerber außerdem, die Entscheidung für oder gegen dein Unternehmen zu treffen.

Des Weiteren solltest du ein Bewerbungsgespräch nie alleine, sondern im Beisein mindestens einer, besser zwei weiterer Personen führen. Das verhindert, dass der Bewerber nur aufgrund subjektiver Eindrücke abgelehnt oder eingestellt wird. Die Begutachter sollten sich bei der Entscheidung einig sein.

Neben den fachlichen Kompetenzen muss ein Bewerber auch die gewünschten Charaktereigenschaften mitbringen. In Bewerbungsgesprächen erhältst du gute Eindrücke darüber, wie sich der Bewerber verhält, wie er auftritt und welche persönlichen Wertvorstellungen und Ziele er hat.

Um wirklich nur die besten Mitarbeiter abzugreifen und C-Arbeiter von vornherein zu vermeiden, bietet sich ein mehrstufiger Einstellungsprozess an. Nach dem Bewerbungsgespräch kann der Arbeitgeber mittels Personalfragebogen dem Bewerber auf den Zahn fühlen und ihn um Angaben über die aktuellen persönlichen Verhältnissen, dem beruflichen Werdegang und – sofern es für die Ausübung der Tätigkeit relevant ist – nach dem Gesundheitszustand befragen. Hier müssen allerdings ein paar Stolperfallen bedacht werden, denn nicht alle Fragen sind rechtlich erlaubt.

Mit kleinen Testaufgaben kannst du dir einen ersten Eindruck über die praktischen Fähigkeiten und die Arbeitsweise des Bewerbers verschaffen. Auch das Probearbeiten ist in bestimmten Bereichen durchaus üblich. Hast du geeignete Bewerber gefunden und sie eingestellt, sind konkrete Etappenziele während der Probezeit eine gute Möglichkeit, um die Entwicklung zu beobachten und beurteilen zu können, ob die neuen Mitarbeiter in Zukunft ihre Aufgaben in deinem Sinne erledigen.

Neue Mitarbeiter richtig einarbeiten

Wenn du geeignete Mitarbeiter gefunden hast, besteht der nächste Schritt darin, sie in das Unternehmen einzugliedern, und zwar fachlich wie menschlich. Mitarbeiter nicht richtig einzuarbeiten, sprich das Onboarding zu vernachlässigen bedeutet, hohe Geldsummen zu verschwenden.

Das Geld, das für die Stellenausschreibung nötig ist, kann nur dann wieder eingefahren werden, wenn die neuen Mitarbeiter gewinnbringend arbeiten. Das geht wiederum nur, wenn sie umfassend eingearbeitet, mit den Arbeitsabläufen und mit den Kollegen vertraut gemacht werden.

Gutes Onboarding beginnt ab dem ersten Arbeitstag eines neuen Mitarbeiters. Alles sollte für den Neuankömmling vorbereitet sein und Arbeitsmaterialien wie Schreibtisch, Rechner und die Zugänge zu allen nötigen Programmen des Unternehmens bereitstehen. Dies zählt auch als Wertschätzung des künftigen Mitarbeiters. Zudem ist so gewährleistet, dass der neue Mitarbeiter direkt mit seiner Arbeit beginnen kann. Exemplarisch kann diese Liste als Leitlinie für ein sinnvolles Vorgehen dienen.

Er sollte durch das Unternehmen geführt und den anderen Mitarbeitern vorgestellt werden. Außerdem sollten zumindest die direkten Kollegen des neuen Mitarbeiters frühzeitig darüber Bescheid wissen, wann er seine Tätigkeit aufnimmt, damit sie ihn an dem Tag entsprechend empfangen können und nicht erstaunt sind, dass da plötzlich jemand Neues auftaucht.

Andernfalls fühlt sich der neue Mitarbeiter schon direkt am ersten Tag unwohl und der Rest des Teams ist nicht vorbereitet und daher überfordert. Das bedeutet nur Stress für alle Beteiligten und ist daher zu vermeiden.

Die Organisation des Onboarding-Prozesses sollte bei dir als Unternehmensleiter liegen: Du musst den Überblick und den Plan über die Einarbeitung haben und dir viel Zeit für den neuen Mitarbeiter nehmen.

Am besten ist es, einen erfahrenen Mitarbeiter als Ansprechpartner auszuwählen, an den sich der neue Mitarbeiter jederzeit wenden kann und der ihn im Bezug auf Fachliches und der Unternehmenskultur unterstützt.

SO BINDEST DU MITARBEITER AN DEIN UNTERNEHMEN

Damit dein Unternehmen langfristig erfolgreich werden kann, braucht es neben einer guten Geschäftsidee vor allem eins: richtig gute Mitarbeiter. Diese zu finden ist schon eine Herausforderung. Was aber noch viel wichtiger ist: Du musst diese auch halten können. Mitarbeiterbindung ist deswegen ein Thema, mit dem sich jeder Arbeitgeber beschäftigen sollte. Wir sagen dir, worauf es bei der Mitarbeiterbindung ankommt und wie du richtig gute Mitarbeiter bei dir hältst.

Was ist Mitarbeiterbindung?

Die Mitarbeiterbindung beschreibt den Zusammenhalt des Unternehmens und des Mitarbeiters. Maßnahmen zur Mitarbeiterbindung helfen Unternehmen dabei, ihre Angestellten mittel- bis langfristig an sich zu binden. Hier ist es vor allen Dingen wichtig, Leistungsträger im Unternehmen zu halten, um den Erfolg des Unternehmens zu gewährleisten. Die Instrumente zur Mitarbeiterbindung geben im besten Fall positive Anreize, um den Arbeitnehmer vom Bleiben zu überzeugen oder gar nicht erst zu der Überlegung bringen, das Unternehmen zu wechseln.

Was bringt mir die Mitarbeiterbindung?

Gute Mitarbeiter zu finden ist in den letzten Jahren immer schwieriger geworden. Vor rund einem Jahrzehnt waren es noch die Unternehmen, die aus Hunderten von Bewerbern den passenden aussuchen konnten. Heute sind es die Bewerber, die sich genau den Arbeitgeber aussuchen können, den sie am überzeugendsten finden. Der nächste Schritt ist dann, diese Mitarbeiter bei sich zu halten, während sie in Zeiten der sozialen Netzwerke laufend Angebote von anderen Unternehmen bekommen. Darum ist es wichtig, sich gerade als Arbeitgeber Gedanken um die Mitarbeiterbindung zu machen. Das bringt zudem viele weitere Vorteile:

- Die Fluktuation im Unternehmen wird gering gehalten
- Das Employer Branding wird verbessert, da man sich sowohl nach innen als auch nach außen als attraktiver Arbeitgeber positioniert
- Die Bereitschaft der Mitarbeiter das Unternehmen weiter zu empfeh-

len wird erhöht

- Die Arbeitsatmosphäre im Unternehmen wird verbessert
- Die Produktivität der Mitarbeiter wird gesteigert
- Die Trennungskosten, die mit dem Abgang eines Mitarbeiters aufkommen, werden verringert

Mitarbeiterbindung aus Sicht des Mitarbeiters

Die Mitarbeiterbindung funktioniert in einem Unternehmen dann, wenn die Bedürfnisse und Anforderungen jedes einzelnen Mitarbeiters vom Unternehmen erfüllt werden. Welche das sind, ist von Mitarbeiter zu Mitarbeiter unterschiedlich. So ist den einen ein gutes Einkommen wichtig, während des anderen der persönliche Kontakt zu den Kollegen wichtig ist.

Alle Instrumente der Mitarbeiterbindung sollten deswegen aus unterschiedlichen Maßnahmen bestehen. Diese lassen sich grob in drei Bereiche aufteilen: Rahmenbedingungen, Entwicklungsmöglichkeiten und formale Regelungen.

Rahmenbedingungen

- Zu den Rahmenbedingungen der Mitarbeiterbindung können folgende Punkte gehören:
- Image des Unternehmens
- Betriebsklima
- Größe des Unternehmens
- Verhalten von Führungskräften
- Teamgeist
- Verhalten von Kollegen
- Technik
- Betriebsrestaurant

Entwicklungsmöglichkeiten
Auch die Entwicklungsmöglichkeiten sind für die Mitarbeiterbindung entscheiden, da viele Angestellte auch an ihre Zukunft in einem Unternehmen denken. Für die Entwicklungsmöglichkeiten können folgende Dinge wichtig sein:

- Aufgaben
- Weiterbildung
- Anerkennung der Leistungen
- Work-Life-Balance
- Verantwortung

Formale Regelungen
Zudem gibt es einige zusätzliche Rahmenbedingungen, die ebenfalls überzeugende Argumente liefern, warum ein Mitarbeiter im Unternehmen bleiben sollte:

- flexible Arbeitszeiten
- Altersvorsorge
- unbefristeter Arbeitsvertrag
- Homeoffice-Regelung
- Job-Ticket
- Urlaubstage

Mitarbeiterbindung zur Verbesserung des Unternehmensimage

Wer in die Maßnahmen und Instrumente der Mitarbeiterbindung investiert, tut nicht nur seinen Mitarbeitern was Gutes. Auch das Unternehmen als Marke kann sehr davon profitieren. Wenn deine Mitarbeiter sich in deinem Unternehmen wohlfühlen, weil sie besondere Benefits bekommen oder für ihre Arbeit wertgeschätzt werden, ist die Wahrscheinlichkeit sehr hoch, dass sie das Unternehmen als Arbeitgeber weiterempfehlen.

Das ist besonders dann praktisch, wenn händeringend nach einem Mitarbeiter in einer bestimmten Position gesucht wird. Zufriedene Mitarbeiter werden dann eher in ihrem Netzwerk nach geeigneten Bewerbern suchen. Auch für Online-Bewertungsplattformen, wie Kununu ist es natürlich nur von Vorteil, wenn du dich als Arbeitgeber positiv präsentierst. So geben Arbeitnehmer online positive Bewertungen ab und deine Chancen stehen höher, weitere gute Mitarbeiter zu bekommen. Mitarbeiterbindung ist also für beide Seiten sehr profitabel.

Selektive Mitarbeiterbindung

Zur Wahrheit jedes Unternehmers gehört aber auch, dass nicht jeder Mitarbeiter es vielleicht wert ist, im Unternehmen gehalten werden. Das klingt vielleicht hart, doch es gibt nun mal in fast jedem Unternehmen die Leistungsträger, die einen großen Beitrag zum Erfolg des Unternehmens beitragen und die Mitarbeiter, die zwar ihre Arbeit machen, aber die sehr austauschbare Fähigkeiten haben. Verlassen diese ein Unternehmen, wird man schnell Ersatz finden. Bricht jedoch einer der Leistungsträger weg, wird das für ein Unternehmen eventuell sehr kritisch, da wertvolle Expertise verloren geht. Zudem entsteht ein riesiger Zeit- und Kostenaufwand, wenn nach einem Nachfolger gesucht werden muss. Folgende Mitarbeiter sind es daher besonders wert, gehalten zu werden:

- Leistungsträger: Das sind die Top-Performer, die elementar zum Erfolg deines Unternehmens beitragen
- Talente: Junge Nachwuchskräfte, die hohes Potenzial aufweisen
- Spezialisten: Mitarbeiter mit besonderen Fähigkeiten und Kenntnissen, die am Markt nur schwer zu finden sind.

Maßnahmen und Instrumente zur Mitarbeiterbindung

Grundsätzlich gilt: Je individueller die Maßnahmen auf die Mitarbeiter zugeschnitten sind, desto stärker haben diese das Gefühl wertgeschätzt zu werden. Das beginnt bei flexiblen Arbeitsmodellen wie Homeoffice, Teilzeitarbeit oder der Möglichkeit, ein Sabbatjahr einzulegen. Mittlerweile bieten sehr viele Unternehmen bereits eine Basis-Verpflegung aus Wasser, Obst und Kaffee im Büro an, was bei den meisten Arbeitnehmern auch sehr positiv angenommen wird. Darüber hinaus gibt es aber noch weitere Instrumente und Maßnahmen, die zur Mitarbeiterbindung beitragen können.

1. Feedback-Kultur fördern

Was häufig als Maßnahme zur Mitarbeiterbindung außer Acht gelassen oder unterschätzt wird, ist eine lebendige Feedback-Kultur. Denn wer nicht offen vor seinem Vorgesetzten aussprechen kann, was ihn stört, wird auch Dauer sehr unzufrieden werden – und das, ohne dass jemand der Vorgesetzten etwas davon merkt. Wenn dann jemand bereits auf der Suche nach einem anderen Job ist, ist es meistens für das Unternehmen schon zu spät, um ihn wieder zurück zu holen.

Wer seine Mitarbeiter also regelmäßig nach ihrer Meinung fragt, kann Problemen und Unzufriedenheiten frühzeitig entgegenwirken und somit das Verlassen des Unternehmens verhindern. Fragen nach der Meinung müssen auch nicht immer bei einem offiziellen Meeting oder Mitarbeitergesprächen besprochen werden. Oft fühlen sich Mitarbeiter wohler, wenn man sie spontan beim Kaffee trinken oder beim Mittagessen fragt, ob sie sich wohl fühlen oder ob es momentan etwas gibt, was sie belastet.

2. Flexibles Arbeiten ermöglichen

In vielen Unternehmen wird es immer noch als positiv angesehen und wertgeschätzt, wenn die Mitarbeitern im Unternehmen erscheinen. Homeoffice wird hingegen misstrauisch angesehen und den Mitarbeitern, die gerne im Homeoffice sind vorgeworfen, dass sie nicht arbeiten.

Wer aber auf Dauer seinen Mitarbeitern misstrauisch gegenüber steht, wird kein Vertrauen zu diesen aufbauen können und andersherum genauso. Eine Möglichkeit, um hier einen Kompromiss zu finden ist es, durch Integrität und gute Leistungen in Unternehmen, flexiblere Arbeitszeiten und Homeoffice zu ermöglichen – quasi als Vertrauensbonus. Das gibt Mitarbeitern das Gefühl, dass sie wertgeschätzt werden. Aber Vorsicht: Wer dem einen Homeoffice erlaubt und dem andere nicht, etabliert eventuell eine Neidkultur. Auf der anderen Seite kann das aber auch antreiben. Hier gilt es also eine gute Balance zu finden.

3. Förderung anbieten

Gerade für die jüngere Generation an Arbeitnehmern spielen Weiterbildungsmöglichkeiten eine wichtige Rolle bei der Jobsuche. Nachwuchstalente wollen eben nicht nur arbeiten, wie beispielsweise ein Großteil der älteren Arbeitnehmergeneration. Lieber wollen sie sich weiterentwickeln, ihre Interessen vertiefen, Kenntnisse ausbauen und so ihre eigene Position auf dem Arbeitsmarkt aufwerten.

Wenn man als Unternehmen also junge Talente für sich gewinnen möchte, sollte man ihnen die Möglichkeit von individuellen Weiterbildungen anbieten. Sonst suchen sich diese schnell diese Weiterbildungsmöglichkeit bei anderen Arbeitgebern.

4. Angenehmes Arbeitsumfeld

Damit die Mitarbeiter auch gerne ins Büro kommen, ist es vielen auch wichtig, dass das Arbeitsumfeld ein angenehmes ist. Beispielsweise, dass die Büroräume hell sind, es Sitzmöglichkeiten zum Entspannen gibt und das die Büroausstattung ein angenehmes Arbeiten ermöglicht. Viele Mitarbeiter freuen sich auch, wenn sie kostenlosen Kaffee oder Getränke bekommen und sich nicht selbst um diese kümmern müssen. All das sind nur Beispiele dafür, wie sich Mitarbeiter noch mehr freuen können, zur Arbeit zu kommen und wie das Arbeiten im Büro noch angenehmer ist und mehr Spaß macht. Im ersten Moment scheint das zwar nicht so wichtig zu sein, wie das Gehalt oder die Anzahl der Urlaubstage, aber auf Dauer kann sich sowas deutlich auf die Stimmung der Mitarbeiter auswirken. Hier gilt es also, auf die Bedürfnisse der Mitarbeiter einzugehen und ein Arbeitsumfeld zu schaffen, in dem man sich selbst wohl fühlt.

5. Richtige Mitarbeiterführung

Nicht selten kommt es vor, dass Mitarbeiter das Unternehmen verlassen, weil sie mit ihrem Vorgesetzten nicht zurecht kommen. Hier gilt es als Geschäftsführer darauf zu achten, dass die Personalsituation angenehm und positiv ist. Dafür gibt es viele verschiedene Maßnahmen, welche die eigene Führungsqualität als verbessern und die Mitarbeiterbindung somit fördern können. Zum einen hilft eine offene Kommunikationskultur dabei, respektvoll und vertrauensvoll miteinander umzugehen. Führen heißt eben nicht nur Anweisungen geben, sondern auch auf die Mitarbeiter einzugehen und auf deren Wünsche und Probleme zu hören. Wichtig ist zudem, den Mitarbeitern regelmäßig Feedback zu ihrer Arbeit zu geben und immer wieder zu zeigen, dass man die Arbeit des Mitarbeiters respektiert und schätzt. Wer sonst immer nur Negatives zu hören bekommt, fühlt sich auf Dauer demotiviert, was langfristig zu einem Jobwechsel führen kann.

Fazit

Es gibt viele Maßnahmen und Instrumente, wie man die Mitarbeiterbindung verbessern kann. Wichtig ist vor allem, dass man seinen Mitarbeitern zuhört und individuell auf Wünsche und Probleme eingeht. Zudem gibt es auch einige Rahmenbedingungen, die für viele Mitarbeiter wichtig sind, wie beispielsweise flexibel Arbeitsmodelle und Weiterbildungsmöglichkeiten. Wenn man diese von Anfang an anbietet, wird es direkt leichter neue Mitarbeiter zu finden und diese auch dauerhaft zu halten.

KAPITEL 10

ANALYSE & BUCHHALTUNG IM GRIFF

Dein Business ist nun im vollen Gange. Doch nun gilt es, das Ruder zu übernehmen und das Geschäft richtig zu steuern. Dazu brauchst du Zahlen, die du analysieren kannst, um den Erfolg oder Misserfolg deines Businesses und einzelner Teilbereiche zu messen.

RETURN ON INVESTMENT (ROI) BERECHNEN UND OPTIMIEREN

Erfolgreiches und effizientes Marketing stellt gerade in der Anfangsphase für jeden Gründer eine große Herausforderung dar. Viele machen den Fehler, dass sie in ihre Marketingmaßnahmen viel Aufwand und viel Geld investieren, ohne klar zu prüfen, ob bestimmte Kampagnen auch den Erfolg bringen, den man sich erhofft und letztendlich damit auch wirtschaftlich arbeitet. Dies kannst du aber auf recht einfache Weise prüfen und helfen kann dir dabei auf jeden Fall der Return on Investment, kurz auch nur ROI genannt.

Was bedeutet Return on Investment?

Kurz und einfach dargestellt bedeutet der Return on Investment im Bereich Marketing die Rendite auf das Kapital, welches du für das Marketing eingesetzt hast. Es ist ja schließlich dein Bestreben, mit deinen Marketingmaßnahmen so viele Kunden wie möglich gewinnen. Ob es aber auch wirtschaftlich für dich ist, kannst du messen, aber dafür brauchst du eindeutige Kennzahlen. Wenn Marketingmaßnahmen erfolgreich sind, dann kann das immer an einem hohen Return on Investment festgemacht werden. Im Klartext heißt das, dass du mit wenig eingesetztem Kapital einen hohen Umsatz erwirtschaften kannst, der für dich wiederum zu einem Unternehmensgewinn führt.

So kannst du deinen Return on Investment berechnen

Es ist für dich recht einfach, den Return on Investment zu berechnen. Der sogenannte ROI ergibt sich daraus, dass du den erzielten Gewinn einfach durch die Kosten teilst, die du für dein Marketing eingesetzt hast. Wichtig ist, dass das Ergebnis immer größer als 1 sein muss. Ist das nicht der Fall, war deine Kampagne nicht wirtschaftlich und somit auch nicht effektiv. Auf den ersten Blick mag das Prinzip des Return on Investments sehr einfach klingen. Doch auch hier gibt es einige Schwierigkeiten, die es zu beachten gibt. Deswegen wollen wir dir einige Tipps geben, wie du einen klaren und aussagekräftigen Return on Investment berechnen kannst.

Klare Zuordnung ist von entscheidender Bedeutung

Damit du deinen Return on Investment eindeutig benennen kannst, musst du zunächst die Kosten genau zuordnen. Bei den Kosten darfst du jedoch nicht nur die direkten Ausgaben mit einbeziehen. Für die Berechnung des Return on Investment gehören auch

- deine entstandenen Planungskosten
- die Kosten, die durch den zeitlichen Aufwand entstanden sind
- die entstandenen Kapitalkosten
- alle sonstigen angefallenen Nebenkosten

Nun geht es weiter mit dem Gewinn. Den darfst du nicht pauschal als Ganzes betrachten, sondern du musst deinen Gewinn der entsprechenden Kampagne zuordnen. In vielen Fällen ist das natürlich nicht eindeutig möglich. Trotzdem solltest du versuchen zu definieren, ob ein Kunde aufgrund deiner Kampagne bei dir gelandet ist oder es sich um einen Kunden handelt, der sich zufällig zu dir in den entsprechenden Marketingkanal „verirrt" hat. Auf diese Weise kannst du jede von dir durchgeführte Marketingmaßnahme in jedem Kanal messen und herausfinden, ob sie effektiv und für dich wirtschaftlich war.

Prüfe auch andere Kennzahlen für ein erfolgreiches Marketing

Mit der Berechnung des Return on Investment hast du nun schon einen großen Schritt zu einem wirtschaftlichen und auch effektiven Marketings getan. Doch allein der ROI wird dir auf Dauer nicht weiterhelfen, denn du musst auch andere Kennzahlen betrachten. Damit du deine Kampagnen auf weitere Faktoren prüfen kannst, spielt für dich ebenfalls der KPI eine wichtige Rolle. Der KPI (Key Performance Indicator) ist eine wichtige Leistungskennzahl, mit der du deine Marketingmaßnahmen messen kannst. Du willst bzw. sollst ja schließlich auch wissen, wie

- die Leadgenerierung im Allgemeinen ausfällt
- es um die Zahl der Converted Leads steht
- hoch sich das Verhältnis zwischen einmaligen Kunden und Mehrfach-Kunden prozentual verhält
- hoch für dich die Gesamtkosten für einen Lead sind

Diese Zahlen sind neben dem Return on Investment für dich genauso wichtig. Denn nur wenn du diese Zahlen genau kennst, kannst du deine Marketingmaßnahmen bei Bedarf auch optimieren. Hier gilt der Grundsatz: Je mehr Leads bei einer Kampagne generiert werden, umso erfolgreicher war deine Kampagne. Natürlich helfen dir die Leads alleine nicht, um das Geld in die Kasse zu spülen, denn aus diesen Leads müssen dann noch Kunden generiert werden. Dann spricht man von der sogenannten Conversion Rate. Aber du kannst hier auch etwas Entscheidendes erkennen. Werden viele Leads generiert und die Conversion Rate ist schlecht, dann wirst du deine Zielgruppe verändern müssen. Hast du eine hohe Conversion Rate bei niedrigen Leads, dann kannst du deine Kampagne ruhig noch etwas offensiver und breiter gestalten.

5 Tipps für das Steigern des Return on Investments

In den obigen Absätzen haben wir dir aufgezeigt, welche Zahlen für dich wichtig sind und wie du sie ermitteln kannst. Nun wollen wir dir noch ein paar praktische Tipps geben, wie du den Return on Investment steigern kannst.

Tipp 1: Du musst immer wieder dein Targeting prüfen. Du solltest also prüfen, ob du auch die Leads erreichen kannst, die dann später erfolgreich sein können. Ist dies nicht der Fall, musst du deine Kampagne entsprechend optimieren.

Tipp 2: Schau dir immer wieder deine Conversion Rate an. Je besser hier der Wert ist, umso effektiver ist deine Kampagne. Kannst du die Conversion Rate steigern, so steigerst du automatisch auch deinen Return on Investment.

Tipp 3: Versuche, Multiplikatoren zu generieren. Gerade in sozialen Netzwerken kannst du Multiplikatoren genieren, die deine Mitteilungen teilen. Für dich bedeutet dies, dass du deine Kosten minimieren kannst und damit den Return on Investment steigern kannst.

Tipp 4: Suche das Herzstück deiner Kampagne. Deine Aufgabe ist es herauszufinden, welcher Teil von deiner Kampagne besonders gut läuft. Um den Return on Investment zu steigern, kannst du deine Kampagne genau auf dieses Herzstück reduzieren.

Tipp 5: Passe deine Kampagne immer wieder an. Du solltest sie nie einfach so laufen lassen. Achte auf Feedbacks die du bekommst, nimm Kommentare ernst und optimiere deine Kampagne dahingehend. Du musst dir immer vor Augen halten, dass eine Kampagne und die Optimierung ein ständiger Prozess ist, der immer wieder angepasst werden muss.

Kampagnenoptimierung mit dem ROI

Der Return on Investment kann dir wichtige Anhaltspunkte liefern, wie erfolgreich deine Marketing-Kampagnen gerade laufen. Die Rechnung ist hierbei relativ einfach: Du musst mit deinen Kampagnen mehr Geld verdienen, als du ausgegeben hast. Dies umzusetzen ist aber nicht immer gleich einfach und erfordert ständiges beobachten und ausprobieren. Wichtig ist dabei, dass du deine Kampagne immer wieder neu an deine Zielgruppe anpasst. Beobachte also, wie sie auf die Kampagne reagiert und welches Feedback du bekommst. Dieses solltest du dir immer zu Herzen nehmen und dein Marketing dementsprechend immer weiter verbessern.

KPIs: DIESE 2 KENNZAHLEN SOLLTEST DU ALS GRÜNDER GENAU IM AUGE BEHALTEN

Zu den wichtigsten Kennzahlen im Bereich Kundenakquise gehören Customer Acquisition Cost und Customer Lifetime Value. Vor allem als Gründer solltest du diese wichtigen Zahlen kennen, denn an ihnen führt im Bezug auf Kundenakquise kein Weg vorbei. Ich will dir hier eine kurze Erklärung geben, was sich hinter diesen Kennzahlen verbirgt.

Zuerst hat das Produkt Vorrang

Du solltest immer daran denken, dass bei dir als Startup am Anfang das Produkt und die Harmonie in deinem Team absolute Priorität haben. Du musst die Herausforderung schaffen, mit wenig Budget deine Geschäftsidee und auch deine Mitarbeiter so zu entwickeln, dass der Kunde bereit ist, Geld für dein Produkt zu bezahlen. Doch wie kommt man an solche Kunden?

Jeder neue Kunde kostet dich Geld

Du solltest immer bedenken, dass Kunden, die bereit sind, für dein Produkt zu bezahlen, nicht gerade auf Bäumen wachsen. Neukundengewinnung, sprich Kundenakquise, kostet Geld. Jeder neuer Kunde kostet dich erst einmal Geld, denn du musst schließlich Werbung für dich und dein Produkt machen. Hier steigen die Kosten sehr schnell höher, als man sie ursprünglich geplant hatte. An diesem Punkt sind schon viele vielversprechende Startups gescheitert: Sie mussten für die Kundenakquise mehr Geld aufwenden als an erwartetem Umsatz geplant war. Behalte die folgenden beiden Kennzahlen also genau im Auge.

Ermittlung Customer Acquisition Cost (CAC)

Nehmen wir für die Erklärung von CAC mal an, du hast einen Online-Shop. Anhand der Customer Acquisition Cost (CAC) kannst du ermitteln, was dich ein Neukunde kostet. Je günstiger die CAC ist, desto wirksamer sind deine Marketingmaßnahmen. Damit der CAC berechnet werden kann, musst du im ersten Schritt alle Marketingausgaben mit den Kosten für Mitarbeiter über einen bestimmten Zeitraum zusammenzählen. Die Summe dividierst du dann durch die Anzahl der Neukunden in diesem Zeitraum. Hier einmal ein Beispiel mit Zahlen: Du gibst für dein Marketing, beispielsweise SEO, Facebook-Werbung, E-Mail-Marketing etc., 10.000 Euro aus und bekommst damit 1.000 neue Kunden, dann beträgt der CAC 10 Euro.

Noch keine aussagefähige Zahl über deinen Erfolg

Doch diese Zahl, im Beispiel die 10 Euro, sagt noch nichts über den Erfolg deines Startup aus. Noch fehlt das Verhältnis zum geschätzten Umsatz, den dir neu gewonnene Kunden in die Kasse bringen.

Ermittlung Customer Lifetime Value (CLV)

Da der CAC dir noch keinen aussagefähigen Wert liefert, musst du nun den Customer Lifetime Value (CLV) ermitteln. In diesem Zusammenhang wird oft vom sogenannten Kundenwert gesprochen. Je größer dieser Wert ist, umso mehr finanziellen Spielraum hast du für deine Kundenakquise und die Pflege deiner Bestandskunden. Allerdings ist die Berechnung des CLVs etwas komplexer, weshalb er hier einmal in seiner einfachsten Form erklärt wird.

Berechnung in einfacher Form

Für die Berechnung des Customer Lifetime Value addierst du alle Umsätze, die ein Kunde in einem festgelegten Zeitraum eingebracht hat. Von diesem Wert ziehst du dann die Kundenmarge ab. Die Marge kannst du leicht errechnen, denn sie ergibt sich aus der Multiplikation des durchschnittlichen Warenwerts, der Anzahl der Käufe pro Jahr und der durchschnittlichen Profitmarge in Prozent. Ein Beispiel mit Zahlen: Ein Kunde bestellt bei dir zweimal im Jahr für rund 70 Euro. Die Profitmarge bei dir liegt im Durchschnitt bei 30 Euro, was 21 Euro pro Bestellung ausmacht. Nehmen wir an, du kannst diesen Kunden vier Jahre an dich binden, dann bekommst du einen CLV in Höhe von 168 Euro.

Verlässliche Berechnung nun möglich

Sobald du CLV und CAC ermittelt hast, kannst du als Gründer relativ verlässliche Aussagen darüber treffen, wie wirtschaftlich dein Geschäftsmodell auf Dauer ist. Hierzu musst du die beiden Kennzahlen miteinander in Beziehung setzen. Das bedeutet, dass der CLV (168 Euro) durch den Wert des CAC (10 Euro) geteilt wird. Die daraus resultierende CLV:CAC-Rate verrät, wie hoch deine Ausgaben für die Akquise eines Neukunden, im Vergleich zum erwarteten Gewinn, sind. In meinem Beispiel kommst du auf einen Wert von 16,8. Für den andauernden Erfolg ist es wichtig, dass der Wert immer über 1 liegt. Je höher der Wert ist, desto erfolgreicher und effektiver ist dein Marketing. So bist du jederzeit in der Lage, dein Budget anzupassen und dein Marketing zu optimieren.

BREAK EVEN POINT – BERECHNE DEN ZEITPUNKT DEINES GEWINNS

Du bist langsam dabei, so richtig mit deinem Unternehmen durchzustarten, erzielst aber immer noch keine Gewinne? Für viele Gründer und Unternehmer ist es wichtig einzukalkulieren, ab wann sie mit ersten Einnahmen rechnen können. Diese Antwort liefert der Break Even Point, mit dem man ermitteln kann, ab wann die ersten Gewinne verzeichnet werden. Nachfolgend erfährst du, wie du ganz einfach den Break Even Point ausrechnest und wie du das Ergebnis in deine Planung mit aufnehmen kannst.

Was genau ist der Break Even Point?

Mit dem Break Even Point, kurz auch BEP genannt, wird der Punkt bezeichnet, an dem die Kosten und der Erlös eines Produktes oder einer Produktion gleich hoch sind. Genau in diesem Moment hast du weder einen Verlust noch einen Gewinn zu verzeichnen. Alles, was über diesem Break Even Point liegt, ist dann aber für dich Gewinn und deshalb wird der BEP auch als Gewinnschwelle bezeichnet. Wir wollen dir hier zeigen, wie du deinen Break Even Point errechnen kannst. Doch dazu muss du zunächst deine Fix- und variable Kosten kennen als auch den Deckungsbeitrag.

Was sind Fixkosten?

Als Fixkosten werden bei dir als Unternehmer all die Kosten bezeichnet, die für dich immer gleich konstant bleiben. Deine Fixkosten sind nicht davon abhängig sind, ob du beispielsweise mehr herstellst oder mehr verkaufst. Diese Art der Kosten hast du immer in Form von Mietzahlungen für dein Büro oder Produktionsstätten, für Versicherungen, Leasingraten und auch für die Gehälter von Mitarbeitern. Deshalb nennt man sie auch feste oder zeitunabhängige Kosten. Auch in Betriebsferien oder bei krankheitsbedingten Ausfällen laufen diese weiter.

Beachte aber, dass sich auch Fixkosten nochmals steigern können. Dies passiert oftmals dann, wenn du etwas produzierst. Denn sobald du mehr produzieren möchtest, musst du dafür auch längerfristig mehr ausgeben. Dazu zählen bspw. steigende Kosten für mehr Personal oder mehr Rohmaterial für Produktherstellung.

Was sind variable Kosten?

Auch die variablen Kosten musst du für die Berechnung des Break Even Point genau kennen. Aber was sind alles variable Kosten? Wie die Bezeichnung variabel schon vermuten lässt, können sich diese Kosten im Gegensatz zu den Fixkosten ständig verändern. Wenn du weniger zu tun hast, also weniger herstellst oder weniger verkaufst, dann sinken auch die variablen Kosten. Steigen Produktion oder Verkauf an, dann steigen damit auch die variablen Kosten. Damit sind variable Kosten leistungsabhängig. Ein einfaches Beispiel sind Verpackungskosten. Je mehr Produkte du verkaufst oder herstellst, desto mehr musst du verpacken und desto höher werden hier die variablen Kosten für das benötigte Verpackungsmaterial. Diese variablen Kosten musst du deshalb bei der Berechnung des Break Even Point genau kennen.

Was versteht man unter dem Deckungsbeitrag?

Kommen wir nun zum dritten Kostenpunkt, der für dich für die Berechnung vom BEP wichtig ist, und zwar dem Deckungsbeitrag. Als Deckungsbeitrag wird die Differenz zwischen Umsatz und den variablen Kosten in deinem Unternehmen bezeichnet. Solltest du mehrere Produkte anbieten, dann musst du beachten, dass der Deckungsbeitrag für jedes Produkt verschieden sein kann. Bei manchen Produkten oder auch Dienstleistungen wirst du einen höheren Deckungsbeitrag erwirtschaften als bei anderen. Damit du aber den Break Even Point trotzdem errechnen kannst, solltest du grob einschätzen können, wie hoch der Umsatzanteil der verschiedenen Produkte ist und damit auch, wie hoch damit auch der Deckungsbeitrag für diese ist.

Grundsätzlich errechnet man den Deckungsbeitrag mit der folgenden simplen Formel:

Umsatz – variable Stückkosten = Deckungsbeitrag

Mit der Formel den Break Even Point berechnen

Der Break Even Point beschreibt also genau den Punkt, an dem aus der bisher negativen Entwicklung eine steigende und somit positive Kurve wird. Aus mathematischer Sicht kann er auch als Nullstelle der Gewinnfunktion beschrieben werden. Um den Break Even Point festzustellen, kannst du zwei Verfahren anwenden. Entweder du rechnest ihn aus oder du stellst ihn grafisch dar. Für die rechnerische Darstellung des BEP gibt es eine Formel. Diese lautet

Break Even Point = Summe aller Fixkosten : Deckungsbeitrag je Stück

Beispielrechnung
Um dir dies anschaulicher darzustellen, wollen wir anhand eines Beispiels den Break Even Point vorrechnen. Dafür nehmen wir einmal an, du kannst in deiner Produktion ein anderes Bauteil verwenden und somit deine Fixkosten auf 24 Euro pro Stück senken. In der gesamten Abrechnungszeit liegen deine fixen Kosten bei 24.000 Euro. Dein Produkt kostet auf dem Markt 36 Euro das Stück und du möchtest nun wissen, wie viele Stück du verkaufen musst, um den ersten Gewinn damit zu machen.

Schritt 1: Ermittlung des Deckungsbeitrags

Verkaufspreis deines Produktes pro Stück 36 Euro
abzüglich proportionale/variable Kosten 24 Euro
= dein Deckungsbeitrag pro Stück 12 Euro

Schritt 2: Ermittlung des Break Even Point

Fixe Kosten geteilt durch den Deckungsbeitrag je Stück:
24.000 : 12 = 2.000 Stück

Das bedeutet, dass du 2.000 Stück verkaufen musst, um deine Kosten komplett zu decken. Ab dem Verkauf von 2.001 Stück machst du Gewinn.

Doch wie viel Umsatz du machen musst, um dann in die Gewinnzone zu kommen? Diesen sogenannten Gewinnschwellenumsatz kannst du wie folgt errechnen: Fixe Kosten geteilt durch den Deckungsbeitrag pro Stück multipliziert mit dem Listenverkaufspreis.

Anhand unseres Beispiels sieht das in Zahlen wie folgt aus:

24.000 : 12 = 2000 Stück x 36 Euro = 72.000 Euro

Das heißt, dass du einen Umsatz von 72.000 Euro brauchst, um all deine

Kosten zu decken. Alles darüber hinaus ist dein Gewinn, den du erzielst.

Die grafische Darstellung des Break Even Point

Für die grafischen Ermittlung verwendest du ein sogenanntes „Break Even Point-Diagramm“. In dieses Diagramm trägst du deine Fixkosten, deine variablen Kosten und die Verkaufserlöse ein. Der Schnittpunkt dieser Kosten im Diagramm ist dann dein Break Even Point. Diese Art der Berechnung und Darstellung des Break Even Point ist aber eher für eine Präsentation oder für eine Informationsmappe geeignet. Der Nachteil liegt in vielen Fällen darin, dass die Bestimmung der exakt benötigten Stückzahl oft nicht möglich ist. Deshalb solltest du hier besser das rechnerische Verfahren anwenden.

Warum ist der Break Even Point für Unternehmen so wichtig?

Warum solltest du den Break Even Point berechnen? Zum einen musst du den Break Even Point schon in deinem Businessplan berechnen und auch immer wieder, wenn du beispielsweise deine Produktpalette erweiterst. Denn mit dem BEP kannst du genau herausfinden, wie viele Produkte bzw. Dienstleistungen du absetzen musst, um die Gewinnzone zu erreichen. Das ermöglicht dir wirtschaftlich zu arbeiten und wirklich Geld zu verdienen. Auch bei der Einführung neuer Produkte kannst du mit der Berechnung des Break Even Point feststellen, ob sich die Einführung des oder der neuen Produkte überhaupt lohnt.

Anders herum ist der Break Even Point für Kapitalgeber und Investoren sehr wichtig. Denn erst wenn ein Unternehmen Gewinne erzielt, ist es auch in der Lage, den Kredit zurückzuzahlen. Daher schauen Geldgeber immer ganz genau auf die Gewinnschwelle bzw. auf den Break Even Point, da sie so abschätzen können, ob sich eine Investition lohnt. Oftmals werden anhand dieser Schwellen auch Meilensteine festgelegt, bei deren Erreichen neue Maßnahmen eingesetzt werden.

Break Even Point als Planungsinstrument

Allem voran hilft dir der Break Even Point als Planungsinstrument. Denn anhand des Ergebnisses kannst du stets nachvollziehen, ob du immer noch im Plan bist oder eben an der ein oder anderen Stelle deinen Prozess oder deine Kosten anpassen musst. Nicht nur für die eigene Orientierung und Planung ist der Break Even Point unerlässlich, sondern eben auch für Geldgeber und Investoren. Denn sobald du dich mit einem Businessplan bei Banken um einen Kredit bewirbst, schauen diese natürlich ganz genau auf die Gewinnschwelle. Daher ist es umso wichtiger, dass du auch realistische Zahlen bei der Rechnung verwendest. Es ist vollkommen normal, dass sich die Gewinnschwelle nicht nach wenigen Monaten einstellt, sondern oftmals erst nach ein paar Jahren.

DIE 8 TIPPS, MIT DENEN DEINE KUNDEN IMMER RECHTZEITIG BEZAHLEN

Egal, ob frisch gegründet oder schon einige Jahre am Markt: Unbezahlte Rechnungen sind mehr als nur ärgerlich. Während du kleinere Zahlungsversäumnisse vielleicht noch ausgleichen kannst, kann dies bei einem Kunden mit großem Auftragsvolumen schnell existenzbedrohend für dich werden. Auch für deine Planungssicherheit ist es deshalb entscheidend, dass deine Rechnungen pünktlich bezahlt werden. Mit diesen Tipps sorgst du für eine gute Zahlungsmoral bei deinen Kunden.

Tipp 1: Über Geld redet man nicht?

Weit gefehlt. Das Gegenteil ist der Fall: Mache dir bewusst, dass du gute Arbeit leistest und eine angemessene Bezahlung dafür eine Selbstverständlichkeit ist.

Nicht wenige junge Gründer tun sich schwer damit, das Thema Geld anzusprechen. Geld zu verlangen und an Zahlungen zu erinnern, ist in der

Vorstellung vieler mit Knauserigkeit oder Kleinlichkeit verknüpft. Wenn du selbst ein Problem damit hast, offen eine angemessene Bezahlung für deine Arbeit zu verlangen, werden deine Kunden das merken. Manche schreckt dies ab, während andere beginnen, die anfallenden Zahlungen schleifen zu lassen.

Sei beim Thema Geld also höflich, aber selbstbewusst. Es ist keine Schande, für gute Arbeit zeitnah bezahlt werden zu wollen.

Tipp 2: Hast du an alles gedacht?

Nichts ist unangenehmer, als einen Kunden für das Nichtbegleichen einer Rechnung zu kontaktieren, wenn der Fehler bei dir liegt.

Bevor du die Schuld beim Kunden suchst, prüfe deshalb genau, ob du selbst an alles gedacht hast: Hast du die Rechnung wirklich abgeschickt? War der Zahlungszeitraum klar definiert und die richtige Summe genannt? Hast du die Rechnung an die richtige Person geschickt? Sind deine angegebenen Bankdaten korrekt?

Achte auch unbedingt darauf, dass deine Buchhaltung aktuell ist. So siehst du alle Zahlungseingänge und die Nichteingänge und kannst frühzeitig reagieren.

Tipp 3: Positive und negative Verstärkung

Der Skonto kann als positive Verstärkung dienen und deine Kunden motivieren, zeitnah die Zahlung zu veranlassen. Der Skonto ist ein Nachlass von 2%, der aber nur für eine Zahlung z. B. innerhalb von 14 Tagen nach Rechnungserhalt gewährt wird. Bei einem Gesamtzahlungsziel von 30 Tagen würde dies in der Rechnung so lauten: „Zahlung 14 Tage 2% Skonto, 30 Tage netto“.

Als negative Verstärkung fungiert eine Strafgebühr für verspätete Zahlungen. Sie sollte nicht zu hoch sein, schließlich willst du deinen Kunden nicht verärgern, sondern zu schnelleren Zahlungen motivieren.

Tipp 4: Mache es so einfach wie möglich

Erarbeite die Zahlungsbedingungen gemeinsam mit deinem Kunden und biete ihm verschiedene Zahlungsmöglichkeiten an. Wenn du hier flexibel bist und auf seine Wünsche eingehst, schafft dies ein positives Klima. Dieses erhöht wiederum seine Motivation, fristgerecht seine Rechnung zu bezahlen.

Halte eure Vereinbarungen unbedingt schriftlich fest, damit du dich später darauf berufen kannst. Rein mündlich getroffene Absprachen werden schnell vergessen und können der Nährboden für Missverständnisse sein.

Tipp 5: Eine freundliche Nachfrage

Wenn der Zahlungszeitraum verstrichen ist, ohne dass der Kunde seine Rechnung beglichen hat, gehe nicht gleich vom Schlimmsten aus. Fast immer sind dumme Zufälle oder harmlose Gründe die Ursache. Vielleicht ist die Rechnung in der Post verloren gegangen, oder dein Kunde musste sich kurzfristig um einen Notfall kümmern. Manchmal wird eine Rechnung auch schlichtweg vergessen.

Solange du die Ursache für den Zahlungsausfall nicht kennst, gehe nicht gleich vom Schlimmsten aus. Melde dich bei deinem Kunden und frage nach, ob er die Rechnung erhalten hat. So erinnerst du ihn auf freundliche Weise daran, dass er noch eine offene Rechnung zu begleichen hat.

Tipp 6: Die Zahlungserinnerung

Zahlt dein Kunde trotz Telefonat seine Rechnung immer noch nicht oder hast du ihn nicht erreicht, schicke eine freundliche Zahlungserinnerung. Bleibe weiterhin höflich, aber bestimmt im Ton. Setze unbedingt eine klare Frist für die Zahlung. Dies schafft mehr Verbindlichkeit als die allgemeine Bitte, bald die Zahlung anzuweisen.

Tipp 7: Schicke eine Mahnung

Wenn auch auf die Zahlungserinnerung kein Geldeingang erfolgt, schreibe eine Mahnung. Es hat sich zwar eine dreimalige Mahnung eingebürgert, verpflichtet bist du dazu aber nicht. Es ist vollkommen dir überlassen, wie oft du deinen Kunden an die fällige Rechnung erinnern willst, denn mit der ersten Mahnung steht er bereits im Vollzug.

Manche Unternehmen zahlen ihre Rechnungen leider erst dann, wenn sie die erste Mahnung erhalten. Wenn dies verlässlich geschieht, ist dies zwar ärgerlich, gibt dir aber zumindest wieder Planungssicherheit.

Dein Ton in der Mahnung sollte noch immer sachlich sein, kann aber zunehmend deutlicher werden. Wichtig ist, dass jede Mahnung ein klares Zahlungsziel beinhaltet. Am Ende der letzten Mahnung wird der Hinweis aufgeführt, dass bei Nichtzahlung rechtliche Schritte eingeleitet werden.

Tipp 8: Rechtliche Schritte

Spätestens die Androhung eines gerichtlichen Mahnverfahrens bringt deinen Kunden dazu, seine Rechnung zu begleichen. Nur wenige Ausnahmen verweigern auch weiterhin die Zahlung. Wenn du an einen solchen Kunden geraten bist, bleiben dir verschiedene Möglichkeiten:

- Du kannst einen Mahnantrag an das Mahngericht schicken, das für deinen Geschäftssitz verantwortlich ist. Ist formal nichts zu beanstanden, schickt das Gericht einen Mahnbescheid an deinen Kunden. Die Kosten für den Mahnbescheid musst du dabei vorstrecken. Sie sind noch nicht sehr hoch; legt dein Kunde aber Widerspruch ein und es kommt zur Gerichtsverhandlung, steigen sie.

- Alternativ kannst du ein Inkassounternehmen einschalten.

Dieses „kauft" die Rechnung von dir und treibt den Betrag selbst ein. Auf diese Weise erhältst du schneller dein Geld, allerdings nicht die volle Summe der Rechnung.

Einen Leerlauf überbrücken

Wenn dein Kunde trotz deiner Bemühungen noch nicht gezahlt hat, stehst du mitunter vor der Herausforderung, dennoch laufende Kosten decken zu müssen. Weder deinem Vermieter noch deinem Stromanbieter wird ein säumiger Kunde als Begründung reichen, weshalb du deine Rechnungen nicht begleichen kannst.

Um in solchen Momenten nicht in Schwierigkeiten zu geraten kann es notwendig und sinnvoll sein, die Zeit mit einem Kredit zu überbrücken, bis der Kunde seine Rechnung bezahlt hat. So kannst du dich gleichzeitig in Ruhe auf dein Kerngeschäfts konzentrieren.

Fazit

Nicht bezahlte Rechnungen sind immer ärgerlich. Glücklicherweise kannst du vieles tun, um dieses Problem von vornherein zu vermeiden. Sorge für ein gutes Verhältnis zu deinem Kunden, so dass auch Zahlungsprobleme frühzeitig angesprochen und Lösungen gefunden werden können. Eindeutige Absprachen, die ihr schriftlich festhaltet, sorgen auf beiden Seiten für Klarheit. Auf diese Weise kannst du viele Probleme direkt vermeiden.

Wenn all dies nicht hilft, bist du alles andere als hilflos, denn dir stehen verschiedene Möglichkeiten offen, an dein Geld zu kommen.

Kurzfristige finanzielle Engpässe kannst du dabei mit einem Kredit überbrücken. Dies erlaubt dir, liquide zu bleiben und dich weiterhin um dein Kerngeschäft zu kümmern.

UMSATZSTEUERVORANMELDUNG: SO KANNST DU KRÄFTIG STEUERN SPAREN

Jedes Unternehmen in Deutschland muss die Umsatzsteuer (Abkürzung USt.) an das Finanzamt abgeben. Diese Steuerabgabe wird möglich, da jedes Unternehmen bei der Rechnungsstellung einen gewissen Prozentsatz als Umsatzsteuer addiert und diesen Prozentsatz dann wieder an das Finanzamt abgeben kann. Die Umsatzsteuer Voranmeldung kündigt also somit an, wie viele Umsätze gerade vorhanden sind und wie hoch die Umsatzsteuer ausfallen wird. Übertragen werden diese Informationen über ELSTER, der elektronischen Steueranmeldung des Finanzamts.

Durch die Umsatzsteuervoranmeldung kann sich das Finanzamt absichern, da sich mögliche Insolvenzen sofort bemerkbar machen. Gleichzeitig profitieren die Unternehmen davon, dass sie nicht einmal pro Jahr einen großen Betrag zahlen müssen, sondern die Summe bei der Umsatzsteuervoranmeldung besser verteilt wird.

Umsatzsteuervoranmeldung – wer muss sie abgeben?

In Deutschland ist prinzipiell jedes Unternehmen dazu verpflichtet, regelmäßig die Umsatzsteuervoranmeldung beim Finanzamt über ELSTER einzureichen. Allerdings gibt es drei Ausnahmen:

- **Kleinunternehmer:** Dazu gehören alle Selbstständigen, deren Umsatz im Vorjahr nicht über 22.000 Euro liegt. Dann gilt die sogenannte Kleinunternehmerregelung. bei der Umsatzsteuervoranmeldung.
- **gering verdienende Unternehmen:** Wenn die Summe der Umsatz-

steuer im vorherigen Jahr unter 1.000 Euro lag, kann ein Unternehmen befreit werden und muss dann nur einmal pro Jahr eine Umsatzsteuererklärung abgeben. Dazu braucht es allerdings eine Absprache mit dem zuständigen Finanzamt, die dann offiziell zustimmen muss.

- **bestimmte Berufsgruppen:** Diese sind ebenfalls von der Umsatzsteuer befreit und müssen deshalb auch keine Umsatzsteuervoranmeldung abgeben. Dazu gehören zum Beispiel Ärzte, Zahnärzte, Physiotherapeuten oder Versicherungsmakler.

Wie oft muss ich die Umsatzsteuervoranmeldung abgeben?

Die Häufigkeit der Umsatzsteuervoranmeldung hängt vom Vorjahr ab. Anhand der Zahlen aus der vorherigen Umsatzsteuererklärung lassen sich nämlich die geltenden Vorgaben berechnen. Dabei orientiert sich das Finanzamt an den folgenden Summen, die als sogenannte Umsatzsteuerlast bezeichnet werden:

- keine Umsatzsteuervoranmeldung bei einer Umsatzsteuerlast bis 1.000 Euro
- Abgabe vierteljährlich bei einer Umsatzsteuerlast zwischen 1.001 und 7.500 Euro
- Abgabe monatlich bei einer Umsatzsteuerlast von mehr als 7.500 Euro

Das zuständige Finanzamt teilt jedem Unternehmen immer schriftlich mit, wie häufig die Umsatzsteuer und damit die Umsatzsteuervoranmeldung über ELSTER übermittelt werden muss.

Sonderregelung für Gründer

Die Regeln für die Häufigkeit der Umsatzsteuervoranmeldung gelten nicht für Gründer. Denn im ersten Jahr der Existenzgründung und im Folgejahr muss die Voranmeldung monatlich abgegeben werden. Diese Pflicht gilt unabhängig von der Umsatzsteuerlast. Wurde dann im zweiten Jahr nach der Gründung nur eine Umsatzsteuer von maximal 7.500 Euro angemeldet, stellt das Finanzamt im dritten Jahr die Anmeldefrist um. Wurden allerdings nicht mehr als 1.000 Euro im zweiten Jahr angemeldet, sind keine Umsatzsteuervoranmeldungen über ELSTER mehr abzugeben. Dann genügt die jährliche Umsatzsteuererklärung.

Wann endet die Frist der Umsatzsteuervoranmeldung?

Bei der Frist für die Abgabe der Umsatzsteuervoranmeldung gilt immer der 10. Tag eines Folgemonats als Stichtag. Wer also monatlich die Voranmeldung über ELSTER abgibt und sich beispielsweise auf die Umsätze aus dem Januar beziehen möchte, muss bis zum 10. Februar seine Umsatzsteuer Voranmeldung abgeben. Fällt der 10. des Monats auf einen Sonn- bzw. Feiertag oder ein Wochenende, ist der nächste Arbeitstag der Fälligkeitstag. Wichtig ist, dass bis zu diesem Tag nicht nur die Umsatzsteuervoranmeldung erfolgen muss, sondern auch die Umsatzsteuer gezahlt wird. Deshalb bietet es sich generell an, dem Finanzamt eine Einzugsermächtigung zu erteilen, um sich vor möglichen Mahngebühren zu schützen.

Antrag auf Dauerfristverlängerung

Wer feststellt, dass die Abgabe der Umsatzsteuer Voranmeldung zur vorgeschriebene Frist nicht möglich ist, kann einen Antrag auf Dauerfristverlängerung beim Finanzamt stellen. Die Dauerfristverlängerung verlängert die Abgabefrist dann um einen Monat. Das heißt, die monatliche Umsatzsteuervoranmeldung für den Januar ist spätestens bis zum 10. März fällig und auch die Zahlung der Umsatzsteuerlast wird erst dann vom Finanzamt eingezogen.

Allerdings sind dabei noch die folgenden Fristen zu beachten:

- monatliche Umsatzsteuervoranmeldung: Der Antrag auf Dauerfristverlängerung muss beispielsweise für den Januar bis spätestens 10. Februar eingereicht werden. Zudem ist eine Sondervorauszahlung nötig, sie beträgt 1/11 der Umsatzsteuer-Vorauszahlungen des letzten Jahres und muss jedes Jahr erneut gezahlt werden.

- vierteljährliche Umsatzsteuervoranmeldung: Der Antrag auf Dauerfristverlängerung für das erste Quartal muss bis spätestens 10. April eingereicht werden.
- Generell kann die Dauerfristverlängerung hohe Mahngebühren vermeiden. Selbst unter Berücksichtigung der Sonderzahlung ist eine Dauerfristverlängerung deshalb oftmals sinnvoller als die anfallenden Mahngebühren.

Mahngebühren für verpasste Fristen

Wer die Frist zur Abgabe der Umsatzsteuervoranmeldung über ELSTER nicht beachtet, muss mit Mahngebühren und dem sogenannten Verspätungszuschlag rechnen. Dieser liegt bei bis zu 10 Prozent der Umsatzsteuerlast. Kommt allerdings die Zahlung zu spät beim Finanzamt an, werden je angefangenem Monat weitere 1 Prozent der Umsatzsteuerlast verlangt. Wer per Banküberweisung bezahlt, erhält dabei eine dreitägige Schonfrist. Wichtig ist, dass die Frist immer eingehalten werden muss, auch wenn mal keine Umsätze vorliegen. Ansonsten stellt das Finanzamt ein Mahnschreiben aus.

Wie erfolgt die Übermittlung der Umsatzsteuervoranmeldung?

Die Übermittlung der Umsatzsteuervoranmeldung erfolgt ausschließlich online. Die Abgabe in Papierform erlaubt das Finanzamt nur in Härtefällen, dafür ist ein zusätzlicher Antrag nötig. Für die Übermittlung muss sich jedes Unternehmen zuerst für die „elektronische Steuererklärung" des Finanzamts anmelden, abgekürzt ELSTER. Zudem ist noch ein elektronisches Zertifikat nötig, das sich über das ELSTER-Online-Portal bestellen lässt. Dieses Zertifikat gilt dann sozusagen als digitale Unterschrift und beweist die Authentizität der Steuerdaten.

Wie berechne ich die Umsatzsteuer für eine Voranmeldung?

Jedes Unternehmen in Deutschland ist dazu verpflichtet, für verkaufte Waren oder Leistungen beim Kunden die Umsatzsteuer zu berechnen. Der Regelsteuersatz liegt dafür bei 19 Prozent, einige Waren- und Leistungsgruppen fallen jedoch unter den ermäßigten Steuersatz von sieben Prozent. Bei der Umsatzsteuervoranmeldung wird allerdings noch zwischen der Soll- und der Ist-Versteuerung unterschieden.

SOLL-Besteuerung

Alle Unternehmen müssen die Umsatzsteuer ans Finanzamt abführen, wenn sie eine Rechnung gestellt haben. Das heißt, die Umsatzsteuer ist direkt fällig, unabhängig davon, ob der Kunde die Rechnung bereits gezahlt hat oder nicht. Dieser Vorgang wird bei der Umsatzsteuer Voranmeldung als Soll-Versteuerung bezeichnet und kann für eine große finanzielle Belastung sorgen. Denn wenn keine hohen Umsätze, aber gleichzeitig viele offene Rechnungen vorhanden sind, bringt das besonders kleine Unternehmen in finanzielle Schwierigkeiten.

IST-Besteuerung

Um kleine Unternehmen zu entlasten, lässt sich beim Finanzamt eine sogenannte Ist-Besteuerung der Umsatzsteuer Voranmeldung beantragen. Dabei zahlt ein Unternehmen die Umsatzsteuer erst, wenn der Kunde seine Rechnung bezahlt hat. Somit sorgt die Ist-Besteuerung zu einer finanziellen Entlastung. Die Umstellung ist jedoch nur möglich, wenn der Umsatz im Vorjahr nicht über 500.000 Euro liegt, deshalb lohnt sich der Antrag nur für kleine Firmen mit geringen Umsätzen.

Falsche Angaben korrigieren

Natürlich fordert das Finanzamt, dass alle Angaben der Umsatzsteuervoranmeldung korrekt sind und kann auch Beweise anfordern. Doch es können beim Ausfüllen des Formulars auch Fehler passieren, beispielsweise durch einen Zahlendreher oder eine vergessene Rechnung. Für einen solchen Fall gibt es die sogenannte „berichtigte Voranmeldung“, die beim Finanzamt abgegeben wird und auch im ELSTER-Online-Portal zu finden ist. Zudem lässt sich dieser Fehler in der Umsatzsteuererklärung korrigieren, deshalb sind keine weiteren Konsequenzen zu befürchten.

Säumniszuschläge - wenn es etwas zu lange dauert

Reichst du die Umsatzsteuervoranmeldung verspätet ein oder zahlst zu spät, fallen Säumniszuschläge an. Um dies zu vermeiden, melde fristgerecht und erteile dem Finanzamt eine Lastschrifteinzugsermächtigung. Dadurch erhältst du weitere vier bis fünf Tage sozusagen als Zahlungsaufschub, da das Finanzamt erst nach diesem Zeitraum nach Fälligkeit abbucht. Das bringt dir kurzfristig mehr Liquidität. Das Finanzamt kann ggf. auch um Stundung gebeten werden - gerade in Krisenzeiten kann das eine kurzfristige Hilfe sein.

Wie erhalte ich Hilfe für die Umsatzsteuervoranmeldung?

Die Abgabe der Umsatzsteuervoranmeldung über ELSTER kann sich besonders für Einsteiger oder Gründer als große Hürde darstellen. Deshalb gibt es zwei Möglichkeiten, um die Abgabe zu vereinfachen.

- Der Steuerberater: Wenn ein Steuerberater die Buchhaltung für ein Unternehmen übernimmt, verursacht die Umsatzsteuervoranmeldung keine allzu hohen Zusatzkosten.
- Die Buchhaltungssoftware: Diese bietet gute Tutorials für den Einstieg, zudem nutzt die Software den aktuellen Stand des Gesetzes und prüft alle Eingaben. Oftmals ist auch eine ELSTER-Schnittstelle vorhanden, wodurch sich wiederum auch Zeit sparen lässt.

Wenn du ein Unternehmen gründest oder dich generell mit der Umsatzsteuervoranmeldung beschäftigen musst, darfst du dich nicht von der Frist und den zahlreichen weiteren Vorgaben abschrecken lassen. Mit der richtigen Vorbereitung und ein bisschen Übung wirst auch du die erforderlichen Informationen schnell übermitteln können. Nutze dafür auch die Anleitungen des ELSTER-Online-Portals und die Beratungsstellen des Finanzamts. Und wenn es am Ende gar nicht klappt oder die Voranmeldung zu viel Zeit in Anspruch nimmt, kann diese Aufgabe auch dein Steuerberater übernehmen.

Finaler Tipp zur Vorsteuererstattung!

Du planst eine größere Investition, die eine höhere Vorsteuererstattung zur Folge hat? Damit du möglichst schnell an dein Geld kommst und unnötige Rückfragen vermeidest, reiche bei der Umsatzsteuervoranmeldungsstelle unaufgefordert eine Kopie der entsprechenden Rechnung beim Finanzamt ein. So kommst du in der Regel schneller an dein Geld.

Hinweis zu unseren Tipps zur Umsatzsteuer Voranmeldung

Bei unseren Tipps handelt es sich nur um eine Übersicht, welche Möglichkeiten sich durch eine Umsatzsteuervoranmeldung ergeben. Am besten lässt du dich von einem Steuerberater ausführlich über dieses Thema informieren.

BONUS 1

SO FINDEST DU DAS PERFEKTE BÜRO FÜR DICH

Gratuliere. Du startest mit deinem Unternehmen gerade so richtig durch. Das einzige was dir jetzt noch fehlt, ist das richtige Büro für Gründer. Doch was vielleicht einfach klingen mag, kann gerade am Anfang eine echte Hürde darstellen, da bei den meisten Startups, Geld nicht gerade im Überfluss vorhanden ist. Zur Auswahl stehen für dich die Möglichkeiten von einem Home-Office, der Anmietung von Geschäftsräumen und Coworking Spaces. Doch was genau sind die Vor- und Nachteile dieser drei Büro-Möglichkeiten?

FÜNF KRITERIEN MUSST DU BEACHTEN

Du hast ein Startup gegründet und dich nach ausführlichem Abwägen der Vor- und Nachteile verschiedener Bürokonzepte für die Anmietung von Büroräumen entschieden? Glückwunsch zu dieser Grundsatzentscheidung, die dich einen Schritt näher an deinen Traum von der eigenen erfolgreichen Firma heranbringt. Egal ob in Köln, Hamburg, Berlin oder München – die Wahl deiner Geschäftsräume sollte immer gut durchdacht sein. Schließlich müssen sich du und deine Mitarbeiter in diesen Räumlichkeiten wohlfühlen, sodass effizientes Arbeiten möglich ist. Außerdem repräsentieren sie bei Besuchen von Kunden und Partnern dein Unternehmen. Doch welche Faktoren sind bei der Anmietung von Büroräumen besonders wichtig?

Büroräume mieten: Checkliste mit allen wichtigen Faktoren

Bei der Wahl der Büroräume sollte allem voran die Arbeitsatmosphäre im Mittelpunkt stehen. Denn du und deine Mitarbeiter werden den Großteil eures Tages in diesen Räumen verbringen. Die richtige Arbeitsatmosphäre soll nicht nur die Effizienz, Kreativität und das generelle Miteinander Fördern, sondern auch zu eurem Wohlbefinden beisteuern. Daher solltest du dieser Entscheidung eine hohe Bedeutung zumessen und viele verschiedene Faktoren berücksichtigen. Dafür haben wir eine Checkliste zusammengestellt, die alle wichtigen Faktoren beinhaltet. An dieser kannst du dich dann orientieren, wenn du ein Büro mieten möchtest.

1. Größe

Bei der Suche nach einer geeigneten Größe der Büroräume machen viele Gründer einen Fehler: Sie fokussieren sich zu sehr auf den Gedanken, bloß keine zu kleinen Geschäftsräume anzumieten. Dabei vergessen sie allerdings, dass auch zu große Räumlichkeiten alles andere als die Ideallösung sind. Platzmangel herrscht dort zwar keiner, jedoch können sich alle schnell verloren fühlen. Zudem geht jeder Quadratmeter mehr auch in dein Budget. Trotzdem solltest du dir folgende Fragen stellen: Plane ich mich in den nächsten Jahren deutlich zu vergrößern und benötige daher sehr viel Platz? Brauche ich lediglich einen Arbeitsplatz pro Mitarbeiter oder auch Konferenzräume? Möchte ich ein Großraumbüro oder doch auch Einzelbüros? Brauche ich Lagerräume, eine Küche und einen Aufenthaltsraum? Wie viele Toiletten brauche ich bei der Anzahl an Mitarbeitern? All dies gilt es abzuwägen, wenn du ein Büro mieten möchtest.

2. Lage

Die Lage deiner Büroräume ist aus vielerlei Blickwinkeln von Interesse. So solltest du dir keinen Standort aussuchen, an dem bereits deine Konkurrenten sitzen. Sollte deine Zielgruppe verstärkt dort wohnen, ist dies hingegen positiv. Ein Pro-Argument ist zudem oftmals eine zentrale Lage, da dich Kunden dann schnell und einfach erreichen. Eine gute

Verkehrsanbindung ist daher vorteilhaft. Generell solltest du darauf achten, dass auch das Orts-Viertel zu deinem Unternehmensauftritt passt, dass ausreichend Parkplätze zur Verfügung stehen, dass in unmittelbarer auch Restaurants oder Einkaufsmöglichkeiten vorhanden sind oder sich vielleicht auch lukrative Firmen für Zusammenarbeiten in der direkten Nachbarschaft angesiedelt sind. Sind viele dieser Faktoren vorhanden, solltest du dieses Büro mieten.

Doch beziehe idealerweise auch Aspekte ein, die auf den ersten Blick unscheinbar wirken. Die Sonneneinstrahlung oder auch die Geräuschkulisse rund um dein Büro können entscheidend sein. Ob du auf dein Gespür vertraust oder einen Profi mit der Suche beauftragen möchtest, bleibt dir überlassen. Allerdings kannst du mittlerweile ganz leicht online einen Gewerbemakler suchen und finden.

3. Kosten

Einer der wichtigsten Faktoren ist der Mietpreis der Büroräume. Wenn du nur mit wenig Startkapital ein Unternehmen gründen willst, reicht dein Budget sicherlich zu Beginn nicht für die Anmietung von Büroräumen. Doch selbst mit ausreichend finanziellen Ressourcen solltest du die Kosten nicht außer Acht lassen. In Zeiten steigender Mieten überlegst du dir deine Unterschrift unter einen Mietvertrag am besten doppelt. Binde dich auch nicht zu lang, nur weil das Angebot besonders günstig und verlockend erscheint. Vielleicht bist du erfolgreicher als gedacht und musst abermals einen Firmenumzug realisieren. Die reinen Mietkosten sind zudem nicht die einzigen Ausgaben. Vergiss nicht die Betriebskosten ebenso wenig wie die Gewerbesteuer. Daher solltest du unbedingt mehrere Angebote vergleichen. Bedenke hier auch die Nebenkosten wie Wasser, Strom oder Internet.

4. Ausstattung

Achte außerdem auf die Ausstattung und die Infrastruktur. Fragen wie: „Wie steht es um die Internetgeschwindigkeit und den Handyempfang?" werden da schnell wichtig. Ältere Gebäude weisen dahingehend oftmals

Nachteile auf. Zusätzlich solltest du dir auch über die Kälte- und Wärmetechnik Gedanken machen. Gibt es genug Steckdosen? Gibt es die Möglichkeit einen Kühlschrank oder Kaffeeautomaten unterzubringen? Ist es hell genug oder müssen Lampen für die notwendige Lichtverhältnisse sorgen? Von vielen Mitarbeitern geschätzt werden auch Lounges oder Aufenthaltsräume, in denen beispielsweise ein Billardtisch, Kicker oder Dartspiel für Abwechslung sorgen.

5. Features

Auch bei den Features gibt es vieles zu beachten, wenn du ein Büro mieten möchtest. Falls du nicht ganz dringend Büroräume benötigst oder nach langer Suche endlich ein einigermaßen passendes Objekt gefunden hast, das du jetzt einfach nicht ablehnen kannst, nimmst du dir idealerweise die Zeit für Feinheiten. Gemeint sind an dieser Stelle bestimmte Features, die deine Büroräume nicht unbedingt haben müssen. Denn anders als beispielsweise bei einem gastronomischen Betrieb, bei dem einige Dinge einfach nicht fehlen dürfen, kannst du in deinem Büro auf so manches verzichten. So arbeitest du auch ohne Fahrstuhl problemlos. Zwar müssen du, deine Mitarbeiter und natürlich auch Kunden mühsam Treppen steigen, doch an der Arbeitsatmosphäre in den Büroräumen ändert dies wenig bis gar nichts.

Vormieter kontaktieren

Als Gründer eines Unternehmens musst du dich um viele Dinge kümmern. Dies bedeutet viel Stress, an dem kaum ein Selbstständiger vorbeikommt. Damit du dich also auf deine Kernkompetenzen und konzentrieren kannst, musst du den Kopf frei haben. Ärger mit dem Vermieter wäre dabei kontraproduktiv. Lässt es sich irgendwie realisieren, solltest du mit Vormietern Kontakt aufnehmen. Beziehst du als Erster die Büroräume oder wechselt gleichzeitig mit dir als neuem Mieter auch der Vermieter, erübrigt sich dies natürlich. Andernfalls können dich Vormieter darüber informieren, inwieweit der Vermieter seinen Pflichten nachkommt oder mit Mieterhöhungen umgeht. Generell lohnt es sich, auch online zu recherchieren, wer der kommende Vermieter ist, was er so tut und welche Erfahrungen andere Menschen mit ihm gemacht haben oder aktuell machen. Nimm dir dafür ruhig Zeit.

Fazit: Büroräume mieten

Du findest keine geeigneten Büroräume? Dann solltest du überlegen, ob du zu Beginn deiner Selbstständigkeit nicht erst mal nach einer Alternative suchst. Büroräume zu haben, klingt natürlich professionell – doch nicht in jeder Branche bist du anfangs darauf angewiesen. Das Homeoffice ist in solchen Fällen oftmals die erste Wahl und unter Umständen nicht mal dann ungeeignet, wenn du Angestellte hast. Doch Vorsicht: Daheim lauern viele Dinge, die dich ablenken können. Soziale Netzwerke, der Abwasch, die Wäsche und mehr sind wahre Effektivitätskiller. Büros auf Zeit zu mieten oder sich auf Coworking einzulassen, sind weitere Alternativen mit Vor- und Nachteilen.

HOME-OFFICE

Von einem Job im Homeoffice träumen nicht nur junge Eltern und angehende Rentner. Das Arbeiten in den eigenen vier Wänden assoziieren viele mit einem Maximum an Freiheit, Selbstbestimmung und weiteren Homeoffice-Vorteilen. Aktuell bieten viele Arbeitgeber das Homeoffice an und stellen ihre Angestellten vor die Wahl, welche Arbeitsweise sie bevorzugen. Im Folgenden geben wir einen Überblick über die wichtigsten Homeoffice Vor- und Nachteile.

Die Vorteile von Home-Office

Von zuhause aus arbeiten ist sehr reizvoll und hat durchaus einige Vorteile zu bieten:

- Wenn du zuhause arbeitest, fallen für dich keine weiteren Mietkosten und Nebenkosten an.
- Du kannst weitere Kosten in Form von Fahrtkosten sparen, weil du weder mit deinem Auto noch mit öffentlichen Verkehrsmitteln zum Arbeitsplatz fahren musst.
- Du kannst deinen Arbeitsplatz bei der Steuererklärung steuerlich geltend machen.

Dies waren jetzt schon mal Vorteile finanzieller Art. Aber auch dein persönliches Wohlbefinden kann durch das Home-Office verbessert werden.

- Wenn du zuhause arbeitest, brauchst du eine gewisse Selbstdisziplin und musst für dich auch im Home-Office feste Arbeitszeiten festlegen. Doch klar ist, dass du länger schlafen kannst, weil du dir den Weg zur Arbeit sparst. So kannst du auch besser nach deinem eigenen Biorhythmus leben.
- Da der Rückweg von der Arbeit für dich auch entfällt, kannst du am Abend länger für den Erfolg deines Unternehmens arbeiten
- Durch das nicht notwendige Pendeln hast du weniger Stress und deine Leistungs- und Konzentrationsfähigkeit ist höher
- Du kannst deine Work-Life-Balance besser steuern.
- Ein Arbeiten aus dem Home-Office heraus trägt auch zum Umweltschutz bei: Wenn du morgens nicht mit dem Auto ins Büro fährst, verursachst du deutlich weniger CO2-Emissionen.

Die Nachteile vom Home-Office

Aber natürlich hat alles seine zwei Seiten und das Arbeiten im Home-Office kann für dich natürlich auch Nachteile haben:

- Je nach Beruf kann es durchaus vorkommen, dass du Kundenbesuch bekommst. Da ist es eher suboptimal, wenn du einen Kunden im Home-Office empfängst und diesen erst einmal durch das Wohnzimmer zu deinem Arbeitsplatz führen musst. Du könntest hier zwar Kundentermine in ein Café verlagern, oder dafür Räumlichkeiten bei CoWorking Spaces anmieten, aber viele Dinge kann man mit dem Kunden einfach nicht in der Öffentlichkeit besprechen

- Wenn du Familie hast, kann es im Home-Office schnell laut werden. Kinder könnten dich stören und von der Arbeit ablenken. Außerdem warten im Home-Office einige andere Gefahren, die dich von der Arbeit abhalten. Schnell mal die Wäsche aufhängen, kurz die Wohnung saugen oder zwischendurch die Blumen gießen. Gründe für Ablenkungen gibt es hier einige und deshalb brauchst du im Home-Office wirklich ein hohes Maß an Selbstdisziplin.
- Im Home-Office kann die Trennung zwischen Arbeit und Freizeit schnell verloren gehen. Die Versuchung ist immer groß, am Abend noch schnell ein paar Mails zu checken oder am Wochenende zwei Stunden zu arbeiten. Andererseits ist aber auch möglich, dass man morgens erst mal gemütlich im Schlafanzug frühstückt und sich dann langsam an die Arbeit macht.
- Auch aus rechtlicher Sicht kann das Home-Office zum Problem werden. Vor allem dann, wenn du Mieter einer Wohnung bist. Hier kann es sein, dass der Vermieter einer teilweisen Nutzung für gewerbliche Zwecke zustimmen muss und auch das Anbringen eines Firmenschildes an der Eingangstüre kann für dich zum Problem werden.
- Im Home-Office fehlt die soziale Interaktion. Im Büro hast du dein Gründerteam um dich, was dich zusätzlich motivieren und inspirieren kann. Zudem können die Abstimmungswege bei der Arbeit im Homeoffice länger sein.

DEIN EIGENES BÜRO

Vorteile von Geschäftsräumen

Als nächstes wollen wir uns mit den Vorteilen von Geschäftsräumen befassen. Diese wirken natürlich gerade dann, wenn viel Kundenkontakt besteht, sehr seriös und hier bist und fühlst du dich auch als echter Chef. Welche Vorteile haben Geschäftsräume noch?

- Seriosität, was gerade durch das Firmenschild am Eingang nochmal betont wird. Vor allem die Außenwirkung macht daher viel aus und kann der Grundstein für deinen Erfolg sein. Dies ist umso wichtiger, wenn du dich mit deinem Business an Verbraucher richtest. Hier ist einfach die öffentliche Sichtbarkeit und Wahrnehmung von essentieller Bedeutung.
- Es ist zwar keine Seltenheit, dass ein Startup erfolgreich ist, welches nur vom Gründer geführt wird. Jedoch sollte sich jeder, mit zunehmendem Wachstum des Unternehmens, über die Einstellung neuer Mitarbeiter Gedanken machen. In diesem Fall hat sich das Thema Home-Office sowieso erledigt und dann wird es Zeit über Geschäftsräume nachzudenken.
- Durch das Arbeiten in Geschäftsräumen kannst du deinen Workflow und deine Effizienz steigern. Selbst wenn täglich Fahrten zur Arbeit stattfinden, so spricht doch für die Geschäftsräume, dass diese eben nur zum Arbeiten genutzt werden. Du kannst dich hier voll und ganz auf die täglichen Arbeitsabläufe konzentrieren und diese auch deutlich straffen.
- Ein weiterer Vorteil von Geschäftsräumen ist, dass du hier Arbeitszeit und Freizeit klar trennen kannst. Im Büro bist du auf die Arbeit fokussiert und wenn du das Büro verlassen hast, ist für dich Freizeit angesagt und du kannst dich deiner Familie oder deinen Hobbys widmen.

Nachteile von Geschäftsräumen

Das Geschäftsräume von Professionalität und Seriosität zeugen, haben wir somit klargestellt. Bevor du aber nun voreilig Büroräume anmietest, solltest du auch die Nachteile kennen:

- An erster Stelle stehen hier natürlich die Kosten. Es spielt keine Rolle, ob Geschäftsräume angemietet, geleast oder gekauft werden. Kosten entstehen hier immer. Gerade diese zusätzlichen Kosten, egal ob Miet- und Nebenkosten oder als Raten für einen Kredit, sorgen dafür, dass dein Erfolgsdruck steigt. Rechnungen müssen bezahlt werden, egal ob du viel oder wenig Umsatz gemacht hast.
- Wenn du Geschäftsräume angemietet hast, dann musst du diese ent-

sprechend einrichten. Selbst eine spartanische Einrichtung ist mit finanziellem Aufwand verbunden, der noch höher wird, sobald Mitarbeiter hinzukommen. Hier kannst du nicht sparen, da rechtliche Aspekte, wie Ergonomie und Sicherheit am Arbeitsplatz beachtet werden müssen.

- Auch wenn als Vorteil die Trennung von Beruf und Freizeit aufgeführt wurde, gibt es da auch einen großen Nachteil. Es gibt ausreichend Statistiken die besagen, dass Gründer mit eigenen Büroräumen deutlich mehr Zeit dort verbringen als zuhause. Das kann zu Stress mit der Familie oder Lebensgefährten führen und dich zusätzlich zum Arbeitsstress belasten. Hinzu kommt noch die Zeit, die du täglich für Hin- und Rückfahrt zur und von der Arbeit berücksichtigen musst.

COWORKING-SPACES

Der Begriff Coworking und damit die Definition von Coworking Space kommt aus dem Englischen und bedeutet übersetzt „zusammen arbeiten". Die Arbeitsform ist im kalifornischen im Silicon Valley entstanden und bezeichnet einen zeitlich flexiblen Arbeitsplatz, den sich mehrere Menschen teilen. Beim Coworking wird somit ein einzelner Schreibtisch anstatt eines ganzen Büros gemietet. Ein besonderes Merkmal sind zudem große offene Räume. Als Gebäudearten eignen sich daher besonders große Büroräume, ganze Etagen, Lofts, ehemalige Fabrikhallen und Großraumbüros.

Anders als bei einer Bürogemeinschaft oder einem Büro auf Zeit fokussieren sich Coworking Spaces auf die Gemeinschaft. Das heißt, Coworker arbeiten zwar unabhängig und frei voneinander an verschiedenen Projekten. Doch sie sitzen oftmals im selben Raum, können sich so gegenseitig ergänzen und von dem Wissen anderer profitieren. Der Teamgedanke steht in einem Coworking Büro also trotzdem im Vordergrund.

Die 5 Grundprinzipien eines Coworking Space

Durch die Arbeit in einem Coworking Space und dem Teilen der Arbeitsbereiche entsteht eine besondere Atmosphäre, die den ständigen Austausch zwischen den Mitgliedern fördert. Alle Mitglieder handeln dabei nach bestimmten Prinzipien, die die harmonische Zusammenarbeit erst ermöglichen. Diese fünf Grundprinzipien im Coworking Büro lauten:

- Gemeinschaft: Das „Wir"-Gefühl geht auch über die Arbeit hinaus.
- Zusammenarbeit: Alle Mitglieder sind ein Team und helfen sich gegenseitig.
- Nachhaltigkeit: Gemeinsame Räume schonen die Umwelt und sind deshalb nachhaltiger.
- Zugänglichkeit: Die Arbeitsräume sind jederzeit nutzbar und leicht zugänglich.
- Offenheit: Jeder ist in der Gemeinschaft willkommen und darf seine Meinung äußern.

Wichtig zu wissen ist, dass regelmäßige Events, Workshops und Stammtische stattfinden. Auch die Mietfristen der Coworking Spaces lassen sich immer flexibel festlegen. Wer also das Coworking erst einmal für ein paar Monate testen möchte, findet dafür genügend Angebote.

Vorteile eines Coworking Space

Die Beliebtheit der neuen Arbeitsform lässt macht deutlich, dass sich die folgenden Vorteile durch ein Coworking Space ergeben:

- Die Nutzung im Coworking Büro ist zeitlich flexibel und unkompliziert.
- Die Kündigungsfristen sind kurz und dadurch praktischer als bei klassischen Büroräumen.
- Ein Coworking Space ist finanziell günstiger als ein normales Büro.
- Es entstehen keine Ausstattungskosten für den Start.
- Der optimal ausgenutzte Raum in einem Coworking Büro nachhaltiger.
- Trotz verschiedener Projekte ist eine gemeinsame Ideenfindung möglich.
- Es findet ein regelmäßiger produktiver Austausch untereinander statt.

- Die verschiedenen Branchen und Berufe bieten sich ideal zum Networking an.

Nachteile eines Coworking Space

Trotz dieser zahlreichen Vorteile, sollten auch die folgenden Nachteile bei der Entscheidung für ein Coworking Space mit einbezogen werden:

- Durch die großen Räume im Coworking Büro entsteht mitunter ein hoher Lautstärkepegel, der die Konzentration stört.
- Wer konzentriert alleine arbeiten möchte, muss dementsprechend höhere Kosten einkalkulieren.
- Beim Flex Desk in einem Coworking Office wird der Arbeitsplatz täglich neu eingerichtet.

- Wer auf dem Land wohnt, muss bis zum nächsten Space eine weite Strecke bewältigen.
- Es ist keine Mitgestaltung der Büros möglich, die vorhandene Situation lässt sich also nicht verändern.

Fazit

Ein Coworking Space ist natürlich nicht für jeden geeignet, nicht immer passt die offene und gesellige Atmosphäre zu den eigenen Aufgaben. Doch wer sich daran nicht stört, kann die zahlreichen Vorteile nutzen und von der Gemeinschaft profitieren. Denn eins ist sicher: Die Anzahl der Coworking Spaces wird zukünftig noch weiter ansteigen. Durch die große Vielfalt in den Städten und die verschiedenen Preismodellen lohnt sich dabei der Vergleich und eine vorherige Besichtigung der Coworking Büros.

BONUS 2

BUSINESS MODEL CANVAS

Das Business Model Canvas ist eine sehr gute Methode, um das Konzept eines Geschäftsmodells übersichtlich und kompakt auf ein Blatt Papier zu bekommen. Es beantwortet alle wesentlichen Fragen, die für ein Unternehmen wichtig sind und hilft Gründern so dabei, sich noch besser mit der eigenen Geschäftsidee auseinanderzusetzen. Im Folgenden wollen wir dir erklären, wie genau das Business Model Canvas funktioniert und wie du es auf dein Unternehmen anwenden kannst.

WAS IST DAS BUSINESS MODEL CANVAS?

Während der gesamten Lebensdauer eines Unternehmens kommt es immer wieder zu Ideen für Produkt- oder Geschäftsinnovationen. Um diese Ideen in die Tat umzusetzen, braucht es allerdings ein Konzept für ein Geschäftsmodell. Mit dem Business Model Canvas lassen sich sowohl neue als auch bestehende Geschäftsmodelle visualisieren, verändern und verbessern. Das strategische Management-Tool ermöglicht dem Unternehmer zudem einen besseren Überblick über die einzelnen Prozesse innerhalb seiner Firma, um so eventuelle Schwachstellen innerhalb der Prozessabläufe ausfindig zu machen und auszumerzen.

Gerade für Startups, bei denen das Geschäftsmodell oftmals noch nicht vollends ausgereift ist, eignet sich dieses Modell auch um verschiedene Varianten miteinander zu vergleichen. Konzipiert wurde die Methode übrigens von Alexander Osterwalder im Rahmen seiner Dissertation an der Universität Lausanne. Mittlerweile wurde das Geschäftsmodell-Konzept bereits von 5.000.000 Nutzern angewandt. Es besteht aus den neun

Schlüsselfaktoren, die für den Erfolg eines Unternehmens unabdingbar sind und eignet sich hervorragend als Ergänzung zum traditionellen Businessplan. Deshalb empfehlen Experten das Business Model Canvas als Grundlage und Vorarbeit für die spätere Ausarbeitung des Businessplans.

WAS BRINGT DAS BUSINESS MODEL CANVAS?

Das Business oder Canvas bringt zudem viele Vorteile mit sich. Beispielsweise kann es dir dabei helfen, den Fokus darauf zu richten, was dein Geschäft wirklich antreibt. Es hilft dir zum Beispiel dabei, dich mit den Wünschen deiner Kunden auseinanderzusetzen. Zudem zeigt es dir, welche Tätigkeiten eher unwichtig sind oder dir eher im Weg stehen.

Das Business Model Canvas ist zudem ein sehr einfaches Brainstorming-Tool, mit dem du dir Gedanken zu deinem Geschäftsmodell machen kannst. Das kann es dir einfacher machen, neue Dinge auszuprobieren und verschiedene Modelle zu testen. So musst du nicht erst einen 30 Seiten langen Businessplan schreiben, sondern kannst hier mehrere Konzepte nebeneinander legen und schauen, welches wohl am vielversprechendsten ist. Außerdem kannst du das Modell sehr leicht Außenstehenden zeigen und diese können ohne große Probleme verstehen, worum es in deinem Konzept geht.

ANWENDUNGSGEBIETE DES BUSINESS MODEL CANVAS

Das Business Model Canvas ist ein sehr vielseitiges Werkzeug, welches sich für die Strukturierung und Diskussion von Geschäftsmodellen eignet. Unter anderem eignet es sich als Tool für folgende Aufgaben:

- Potentiale für die Entwicklung deines Unternehmens diskutieren
- Startups und neue Geschäftsmodelle planen

- Die digitale Transformation deines Unternehmens ordnen

Er eignet sich also immer dann als effektive Methode, wenn sich mehrere Menschen auf ein gemeinsames Verständnis über den Aufbau und die Entwicklung eines Geschäftsmodell einigen müssen.

DURCHFÜHRUNG DER BUSINESS MODEL CANVAS METHODE

Für dein Business Model Canvas benötigst du einen großen Papierbogen, auf dem neun Felder eingezeichnet werden. In diese neun Felder werden später die Grundpfeiler deines Geschäftsmodells eingetragen. Zu jedem dieser neun Schlüsselfaktoren notierst du Ideen auf Klebezetteln, sodass du deine Ideen schnell durch andere ersetzen oder auch vervollständigen kannst. Dieses Modell ermöglicht es dir, den Überblick über alle deine Gedanken und Ideen zu behalten und diese dann zu einem ausgereiften Geschäftsmodell zusammenzufügen. Die einzelnen Prozesse können in Beziehung gesetzt und mögliche Schwachstellen eliminiert werden. Das Business Model Canvas eignet sich besonders für Teamarbeit, da der Kreativität mit Post-Its und Textmarkern keine Grenzen gesetzt sind und alle wichtigen Faktoren permanent im Team diskutiert werden können. Dieser Umstand führt dazu, dass mit dieser Art der Ideensammlung meist effektivere und kreativere Konzepte zustande kommen als mit dem traditionellen Businessplan.

DIE 9 GRUNDPFEILER DES BUSINESS MODEL CANVAS

1. Schlüsselpartner / Key Partners

Um dein Geschäftsmodell erfolgreiches zu verwirklichen, kann es von Vorteil sein, strategische Partnerschaften einzugehen. Partnerschaften können dir beispielsweise helfen dein Geschäftsmodell zu optimieren,

Risiken auszulagern und benötige Ressourcen von Spezialisten auf dem jeweiligen Gebiet einzukaufen. Diese können zudem in vier verschiedenen Formen eingegangen werden. Strategische Allianzen umfassen bestehende Partnerschaften zwischen nicht in Konkurrenz stehenden Unternehmen. Eine Partnerschaft zwischen zwei Wettbewerbern wird dabei als Kooperation bezeichnet. Schließen sich zwei Unternehmen zusammen, aus denen ein neues Unternehmen hervorgeht, spricht man demgemäß von einem Joint Venture. Käufer-Lieferanten-Beziehungen werden eingegangen, um entsprechend zuverlässige Lieferungen zu gewährleisten.

Fragen, die du dir stellen solltest

- Wer kommt als Partner in Frage?
- Wer sind meine wichtigsten Partner?
- Gibt es vergleichbar günstigere Partner?
- Was erwarte ich von meinen Partnern und was leisten sie tatsächlich?
- Wer sind meine Hauptlieferanten?

2. Schlüsselaktivitäten / Key Resources

Für die Herstellung deiner Produkte oder für das Anbieten deiner Dienstleistungen sind bestimmte Schlüsselaktivitäten entsprechend notwendig. An dieser Stelle musst du deswegen beschreiben, was die wichtigsten Aktivitäten deines Unternehmens sind, die für die Umsetzung deines Geschäftsmodells unabdinglich sind. Nenne also die Aufgaben, von denen der Unternehmenserfolg abhängt. Durch diese Aktivitäten kann für deine Zielgruppe Mehrwert geschaffen, können Kundenbeziehungen gepflegt und außerdem Einnahmen erzielt werden.

Fragen, die du dir stellen solltest

- Welches sind die wichtigsten Aktivitäten, um das Geschäftsmodell in die Tat umzusetzen?

- Welche Aktivitäten erfordern unsere Vertriebskanäle/Nutzen-Versprechen/Kundenbeziehungen/Einnahmequellen?
- Welche Aktivitäten führen nicht zum gewünschten Erfolg?

3. Schlüsselressourcen / Key Activities

Produkte herzustellen oder Dienstleistungen zu erbringen ist entsprechend nur mit bestimmten Schlüsselressourcen möglich. Jedes Geschäftsmodell benötigt gewisse Ressourcen für die Erschließung von Märkten sowie für die Erstellung eines Wertangebots. Welche das sind hängt jedoch von der Art des Geschäftsmodells ab. Sie können materieller oder immaterieller Natur sein. Sie werden hierzu in finanzielle (Geld, Kreditwürdigkeit), physische (Gebäude/Immobilien), humane (Personal, Facharbeiter) und technologische Ressourcen (Qualitätsstandards, Markennamen, Lizenzen, Forschungs-Know-How etc.) unterteilt.

Ein Beispiel für Schlüsselressourcen: Für den Bau eines Autos benötigt Mercedes zwar auch materielle Güter wie Rohstoffe, aber die wichtigste Schlüsselressource stellt immer noch das Know-How der Mitarbeiter und der Führungskräfte des Autoherstellers dar.

Fragen, die du dir stellen solltest

- Welche Schlüsselressourcen sind notwendig für mein Business? Wie sieht das Preis-Leistungs-Verhältnis aus?
- Welche Schlüsselressourcen sind unabdingbar für unsere Nutzenversprechen/Vertriebs-und Kommunikationskanäle/ Kundenbeziehungen/ Einnahmequellen?

4. Wertangebot / Value Proposition

Die Problemlösung oder die Bedürfnisbefriedigung deiner Kunden sollte außerdem die oberste Priorität deines Produktes oder deiner Dienstleistung darstellen. Der Nutzen oder Wert eines Produktes oder einer Dienstleistung bestimmt darüber, ob sich ein Interessent für oder gegen dein Unternehmen entscheidet. Jedes angebotene Produkt/jede angebotene Dienstleistung sollte zudem ein Nutzenversprechen enthalten. Das angebotene Produkt kann beispielsweise innovativer, besser, passender, kostengünstiger oder benutzerfreundlicher als das bisher verfügbare Produkt auf dem Markt sein. Vielleicht kann dein Produkt ebenfalls durch ein ansprechenderes Design oder durch zusätzliche Funktionen punkten.

Fragen, die du dir stellen solltest

- Welchen Nutzen haben meine Kunden, wenn sie sich für mein Produkt oder meine Dienstleistung entscheiden?
- Welche Probleme helfe ich den Kunden zu lösen?
- Welche Produkte biete ich den verschiedenen Kundensegmenten an?

5. Kundenbeziehungen / Customer Relationships

Die Gestaltung der Kundenbeziehungen spielt eine entscheidende Rolle in deinem Geschäftsmodell und sollte klar festgelegt werden. Du kannst deinen Kunden sowohl eine persönliche als auch eine völlig automatisierte Betreuung anbieten. Viele Tech-Startups bieten Software as a Service (SaaS) im B2B-Markt an, mit der eine völlig automatisierte Interaktion möglich ist. Wie du deine Kundenbeziehung gestaltest, hängt allerdings auch von deiner Branche ab. Es kann durchaus sein, dass deine angebotene Dienstleistung zwischenmenschliche Interaktion notwendig macht.

Fragen, die du dir stellen solltest

- Welche Art von Kunden-Beziehung präferieren die unterschiedlichen Kundensegmente?
- Wie kann ich diese Beziehung aufbauen?
- Wie können meine Kunden gewonnen und gehalten werden?

6. Kanäle / Channels

Dieser Grundpfeiler des Business Model Canvas beschreibt die Kanäle und Vertriebswege, über die ein Unternehmen mit seinen Kunden kommuniziert und sie erreicht. Die Vertriebskanäle stellen in diesem Zusammenhang die Schnittstelle zwischen dem Unternehmen und den Kunden dar. Ein Kunde kann nur das kaufen, was er kennt. Deshalb ist es wichtig, dir Gedanken darüber zu machen, wie du für dein Produkt Aufmerksamkeit erregen kannst und wie es einen Nutzen für den Kunden darstellen kann. Beschreibe an dieser Stelle auch, welche Vertriebswege für dich am geeignetsten erscheinen und wie du dir die Lieferung und den Service während und nach dem Verkauf vorstellst.

Fragen, die du dir stellen solltest

- Wie erfahren meine Kunden von dem Angebot?
- Welche Kommunikations– und Vertriebskanäle präferieren unsere Kundensegmente?
- Wie bekommen unsere Kunden ihre Produkte?
- Welche Kommunikations- und Vertriebskanäle funktionieren am besten?

7. Kundensegmente / Customer Segments

Ein Unternehmen hat meist bestimmte Zielgruppen im Auge, die es zu erreichen gedenkt. Der Kunde steht im Mittelpunkt eines jeden Geschäftsmodells, denn ohne Kunden kann kein Unternehmen überleben. Für eine bestmögliche Bedienung deiner Kunden, solltest du die verschiedenen Kundensegmente nach verschiedenen Eigenschaften zum Beispiel Alter, Geschlecht, gemeinsamen Bedürfnissen oder Verhaltensweisen einteilen. Mache dir also klar, wer deine wichtigste Zielgruppe darstellt und auf welches Kundensegment du dich konzentrieren möchtest. Anhand dieser Entscheidung weißt du ganz genau, wem du einen Nutzen bieten möchtest und kannst dadurch gezielt Maßnahmen ergreifen, um auf die spezifischen Kundenbedürfnisse einzugehen. Biete dann den verschiedenen Kundensegmenten auf ihre Bedürfnisse zugeschnittene Angebote an. Frage dich, ob die einzelnen Kundensegmente eventuell auf unterschiedlichen Vertriebswegen erreicht werden müssen.

Fragen, die du dir stellen solltest

- Wer sind unsere wichtigsten Kunden?
- Für wen möchte ich Werte oder Nutzen schaffen?
- Bediene ich Nischenkunden oder einen Massenmarkt?

8. Kostenstruktur / Cost Structure

Die Redewendung „Ohne Moos nix los“ bedeutet, dass wir für das Erreichen unserer Ziele Geld brauchen. Genauso verhält es sich auch bei der Entwicklung und Umsetzung von Produkten und Dienstleistungen. Schlüsselressourcen und Aktivitäten, Partner und die Aufrechterhaltung der Kundenbeziehung verursachen Kosten. Sobald du dir vor Augen geführt hast, für was Geldmittel anfallen, sollten deine Gesamtkosten relativ einfach zu berechnen sein.

Fragen, die du dir stellen solltest

- Wo und für was entstehen Kosten?
- Können einige Kosten reduziert oder ggf. sogar ganz eingespart werden?
- Welches sind die wichtigsten Ausgaben, ohne die das Geschäftsmodell nicht funktionieren würde?
- Welche Schlüsselressourcen/ Schlüsselaktivitäten sind besonders kostenintensiv?

9. Einnahmequellen / Revenue Streams

Um Einnahmen zu erzielen, musst du deinen Kunden mit deinen angebotenen Produkten und/oder Dienstleistungen einen Mehrwert bieten können. Die zentrale Frage, die du dir hierbei allerdings stellen musst, ist, wie viel der Kunde bereit ist, für deinen Nutzen zu zahlen. Mache dir also Gedanken über eine geeignete Preisstrategie, wie du die höchsten Einnahmen erzielen kannst. Oft lässt sich aus einem Nutzenversprechen/ Wertangebot auf verschiedene Weise Geld verdienen (z.B. Einmalzahlung vs. Abonnement).

Fragen, die du dir stellen solltest

- Wie wird der Umsatz generiert?
- Gibt es weitere Wege um Umsatz zu generieren?
- Für was sind meine Kunden bereit zu zahlen?
- Wie zahlen unsere Kunden heute?
- Wie würden sie lieber zahlen?
- Welchen Anteil liefert jede Einkommensquelle zum Gesamtergebnis?

Fazit

Obwohl das Business Model Canvas den traditionellen Businessplan nicht ersetzen kann, so kann es doch als hervorragende Ergänzung zum Geschäftsplan angesehen werden. Gerade wenn du noch keinen richtigen Einstieg in den Businessplan gefunden hast, kann dir das Business Model Canvas dabei helfen, deine Grundideen zu ordnen und dir ein Grundgerüst deines Geschäftsmodells zu erarbeiten. Die Methode ermöglicht dir zudem einen schnellen Überblick über alle relevanten Faktoren zu gewinnen, die für den Erfolg deines Unternehmens maßgeblich sind. Im Business Model Canvas beschreibst du nicht nur deine Zielgruppen und angebotenen Leistungen, sondern setzt dich auch mit den Fragen auseinander, über welche Vertriebs- und Kommunikationskanäle du deine Kunden am besten erreichen kannst, welche Ressourcen und Aktivitäten von Nöten sind, um deine Ziele zu erreichen, welche Ausgaben du tätigen musst und wie du am besten Einnahmen generierst.

BONUS 3

9 TOLLE TOOLS FÜR MEHR PRODUKTIVITÄT

SLACK

Slack (www.slack.com) ist ein Tool, welches die Kommunikation eines ganzen Teams oder Unternehmens zusammenführt. Hier können sich Mitarbeiter in Einzel- oder Gruppenkonversationen schnell und einfach miteinander austauschen. So wird ein gemeinsamer Workspace erschaffen, in dem verschiedene Unterhaltungen in Echtzeit stattfinden können. Der Vorteil gegenüber E-Mail ist hier eindeutig: Es geht viel schneller

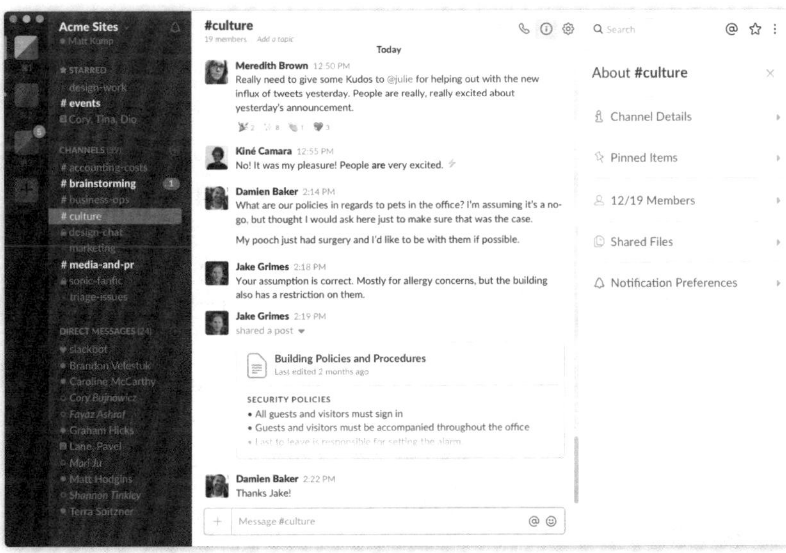

und alle Nachrichtenverläufe sind übersichtlich in einer Spalte aufgelistet.

Doch Slack geht weit über die Funktionen eines Chatprogramms hinaus. Innerhalb des Programms können Dienste wie Dropbox oder Google Hangouts integriert und Dokumente ausgetauscht werden.

ASANA

Auch bei Asana (www.asana.com) handelt es sich um ein Workspace. Der Fokus liegt hier aber nicht ganz so stark auf dem Austausch, sondern mehr auf der Planung von Projekten. Für diese kannst du Unteraufgaben erstellen und an verschiedene Teammitglieder vergeben. Für alle Teammitglieder ist leicht erkennbar, wie weit die Arbeit fortgeschritten ist. Natürlich ist darüber auch die Kommunikation möglich. Der Austausch findet unter den jeweiligen Aufgaben statt und kann dadurch sehr aufgabenspezifisch geführt werden.

TEAMVIEWER

Mit dem Teamviewer (www.teamviewer.com) kannst du auf den Computer einer anderen Person zugreifen. Dies funktioniert natürlich nur, wenn beide Personen ihr Einverständnis geben und die Funktion aktivieren. Dies ist besonders praktisch, wenn technische Probleme behoben werden sollen, die verantwortliche Person aber nicht im gleichen Büro sitzt. Praktisch ist dieses Tool auch, wenn gemeinsame Projekte besprochen werden müssen, die Beteiligten aber an unterschiedlichen Niederlassungen tätig sind.

TRELLO

Trello (www.trello.com) ist eine browserbasierte Lösung für das Projektmanagement. Im Gegensatz zu anderen Tools besticht Trello durch eine sehr einfache Nutzung: In einem Board werden Listen erstellt, in welchen wiederum Karten eingerichtet werden. Listen und Karten können per Drag and Drop einfach verschoben werden. In jeder Karte können Dateien hochgeladen, To-Do-Listen angelegt und Mitarbeiter hinzugefügt werden. Die visuelle Umsetzung der Unteraufgaben eines Projekts erleichtert dabei den Überblick.

CLICKUP

ClickUp ist ein Projektmanagement Tool mit umfangreichen Funktionen. Mit ClickUp lassen sich Projekte mit verschiedenen Aufgaben planen, die einzelnen Mitarbeitern zugeordnet werden können. Zahlreiche Funktionen wie Fälligkeitsdatum, Abhängigkeiten oder Status können je Aufgabe definiert werden. Weitere Funktionen wie beispielsweise Kalender, Kommentarfunktion oder Checklisten ergänzen ClickUp und steigern Effektivität und Produktivität des Projektmanagements. Bisher ist ClickUp nur auf Englisch verfügbar. Die kostenlose Basis-Version ist im Speicherplatz auf 100 MB begrenzt, erlaubt aber bereits das Anlegen beliebig vieler Aufgaben für beliebig viele Mitarbeiter. Für unbegrenzten Speicherplatz und zusätzliche Funktionen wie Listen, Kalender, Dashboards etc. bietet ClickUp ein Monats- oder Jahres-Abo an.

BITRIX24

Bitrix24 (www.bitrix24.de) ist eine kostenlose Software, die dich im Projektmanagement unterstützt. Erst ab zwölf Nutzern muss eine der Premium-Varianten gebucht werden. Jeder Nutzer eines Teams kann Aufgaben erstellen, sich selbst oder anderen Nutzern zuweisen und Deadlines einfügen. Unteraufgaben, die einzeln abgehakt werden, sind ebenso möglich wie Diskussionen unter einzelnen Aufgaben. Zusätzlich bietet Bitrix24 aber auch einen Team-Chat, Videokonferenzen, Zeiterfassung und einen Kalender. Darüber hinaus können diverse E-Mail-Dienste integriert und Bitrix als mobile App genutzt werden.

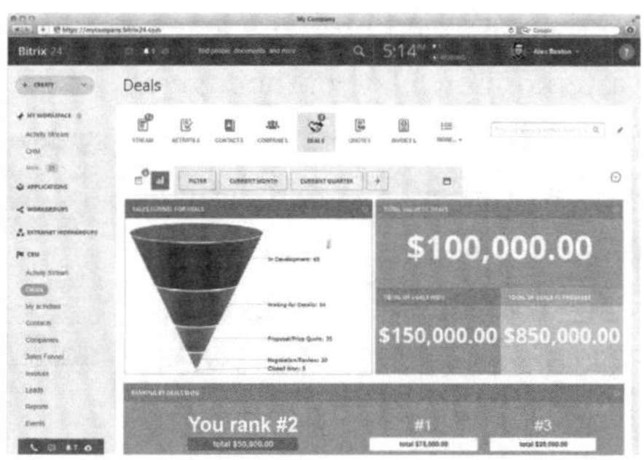

ZOOM

Zoom (www.zoom.us) ist eines der besten Video-Chat-Tools, bei dem sowohl Gespräche zwischen zwei Teilnehmern als auch einem ganzen Team problemlos laufen. Bereits in der kostenlosen Variante können bis zu 100 Teilnehmer an einem Meeting gehostet werden. Die Dauer einer Gruppenbesprechung ist dabei auf 40 Minuten für Meetings mit drei oder mehr Teilnehmern beschränkt.

GOOGLE DRIVE

Google Drive ist eines der bekanntesten Tools, um Dokumente zu speichern, organisieren und mit anderen zu teilen. Es ist unabhängig vom Betriebssystem nutzbar und stellt dir 15 GB kostenlosen Speicherplatz zur Verfügung. Jede Datei kann hier einzeln für andere Nutzer freigegeben werden, wodurch du immer die volle Kontrolle hast, wer auf deine Dokumente zugreifen kann.

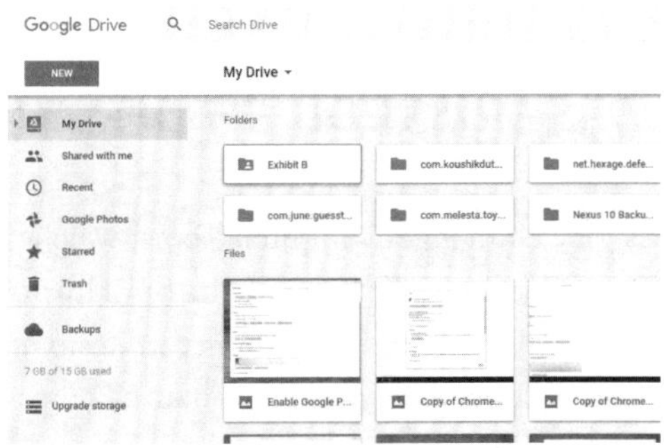

Bearbeiten mehrere Personen ein Dokument parallel, wird dir dies in Echtzeit angezeigt. Durch die sichere Speicherung aller Dokumente, kannst du auch offline und von überall auf deine Dateien zugreifen.

Zudem kannst du mit Google Drive Docs, Sheets und Präsentationen erstellen, wodurch du quasi das Microsoft Paket kostenlos bekommst.

GOOGLE GSUITE

Google GSuite ist eine cloudbasierte Lösung für Unternehmen. Hier werden dir zahlreiche Apps zur Verfügung gestellt, wie beispielsweise der Google Kalender, Google Drive oder Gmail. GSuite ist zwar kostenpflichtig, bietet Unternehmen aber das Komplettpaket an Anwendungen, ohne dafür eine extra Software installieren zu müssen.

GSuite ermöglicht dem gesamten Unternehmen so eine effiziente Zusammenarbeit in internen und externen Teams und stellt leistungsfähige Tools für die Text-, Video-, und Sprachkommunikation zur Verfügung.

COWORKINGGUIDE

Nur im Home-Office sitzen ist auf Dauer nichts für dich? Wenn du gerne beim Arbeiten Gesellschaft oder einfach ein anderes Arbeitsumfeld haben möchtest, wird dir CoworkingGuide (www.coworkingguide.de) gut weiterhelfen können. Hier werden dir alle CoWorking Spaces in deiner Nähe angezeigt. Durch Anklicken erfährst du sofort nähere Informationen und Konditionen und kannst Spaces sogar direkt anfragen.

DAS MUSST DU BEI DER AUSWAHL BEACHTEN

Es gibt Unmengen an guten Tools, welche deine Arbeit erleichtern können. Allerdings gilt hier das alte Sprichwort, dass zu viele Köche den Brei verderben. Je mehr Tools du nutzt, desto eher wird deine Arbeit unübersichtlich und doch wieder zeitaufwendig. Suche also lieber einen Moment länger und entscheide dich dann für ein Tool, das alle benötigten Bereiche abdeckt.

Ebenfalls wird es schnell unnötig aufwendig, wenn deine Kollegen mit anderen Tools arbeiten. Entscheidet also gemeinsam, welches Tool ihr nutzen wollt, um euch Unstimmigkeiten zu ersparen.